U0581646

国家社科基金资助项目（04BKS012）

河南省社会科学院学术著作出版资助项目

中国特色社会主义经济制度论

ZHONGGUO TESE SHEHUI ZHUYI
JINGJI ZHIDULUN

李太淼◎著

人民出版社

自　序

　　思想观念的碰撞,学术观点的争鸣,理论主张的交锋,始终伴随着当代中国的改革开放进程。面对经济社会制度的重大变革,面对社会结构的巨大变迁,面对新形势下的新情况新问题,我们不少人遭遇着理论上的迷误和困惑。

　　作为一个有社会责任感的社科研究工作者,我常终日而思之:为什么早在一百六十多年前,一个"共产主义的幽灵"会在欧洲上空徘徊? 为什么马克思主义自诞生后能迅速影响全世界? 为什么19世纪末20世纪初,社会主义运动会形成一股历史洪流,席卷全球? 为什么20世纪八九十年代,社会主义的东欧国家会发生巨变,苏联会发生解体,社会主义运动会跌入低谷? 曾几何时,我们把社会主义经济制度等同于公有制 + 按劳分配 + 计划经济,我们把"市场经济"、"商品经济"、"私营经济"等统统看做是资本主义的"东西",看做是社会主义的对立物,加以排斥和限制。而今,我们为什么必须建立社会主义市场经济体制,大力发展市场经济? 我们为什么必须建立以公有制为主体、多种所有制经济共同发展的基本经济制度,在保持公有制主体地位的同时,大力发展非公有制经济? ……

　　翻阅导师经典名著,领教时贤真知灼见,解读党和国家大政方针,感受改革开放火热实践,我苦苦思索着、寻觅着。

　　构建和完善中国特色社会主义经济制度,是当代中国面对的一个特别重大的理论问题和现实问题,需要集中全党全社会全国人民的智慧,需要广大社会科学工作者共同努力、不懈探讨,需要我们的党和政府在实践的基础上不断总结经验,不断创新完善。由于笔者知识有限、阅历有限、水平有限、精力有限,书中肯定存在不少错谬疏漏之处。好在笔者深知,江河不择细流,沧海不舍一粟,作者只是想为中国特色社会主义理论问题的研究尽一点自己的责任和心意。抛砖是为了引玉,目的是为了更好地探讨问题、解决问题,推进理论创新。如若本书的一些论述、观点,能引起学界同仁的关注,能引起学界同仁对某些问题进行更深入研讨,诚笔者之所望矣!诚笔者之所慰矣!

人常说,实践之树常青。我笃信不疑。

回头望望,30 年倏然而过。过去的 30 年,是中国步入改革开放新时代的 30 年:改革大潮,波澜壮阔;发展成就,世界瞩目。过去的 30 年,是世界风云变幻的 30 年:东欧巨变,苏联解体,科技进步日新月异,经济全球化快速发展。

向前看看,我国的科学发展任重道远。21 世纪的人类面临着资源危机、能源危机、人口危机、环境危机。21 世纪的中国,作为一个拥有 13 亿人口、人均资源占有量极少的发展中大国,其发展面临着更加刚性的资源、环境、人口约束,发展的任务更加艰巨、更加繁重。

实践无止境,解放思想无止境,理论创新无止境。立足实践,与时俱进,不断推进理论创新,是我们广大社会科学工作者义不容辞的责任。

今年是新中国成立 60 周年大庆之年。能在这样的年头出版这本书,实在让我感到兴奋,而且平添了几分自豪。心想,这也正好算是自己献给国庆 60 周年的一个小小礼物吧,尽管这礼物很轻,但我很看重,就像儿时献给母亲的从田野里采摘的一朵小野花。

李太淼

2009 年 10 月 1 日

目　录

绪　　论

　　制度是人类创造发明的、有效管理人类自身活动的一系列规则,同时也是推动人类社会发展进步的有力工具、得力杠杆。没有人会怀疑制度对社会发展进步的意义:不同的制度设置,会导致不同的发展结果;一个国家,其社会制度特别是经济制度构建的是否合理,是否先进,直接关系着这个国家的发展快慢、发展好坏,也关系到经济制度本身的活力和生命力。

　　历史和现实都昭示我们:中国,一个有着五千年文明史、有着特殊国情的发展中国家,既不能沿袭传统的社会主义发展模式,又不能走西方资本主义的发展老路,而必须走中国特色社会主义道路,这是历史的抉择,是现实的要求,是中国人民的心愿。

　　走中国特色社会主义道路,最为重要、最为关键的问题就是要构建和完善有中国特色的社会主义经济制度。这种经济制度,既能体现社会主义的基本价值取向、基本原则,又能避免传统社会主义模式的种种弊端,符合人类社会发展规律,符合经济发展规律;既不同于西方发达国家的资本主义经济制度,又能积极汲取他国先进的制度文明成果和管理经验,适应经济全球化的发展趋势和发展要求。

　　如何构建中国特色社会主义经济制度及其结构体系,是当代中国正在探索实践的重大现实课题,也是改革开放以来广大社会科学工作者深入研究探讨的重大理论问题。自党的十五大把"以公有制为主体、多种所有制经济共同发展"确立为我国社会主义初级阶段的基本经济制度后,理论界围绕着如何坚持和完善基本经济制度展开了深入探讨。其间,也出现了一些否定基本经济制度的观点和主张。如个别学者反对以公有制为主体，主张应以非公有制为主体；个别学者主张完全私有化、全面市场化；个别学者否定劳动价值论和按劳分配，反对以按劳分配为主体，主张全面确立按要素分配原则。面对理论上的迷乱和困惑，实践界也存在一些难题，比如，如何深化国有企业改革、如何深化农村土地制度改革、如何深化我国自然资源产权和管理制度改革、如何发展非公有制经济、如何深化初次分配制度改革和再分配制度改革等，都需要有一个明确的思路和对策。

笔者写作本书有两个重要目的。目的之一，从理论上辨明是非，深刻回答当代中国社会遇到的几个重大理论问题。第一个重大理论问题是坚持以公有制为主体到底有没有必要、符合不符合市场经济发展规律？第二个重大理论问题是我国必须大力发展非公有制经济的理论依据到底是什么？第三个重大理论问题是劳动到底创不创造价值、按劳分配为主体有没有存在的合理性、按劳分配与按要素分配到底能不能结合？弄清并正确回答这些理论问题，对坚持和完善基本经济制度，对坚持、丰富和发展中国特色社会主义理论体系，对搞好高校中国特色社会主义理论教学，都有着重要的理论意义。目的之二，为深化我国的所有制制度和分配制度改革提出一些对策建议。通过理论论证、实践总结和实际调查，对如何深化我国自然资源和环境产权制度改革、如何深化国有企业改革、如何深化农村土地产权制度改革、如何大力发展非公有制经济、如何深化我国的分配制度改革、如何搞好分配调节等提出若干思路和对策建议。

首先，本书对诸多重大理论问题进行了认真探讨。在本书中，笔者对我国为什么要实行以公有制为主体、以公有制为主体到底有哪些经济功能，市场经济条件下如何坚持以公有制为主体，大力发展非公有制经济的真正哲理原因是什么，到底什么是劳动，当代社会劳动形式和内容发生了什么变化，当代社会劳动如何创造价值，为什么要坚持、如何坚持以按劳分配为主体，如何实现以按劳分配为主体与按要素分配的有机结合等问题提出了若干新观点，力图在公有制主体论、公有私有关系论、非公经济发展论、劳动论、劳动价值论、按劳分配主体论等诸多方面有所创新。

其次,本书围绕如何构建和完善支撑我国基本经济制度的制度结构体系进行了探讨。基本制度制约着具体制度,具体制度支撑着基本制度。坚持和完善基本经济制度,必须创新和完善一系列具体经济制度,构建起支撑基本经济制度的制度结构体系。这主要包括以下几个方面。

其一,要构建有中国特色的自然资源和环境产权制度。这是在市场经济条件下,创新公有制实现形式,实现公有制与市场经济有效对接,巩固公有制主体地位,完善基本经济制度的重要制度路径。

其二,要构建有中国特色的国有企业制度。这关系到国有经济在国民经济运行中的控制力、影响力、带动力,是以公有制为主体的重要实现形式。在社会主义市场经济条件下,我国的国有企业也是特殊企业,承担着提供公共产品、服务宏观调控、实现政府政策、实现国家发展战略等特殊职能,深化国有企业改革的方向和总目标应该是:巩固和提高国有经济的控制力、影响力、带动力。

其三,要构建有中国特色的农村土地产权制度。农村土地产权制度是中国特色社会主义经济制度的重要组成部分,是坚持和完善基本经济制度的重要制度路径。关于如何深化我国农村土地产权制度改革,目前存在有主张私有化、股田制、租赁制、国有制、国有租佃制等多种观点。私有化不可能成为我国农地制度改革的方向。在当前和今后一段时期,我们要继续坚持和完善农村基本经营制度,保持家庭承包经营责任制长久不变。家庭承包经营责任制,具有广泛的适应性和旺盛的生命力,同样适应农业现代化要求。要在此基础上,积极探索建立规范、有序的土地流转制度,促进土地的集约、规模经营。

其四,要构建支持和促进非公有制经济发展的制度支撑体系。非公有制经济是市场经济的重要组成部分,发展非公有制经济是坚持和完善基本经济制度的重要内容。要建立健全私有产权保护制度,进一步完善保护私有产权的法律体系;进一步健全和完善非公有制经济的市场准入制度,允许非公有制经济进入法律法规未禁入的基础设施、公用事业及其他行业和领域;要建立健全促进非公经济发展的财政、税收、金融服务体系;要改革和创新行政管理体制和管理制度,改进政府的管理和服务;要改进和完善司法制度,为非公经济发展提供司法保障。

　　其五,要构建和完善有中国特色的具体分配制度体系。分配制度是基本经济制度的重要实现形式和具体制度保障,是特别重要的经济制度。要正确认识劳动、劳动价值,坚持按劳分配为主体、按劳分配与按要素分配相结合的分配制度。在初次分配制度构建中,要着力创造有利于市场主体公平竞争的经济社会基础条件,尽量做到起点公平。在再分配制度构建中,要构建合理、高效的税收体制,充分发挥税收对分配的调节功能。要建立健全社会保障制度和社会公共服务体系,努力实现教育、就业、医疗等公共服务的均等化;要建立健全对贫困落后地区的财政转移支付制度,统筹区域发展,缩小地区差别;要建立健全三次分配制度,大力发展社会慈善事业。

　　其六,要构建和完善有中国特色的生产经营消费制度。这是构建中国特色社会主义经济制度的重要内容。生产经营活动是整个社会生产再生产的重要环节,是直接创造社会财富的最关键环节。坚持以科学发展观为指导,建立健全合理高效的、有中国特色的生产经营消费制度,对充分调动和发挥广大生产经营者的积极性、能动性、创造性,对正确引导和规制广大生产经营者的生产经营行为,进而对保持国民经济的快速、健康、可持续发展,对建设资源节约型、环境友好型社会,都具有非常重要的现实意义。依循生产经营消费活动的一般规律,吸收和借鉴国外一些国家在生产经营消费活动中的教训和经验,依据我国人口众多、人均资源占有量少、资源和环境约束严重的现实国情,依据当代世界科技发展日新月异、高科技竞争异常激烈的当代世情,我们必须着力构建有中国特色的市场竞争制度、科技创新制度、绿色生产制度和绿色消费制度。

第一章　构建中国特色社会主义经济
制度所应遵循的基本原则

制度是具有强制性的、规范和约束人们行为的规则。经济制度是规范和约束不同经济行为主体(诸如国家、政府、企业组织及其他社会组织、自然人等)、经济行为和经济利益关系的规则。经济制度的优劣,对阻碍或推动经济发展、激化或化解利益矛盾有着极为重要的不可替代的功能作用,以至于无论是马克思主义经济学还是当代西方经济学都把制度作为考核经济发展的重要因素变量,作为谋求经济发展的重要社会工具。改革开放以来我国经济社会发展所取得的巨大成就,充分显示了我国推行制度改革和创新所取得的制度绩效。我国已初步确立了社会主义市场经济体制,确立了以公有制为主体、多种所有制经济共同发展的基本经济制度和以按劳分配为主体、多种分配方式并存的分配制度,产权制度、企业制度、分配制度、宏观调控制度等各种宏观的、中观的、微观的经济制度的改革和创新正在深入进行。

然而,有三种情形值得引起我们的重视:其一,理论思想界乃至实践界仍有极少数人对我国的基本经济制度和分配制度持有异议。其中又分两种情形,一种情形是囿于传统的社会主义观念,否定现存基本经济制度和分配制度的合理性,否定改革的社会主义市场经济取向;另一种情形是以西方经济学为"圣经",以资本主义经济制度为蓝本,信奉新自由主义,或主张以私有制为主体,或主张完全"私有化"、绝对自由化、全面市场化和"全盘西化",同样否定我国现行的基本经济制度和分配制度。其二,在坚持和完善基本经济制度的一些具体制度改革中存在争议。就社会整体而言,经济制度是一系列制度有机组合的结构体系。基本经济制度需要一系列具体制度作支撑,否则就会被架空,甚至变成一纸空文。但由于认识不同、价值取向不同,人们对如何深化国有企业改革、如何深化农地产权制度改革、如何深化分配制度改革等存在着不同的理论主张和政策主张。其三,一系列具体的经济制度亟待创新。

我国改革正处于攻坚阶段,触及许多深层次矛盾和问题。要解决这些深层次矛盾和问题、要谋求中国更好更快的发展,我们就必须及时地正确地进行一系列具体经济制度的改革和创新。很显然,构建和完善中国特色社会主义经济制度的任务远未完成,依然任重而道远,依然是当代中国面对的重大理论和实践课题。因此,认真总结改革开放以来经济制度改革和创新的经验教训,认真研究、探讨并明确构建和完善中国特色社会主义经济制度所应遵循的基本原则,对坚持正确的改革方向,对推进各项具体经济制度的创新很有现实意义。笔者认为,构建中国特色社会主义的经济制度,必须正确认识和遵循以下四个基本原则:价值理性与制度理性的辩证统一;公平与效率的辩证统一;科学发展;对外开放。

第一节　遵循价值理性与制度
理性辩证统一的原则

与经济学中的价值范畴不同,哲学、伦理学话语中的"价值"是指客体的存在、作用以及它们的变化对于一定主体需要及其发展的某种适合、接近或一致。通俗讲,就是指事物的益处、好处、用处、意义。价值判断是人们对事物作用、意义的主观认知行为,它综合地反映着人们的愿望、需求、欲望、理想、需要、利益等等。人类是具有思想意识的高级动物,其行为是受着价值观或价值判断支配的。所谓价值理性就是人们要尽量作出符合人类社会整体利益、符合客观实际的价值判断,从而确定正确的价值取向和价值目标。所谓制度理性就是作为社会工具的制度的效率性,进而言之,就是制度要既有利于价值目标的实现,又符合人、自然、社会发展

变化的客观规律,能产生良好的制度绩效,从而达到合目的性与合规律性
的统一。尽管从根本原因上看,制度作为上层建筑,其形成、发展、变化是
由生产力与生产关系的矛盾运动决定的,但从直接原因看,制度的演变却
是人类作为社会实践主体,在社会实践活动中能动选择的结果。作为选
择,不可避免地会受到人们价值观念和思维能力的制约,受到社会客观环
境的制约,受到经济社会发展规律、人的发展规律、自然界发展规律等客
观规律的最终制约。一方面,价值判断和取向的非理性会导致制度选择
的非理性,进而导致制度缺乏存在的现实基础和生命力;另一方面,再好
的价值选择都必须通过有效的制度路径来实现,一旦制度脱离了实际,背
离了规律,就会事与愿违。在传统的社会主义模式实践中,由于我们无视
价值理性与制度理性的辩证统一,导致了我们所追求的价值目标与制度
绩效的严重背离。从价值理性角度看,我们在一些具体的价值判断和取
向上出现了错误,比如"商品经济不是社会主义","社会主义就是'一大
二公'的计划经济"等,以致在具体的制度设计上完全排除了市场经济制
度。从制度理性角度看,我们在一些具体的制度设计安排中缺乏理性,脱
离了中国国情和客观实际,以至于我们的基本价值目标选择受到严重影
响:我们追求按劳分配,却平均主义盛行;我们追求共同富裕,却导致共同
贫穷;我们追求生产力快速发展,生产力却徘徊不前。其教训是深刻的。
为使当代中国经济制度的构建更加富有绩效,我们必须谋求价值理性与
制度理性的有机统一。根据当前的实际情况,我们在改革创新经济制度
过程中必须正确认识和把握以下几个问题。

一、要坚持中国特色社会主义的价值取向

作出理性的价值判断并选择理性的价值取向,对搞好制度改革和创
新至为重要。马克思主义、毛泽东思想、邓小平理论、"三个代表"重要思
想、科学发展观,充满了丰富而正确的基本价值判断,是我们进行制度改
革和创新的指导思想。尽管马克思、恩格斯对未来社会制度的具体设计
不无缺陷,但马克思主义基本原理中有诸多充满理性光辉的基本价值判
断,如"生产力决定生产关系","劳动是财富的根本源泉","所有制决定

分配关系"等等,都对我们深化经济制度改革具有指导意义;传统社会主义理论中所主张和追求的"民主"、"公平"、"效率"、"共同富裕"等基本价值目标中都闪烁着人类理性的光芒。改革开放以来我党形成的邓小平理论、"三个代表"重要思想、科学发展观,更是充满了许许多多富有时代感的基本价值判断和一系列具体的价值判断,如,"贫穷不是社会主义"、"发展是硬道理"、"和平与发展是当代世界主题"、"科技是第一生产力"、"发展是党执政兴国的第一要务"、"发展应该是科学发展"等等,从而形成了中国特色社会主义的价值取向。① 这些价值取向既继承了传统社会主义理论中的根本价值取向,又富有时代内涵,符合广大人民的意愿和要求,符合社会进步需要,因而是我们改革和创新经济制度必须始终把握的价值取向。

二、要坚持制度理性

坚持制度理性的最根本要求就是坚持生产力标准。能否促进生产力快速发展,是衡量制度好坏优劣的首要和根本标准,是制度是否具有合理性、是否具有生命力的根本依托。经济制度的演变归根到底取决于生产力的发展状况和发展要求,这是马克思主义一以贯之的观点,是对生产力最终决定制度演变这一社会发展规律的正确认识。"劳动生产率,归根到底是保证新社会制度胜利的最主要最重要的东西"。② 因此,我们的经济制度设计,必须力求反映生产力的发展状况和发展要求,特别是要力求反映先进生产力的发展要求。

要坚持制度理性,就必须立足于中国国情、一切从中国的客观实际出发。一个国家经济制度的选择必然要受到该国生产力发展状况、所处的地理环境、人口状况、资源状况、历史文化传统等诸多客观的自然及社会因素制约,因而必须充分考虑这些制约条件,绝不能照抄照搬国外的制度

---

① 参见侯远长:《中国特色社会主义的价值问题探讨》,《中州学刊》2006年第1期。

② 《列宁选集》第4卷,人民出版社1972年版,第16页。

模式,也不能盲目地急躁冒进,否则,就可能导致制度失灵、难以付诸实施,达不到预期效果。

要坚持制度理性,就必须使经济制度安排力求反映经济社会、人及自然的发展变化规律。市场经济是有规律可循的,我们要发展市场经济,就必须遵从市场经济的基本运作规律,诸如供求规律、竞争规律;制度是靠人制定同时又靠人去执行的,要使制度能顺利推行,就必须充分考虑个人理性、考虑人的生存发展享受需要及其变化;人类不可能离开自然界而独行,人类社会与自然界之间存在着丰富复杂的交互作用关系,自然界是人类赖以生存发展的物质载体,为保护人类的延续,人要与自然和谐相处,因而我们的制度设计就必须遵从自然规律。当然,要完全做到反映客观规律并非易事,这取决于我们对经济社会、人、自然界发展变化规律的认知和把握程度。

要坚持制度理性,还必须充分考虑制度选择的成本效益。制度创新是需要成本的,一个价值目标可能有多种制度路径选择,我们必须争取选择那些最能节约成本并能获取最大制度绩效、最优最好的制度,从而减少改革创新必然付出的成本代价。

三、当前经济制度创新中应警惕和防止的几种错误思想倾向

一是要防止否定的社会主义改革的价值取向、否定基本制度、主张彻底私有化的思想倾向。极个别人认为只有私有制、只有私有经济才能产生最大效率,因此否定以公有制为主体存在的合理性、必要性;有些人认为市场经济条件下实行的分配原则就是按资分配,否定按劳分配的主体地位。所有制决定社会的根本性质,劳动是创造财富的根本源泉,这都是马克思主义基本原理,也是基本价值判断,因此主张公有制和按劳分配是社会主义的基本价值取向。如果不实行以公有制为主体的基本经济制度和以按劳分配为主体的分配制度,我们社会的性质就会发生根本改变。我们没有任何理由美化和神化私有制,没有任何理由否定社会主义的基本价值取向。而且,更为重要的是,我们今天实行的基本制度和分配制度,不仅能体现社会主义的价值取向,而且能适应市场经济的要求并能有

效弥补市场经济的缺陷,扼制市场经济的负效应。因此我们深化经济制度改革必须以坚持和完善基本经济制度、坚持和完善以按劳分配为主体、多种分配方式并存的分配制度为前提。

二是要防止囿于传统社会主义模式和观念否定改革的方向、否定基本经济制度和以按劳分配为主体、多种分配方式并存的分配制度,反对进行制度创新的思想倾向。个别人以改革中出现的问题诸如腐败问题、贫富差距问题、就业问题等为理由,怀疑甚至否定建立社会主义市场经济体制的改革,否定多种所有制经济并存、多种分配方式并存的合理性和必要性。我们同样不能忘记刚刚过去的历史,不能忘记在传统社会主义模式下由于价值取向与制度路径的脱节所导致的事与愿违的沉痛教训。再美好的价值取向必须通过具体的制度路径才能获得体现和实现,更何况,诸多价值取向如公平、效率、正义、博爱、自由、秩序等之间是存在极其复杂的矛盾制约关系的,这就需要我们进行价值整合,作出最理性的价值取向。我们需要公平,但也需要效率;我们需要自由,但必须遵守秩序。没有公有制和按劳分配,社会就缺乏最基础的维护公平的制度工具;不实行市场经济,不允许多种所有制和多种分配方式并存,就不会有经济发展的高效率,不会有更大的"蛋糕"可分,因而也不会有符合广大人民根本利益的"公平"可言。可以说,相比传统社会主义模式下"一大二公"的所有制和平均主义分配制度而言,以公有制为主体的基本经济制度和以按劳分配为主体、多种分配方式并存的分配制度,正是最理性、最有利于社会主义基本价值目标实现、最具有现实基础的主要经济制度。至于改革中存在的矛盾和问题,还需要通过进一步深化改革和制度创新来解决。

三是要防止把基本经济制度完全意识形态化,不注意基本经济制度与具体经济制度有机结合的思想倾向。基本经济制度可以作为意识形态,但更是一种制度安排。社会制度有基本制度,也有具体制度,基本制度制约着具体制度,具体制度支撑着基本制度。中国特色社会主义经济制度应该是以基本经济制度为核心、以分配制度为保障、以具体经济制度为支撑的有机结构体系。如果我们在具体的经济制度设计中不能体现中国特色社会主义的价值取向,不能体现基本经济制度的本质要求,基本经济制度就会被架空,就会停留在口号上,变成一纸空文。

第二节　遵循公平与效率辩证统一的原则

公平、效率都是社会主义所追求的最重要最基本的价值目标。效率可以说是经济制度的生命,而公平却是社会主义经济制度的灵魂。没有效率,经济制度就没有存在的现实基础;而没有充分的公平,经济制度就不再是社会主义的经济制度。为改革计划经济体制下平均主义盛行和不注重效率的弊端,党的十五大在总结十多年改革开放实践经验的基础上,明确提出了"效率优先、兼顾公平"的分配原则,指出要把按劳分配和按生产要素分配结合起来,允许和鼓励一部分人通过诚实劳动和合法经营先富起来,允许和鼓励资本、技术等生产要素按贡献参与分配。党还针对具体分配过程提出了初次分配注重效率、再次分配注重公平的指导原则。随着市场经济的快速发展以及近些年人们收入分配差距的拉大,党的十六届五中全会又适时提出了"十一五"时期要更加关注公平,特别是要注重就业机会和分配过程的公平的政策取向。改革开放以来,思想理论界关于公平与效率关系的争论始终就没有停止过。近年来,鉴于我国地区之间和社会成员之间收入差距不断拉大的现实,使"公平与效率"的关系再次成为人们争论的热点。有人认为,"效率优先、兼顾公平"的原则割裂了效率与公平的关系,降低了公平的地位,颠倒了经济发展的价值目标与基本手段之间的关系,因而主张用"公平优先"代替"效率优先"。有学者认为收入分配政策的基本原则应由改革开放之初的"效率优先、兼顾公平"调整为"初次分配注重效率,再次分配注重公平,效率与公平并重"。[①] 还有人认为现在提"效率与公平并重"为时尚早,等到 2010 年前后,人均 GDP 达到 1500 美元左右时,可以用"效率与公平并重"慢慢代替"效率优先、兼顾公平"。更多的学者认为应该坚持"效率优先、兼顾公

---

① 过文俊:《贫富差距:理性审视与多维调节》,《中国人口科学》2003 年第 5 期。

平"的原则,但在贯彻这一原则的政策取向上仍有不同主张。如有学者提出:效率是企业的直接目标,公平是政府的第一目标或直接目标。① 有学者不赞成"初次分配注重效率,再分配注重公平"的流行观点,认为初次分配也存在公平问题,也应该注重公平。② 笔者认为,公平与效率之间应该是辩证统一的关系。效率是公平的前提,是公平分配的基础。马克思主义关于社会主义必然代替资本主义的理论主张,一直是以社会主义比资本主义更具有效率、更能促进生产力发展为理论基石的。因此,我们必须坚持效率优先,这不仅是生产力与生产关系矛盾运动的规律所使然,而且也是满足广大人民群众日益增长的物质文化需要的根本途径。没有效率、没有社会财富的极大增长,"公平"就会失去意义,就不再是广大人民群众所需要的"公平",就会从根本上损害广大人民群众的利益。同时,公平问题至关重要,公平不仅是社会主义最重要的价值取向,关乎广大人民群众能否成为社会财富的真正拥有者、享用者,而且关乎效率问题,关乎经济能否持续、稳定、健康发展。因为过多的不公平特别是分配不公,不仅会影响广大劳动者积极性、创造性的充分发挥,不仅会制约社会有效需求的增长,在严重的情况下还会导致激烈的社会矛盾和冲突,最终妨碍经济发展、妨碍效率的提高。因此,我们必须正确认识和把握市场经济中公平与效率既矛盾又统一的辩证关系,既要坚持效率优先,同时要关注公平。既不应为追求效率而显失公平,导致社会动荡,也不应为追求公平而损失效率。从语言学角度看,如果觉得作为分配原则的"效率优先、兼顾公平"没能更好表达追求效率与公平的辩证统一的价值取向的话,可否改为"效率优先、注重公平"?"注重"比"兼顾"更能表达对公平的重视程度,而且,"注重公平"与"效率优先"并无语言逻辑上的矛盾,也就是说,"注重公平"并不等于"公平优先",并不妨碍效率优先,只是更加强调了公平的重要性。"效率优先,注重公平",更能准确表达中国特色社会主义的价值取向,是需要长期坚持的分配原则。

---

① 赵材如:《论经济在"公平"中增长》,《中国经济时报》2003年3月31日。
② 赵学福:《论初次分配中的公平问题》,《中州学刊》2006年第2期。

　　针对中国当前的实际情况，我们在经济制度安排和创新中必须遵循公平与效率辩证统一的价值取向，必须正确处理好效率与公平的关系。

一、要毫不动摇地坚持和完善保证"效率优先"的基本制度安排，并不断探索创新能提高经济发展效率的具体制度

　　这就要求我们必须毫不动摇地坚持社会主义市场经济取向的改革，坚持基本经济制度，坚持大力发展非公有制经济，坚持实行以按劳分配为主体、多种分配方式并存的分配制度，允许各种生产要素按贡献参与分配。与此同时，我们还要加强私人财产保护制度、知识产权保护制度、企业产权和组织制度、多种要素市场交易制度、自主创新激励制度等各种有利于效率提高的具体制度建设。

二、要从制度构建的角度更加注重社会公平

　　公平从来都是具体的历史的。公平包括"权利公平、机会公平、规则公平、分配公平"等相互联系相互制约的诸多内容，体现在整个经济社会的运行过程之中，其中权利公平是社会公平和正义的内在要求，机会公平是社会公平和正义的前提基础，规则公平是社会公平和正义的重要环节，分配公平是社会公平和正义的理想目标。[①] 我们必须构筑以"四个公平"为主要内容的制度体系，使公平与正义具体体现在人们从事各项活动的起点、机会、过程和结果之中。就我国当前的实际情况看，我们应加强以下一些关乎公平的制度构建。

　　其一，要进一步搞好以公有制为主体和以按劳分配为主体的制度体系构建。毫无疑问，相对于整个社会人们对剩余产品的占有享用关系而言，所有制是分配的工具。无论是从逻辑上推理还是从历史上考察，生产资料所有制在任何国家、任何社会都是决定和调节人们分配关系的最基

[①] 参见山东省邓小平理论和"三个代表"重要思想研究中心：《构建和谐社会促进社会公平》，《光明日报》2005 年 11 月 16 日。

本、最主要、最重要、最关键的经济手段和经济杠杆。① 坚持以公有制为主体，保证社会财富为广大人民群众所占有和享用，无疑是保证分配公平的一个基础性的制度安排。然而，如何实现以公有制为主体与市场经济的有机结合却是我们面临的一个全新课题。当前，农村土地的集体所有制、城镇土地的国有制，以及矿藏资源、森林资源、水资源等各种自然资源的国有制都面临着在市场经济条件下，如何通过产权制度、经营制度、管理制度等各项具体制度的安排创新其实现形式，以保证这些资源得到合理、有效开发利用并保证这些资源的经济收益合理分配问题。由于这方面的具体制度供给不足，以至于在这一领域的经营过程中存在着严重的不公平现象。如在土地的征用、批租、产权流转过程和在矿产资源开发开采中，都存在有严重的国有和集体资产流失现象。很显然，加强这方面的制度建设必要而迫切。再有，作为公有经济经营性组织的国有企业特别是垄断类国有企业，同样也面临着如何深化产权制度与组织形式改革，建立现代企业制度以实现与市场经济有机结合的问题。再就以按劳分配为主体这一重要的分配制度而论，它对保证社会公平的意义是不言而喻的。然而，有人怀疑甚至否定这一制度，认为市场经济实行的就是按资分配，不可能也不应该实行按劳分配。如果我们不否定"劳动是创造社会财富的根本源泉"这一价值判断而且也是一种历史事实的话，那么，我们就不应该否定实行按劳分配为主体的合理性与合规律性。我们所应该做的是，更新对劳动范畴、劳动内容和形式的认识②，积极探索在市场经济条件下实行按劳分配、保持其主体地位的具体制度路径。

其二，要为解决初次分配中的公平问题提供制度支持。初次分配注重效率，但也不能忽视公平。权利、机会、规则的不公平必然导致分配结果的不公平。因此，我们必须加强保障权利公平、机会公平和规则公平的制度建设。通过教育制度改革创新，保障人们公平受教育的权利和机会；

---

① 参见李太淼等著：《所有制原理与当代中国所有制改革》，红旗出版社2004年版，第91页。

② 参见李太淼：《刍论劳动范畴》，《江汉论坛》2003年第1期。

通过劳动就业制度改革创新,保障劳动者自主择业、公平竞争、依法获得收入的权利和机会;通过规范和完善市场竞争制度,保障各生产经营者自主经营、公平竞争、合法获利的权利和机会。特别要注意解决教育机会、就业机会的公平问题以及各行业、企业间的公平竞争问题,规范初次收入分配秩序。要建立和完善更加公平、有序的市场竞争机制,打破行业垄断、市场壁垒,努力规范行业收入;要通过经济法制建设和市场监管制度建设,坚决惩治欺行霸市、制假贩假、偷税漏税等非法牟利行为;要通过改革和完善税制,特别是通过改革和完善个人所得税制等,加大对高收入群体的调节力度,扩大中等收入群体的比重。

其三,要通过制度安排解决好再分配过程中的公平问题。要建立健全社会保障制度,完善社会救济和社会福利制度。这既是市场经济运行的"安全阀",也是体现社会公平的重要内容。要在经济发展的基础上,逐步提高最低生活保障和最低工资标准,认真解决低收入群众的住房、医疗和子女就学问题。要本着建立公共财政的目标,改革创新财政体制,特别是要通过改革和创新财政转移支付制度,加大对欠发达地区和困难群体的转移支付力度。这其中包括:采取积极的财政政策,加大对义务教育、医疗卫生、福利保障、公共安全、防灾减灾、公益性基础设施建设等社会公益事业的投入,切实解决群众生活中的突出问题;采取积极的财政政策,加大公共财政对农村的覆盖面,确保财政对"三农"的增量投入,加大对农村社会公益事业的投入,加大对农村经济发展的扶持力度,加快建立以工促农、以城带乡的长效机制,进一步缩小城乡差距;采取积极的经济政策,加大对中西部地区特别是革命老区、民族地区、边疆地区、贫困地区经济社会发展的支持、扶持力度,进一步缩小区域之间的发展和分配差距。

第三节　遵循科学发展的原则

经济制度的一个重要功能就是推动和保障经济发展,但这种发展必须是科学发展。在认真总结国内外经济社会发展经验教训的基础上,在正确认识经济社会以及人与自然辩证法发展规律的基础上,在充分把握我国现阶段基本国情和发展特征的基础上,中国共产党在十六届三中全会上明确提出要"坚持以人为本,树立全面、协调、可持续的发展观"。科学发展观是以人为本、造福人民的发展观,它强调以实现人的全面发展为最终目标,从人民的根本利益出发谋发展、促发展,充分体现了尊重社会发展规律与尊重人民历史主体地位的一致性。科学发展观是全面协调可持续的发展观,强调要促进经济、社会与人的全面发展,统筹城乡发展、统筹区域发展、统筹经济社会发展、统筹人与自然的和谐发展、统筹国内发展和对外开放;强调要在发展过程中保持经济发展与人口、资源、环境相协调;强调可持续发展,注重发展进程的持久性、连续性,坚持走生产发展、生活富裕、生态良好的文明发展道路,实现经济社会更好更快、持久永续地发展。科学发展观不仅深刻揭示了人类社会辩证发展的客观规律,而且进一步深入回答了什么是社会主义、怎样建设社会主义这个根本问题。因此,我们必须以科学发展观为根本指导思想,以科学发展观统领经济社会发展全局。就经济制度构建而言,必须注意把握以下几点。

一、经济制度构建要体现科学发展的价值取向

以新的发展理念发展经济,就是要在发展经济的同时,注意经济发展与政治、文化等社会各项事业的发展以及人的全面发展相协调、相配合,就是要在经济发展过程中,注意产业结构之间、区域经济之间等各部分各环节之间相协调、相配合,就是要在发展经济过程中,既尊重经济规律,更尊重自然规律,充分考虑环境资源和生态的承受能力。

1. 要体现以人为本的价值理念。经济制度创新要注意反映好、保护好、实现好最广大人民群众的根本利益,特别是要关注人的物质需求、精神需求、生态需求等多种价值需求,关注代内平等与代际公平,这是经济发展的根本目的所在;要注意调动好、保护好、发挥好最广大人民群众的积极性、能动性、创造性,这是经济发展的根本动力所在。

2. 要着力转变经济增长方式,谋求经济的可持续发展。粗放式经济增长方式的特点是高投入、高能耗、高排放、低效益、污染严重。我国是拥

有 13 亿人的人口大国,人均耕地面积、淡水资源和森林面积、矿产资源的人均占有量等诸多指标均低于世界平均水平,经济社会可持续发展的承载能力较低。我国的人均矿产资源占有量只有世界平均水平的 1/2,人均耕地、人均草地只有世界平均水平的 1/3 左右,人均水资源占有量只有世界平均水平的 1/4 左右,人均能源占有量只有世界平均水平的 1/7 左右。虽然我国经济社会发展取得了巨大成就,但我国经济的较快增长也付出了巨大的成本和代价。由于我国科学技术水平低,可持续发展观念不强,资源利用的效率不高,浪费极为严重,人口需求与资源短缺的矛盾十分尖锐。例如,我国的综合能源利用率仅为 32%,比国外先进水平低 10 多个百分点。万元国内生产总值能耗比发达国家高出 4 倍多,工业排污则是发达国家的 10 倍多。在我国 660 座城市中,有约 400 座城市缺水,100 多座城市严重缺水。绝大多数污水未经有效处理而排入江河湖海,城市河段 90% 以上受到不同程度的污染。在农村有 3.6 亿人口喝不上符合标准的水。据统计,中国工业万元产值用水量平均为 103 立方米,是发达国家的 10—20 倍;中国工业用水的重复利用率平均为 40% 左右,而发达国家平均为 75%—85%;我国草原退化面积已达 9/10,每年仍以 200 万公顷的速度在退化;全国沙漠化面积已达 174.3 万平方公里,每年仍在以 3436 平方公里扩展;水土流失已占国土面积的 37%;在每年人口增加 1000 多万的同时,耕地面积减少 1000 多万亩。[①] 同时我国又处在工业化和城市化的中期,我国所面临的人口、资源、环境压力越来越大。唯有更新发展思路,实施可持续发展,把经济发展建立在人口数量控制和质量提高的基础上,建立在生态改善的基础上,促进经济效益、社会效益、生态效益的全面提高,才能使现代化建设事业兴旺发达,使中华民族的发展长盛不衰。因此,我们必须着力转变经济增长方式,由"高投入、高能耗、高污染"的粗放型增长转变为"低消耗、低污染、高效益"的集约型增长,在保持经济增长速度的同时,提高经济增长的质量和效益。要实现经

---

① 参见庞元正主编:《当代中国科学发展观》,中共中央党校出版社 2004 年版,第 32—33 页。

济增长方式的转变,必须切实把经济工作的重点转移到依靠科技进步和提高劳动者素质上来,转移到注意提高经济增长的质量和效益上来,走科技含量高、经济效益好、资源消耗低、环境污染少、人力资源优势得到充分发挥的新型工业化道路。要进一步优化产业结构,推进产业结构优化升级。要大力发展高产、优质、高效、生态、安全农业,促进传统农业向现代农业转变。要大力发展循环经济,坚持开发节约并重、节约优先,按照减量化、再利用、资源化的原则,在资源开采、生产消耗、废物产生、消费等环节,逐步建立全社会的资源循环利用体系。

3. 要着力推动科技创新。科学技术是第一生产力。没有高科技含量的产品,没有自主创新的成果,没有降低成本、减少污染、提高资源利用率的适用技术,我们就不可能实现经济增长方式的转变,也不可能在国际竞争中获取优势。因此我们必须加快推进科技创新,增强自主创新能力,不断提高科技进步的贡献率。

4. 要谋求经济的平稳、协调发展以及经济与社会、人与自然的和谐发展。要在经济发展过程中注意产业结构之间、区域经济之间等各部分各环节之间相协调、相配合;要在发展经济的同时,注重与政治、文化等社会各项事业的发展以及人的全面发展相协调、相配合;要在发展经济的同时,加强人口控制、资源保护、生态保护和环境建设,实现人与自然和谐相处。必须在转变经济增长方式的同时,坚持计划生育的基本国策,有效控制人口增长,大力提高人口质量;必须合理开发和节约使用各种资源,加强综合治理,实现永续利用;必须强化城乡污染治理,改变“先污染,后治理”的观念,强化对大气污染、水污染、垃圾污染和噪音污染的综合治理,坚持走边发展边治理的可持续发展道路;必须全面推进生态环境保护和治理,加大对生态建设和环境保护的各项投入,持之以恒地加强生态保护和环境建设,努力建设低投入、高产出、低消耗、少排放、能循环、可持续的国民经济体系和环境友好型、资源节约型社会。

二、要围绕科学发展加强市场经济的各项具体制度建设

经济建设离不开自然资源,人类生活离不开自然环境。鉴于我国人

均资源占有量非常低、资源严重短缺、环境污染越来越严重、生态环境有所恶化的现实,我们必须实行最严格的自然资源保护制度,建立健全对土地、森林、矿藏、水资源以及海洋经济资源、空间经济资源等保护方面的法律法规,以保障这些自然资源的合理开发利用;制定和实施严格的能源利用制度,保障能源的节约利用;制定和实施严格的环境保护制度;加快循环经济立法,实行单位能耗目标责任和考核制度。产权是市场经济有效运作的制度工具和利益基础。要建立健全归属清晰、权责明确、保护严格、流转顺畅的现代产权制度,构建规范合理的实物、资金、知识等不同类型产权的流通交易制度。要深化国有企业、特别是垄断行业国有企业的改革,深化集体企业改革,加快建立现代企业制度。要建立健全有利于科学发展的市场竞争制度,如建立健全既能体现效率优先要求、又能体现可持续发展及公平要求的企业自主生产经营制度、市场准入和退出制度、反垄断制度、择业就业制度、契约制度、信用制度、质量认证认可制度、资格认证认可制度、劳动保障制度、税赋制度等等,促进各市场主体自主经营、公平竞争,保障市场经济高效有序运行,实现资源有效配置、合理利用,推进经济快速健康发展。要加强市场体系建设,进一步打破行政性垄断和地区封锁,完善商品市场,健全资本、土地、技术和劳动力市场,规范发展产权交易市场。要完善价格形成机制,积极稳妥推进产品价格改革,形成能有效反映资源稀缺程度的价格体系。加强对市场主体生产经营活动的监管,既是政府的重要职责,也是保证市场经济良好运行的重要条件。要通过建立健全灵活、高效、规范的经济监管制度,特别是要通过改革和创新行政审批制度、质量监管制度、环保监管制度、土地监管制度、矿产开采监管制度、安全监管制度、税务监管制度、劳动保护制度等,加强依法监管,加大对违规企业的惩处力度,规范市场主体行为和市场竞争秩序,督促企业走保护环境、安全生产、清洁生产、节约资源和能源、维护劳动者合法权益、遵法守信的文明经营之路,使广大消费者能"呼吸到清新的空气、吃上放心的食品、喝上干净的水、用上环保的产品"。消费是社会生产再生产过程的重要环节,要建立健全有利于人的身心健康和全面发展、实现人与自然和谐相处,有利于经济可持续发展的、文明健康的、科学的

"绿色"消费制度,通过"绿色"消费,带动"绿色"经济。要建立健全社会保障制度,这既是市场经济运行的"安全阀"、"减震器",同时也是在宏观上调节分配关系、保证分配公平、保障社会弱势群体合法权益的制度工具,是中国特色社会主义经济制度的重要构成部分。

三、要建立健全保障科学发展的宏观调控制度

宏观调控有三大经济功能,其一是弥补市场失灵缺陷,更好地实现资源优化配置;其二是调节供需平衡,保持经济稳定发展;其三是调节分配关系。因此,要通过建立健全规范、高效的宏观调控制度,特别是要通过财政、税收、金融、货币、投资、信贷、土地、房产、产业、价格等体制、制度和政策的改革、创新、完善,引导并约束企业走集约式生产经营之路,推动科学技术自主创新,推进经济结构优化,协调区域发展和城乡发展,促进人与自然和谐发展,调节地区差别、城乡差别、阶层差别、行业差别,推进政治、文化、科技、教育、医疗、卫生等社会各项事业发展。

第四节　遵循对外开放的原则

近代以来,产业革命催生机器大工业建立,机器生产确立了标准化、连续性和规模经济的生产体制。这种生产体制客观上要求打破地域包括国界的限制,从根本上决定了各国经济的开放性,从而使历史真正变成了世界历史。"过去那种地方的和民族的自给自足和闭关自守状态,被各民族的各方面的互相往来和各方面的互相依赖所代替了。"[①]自第二次世界大战尤其是20世纪80年代以来,科技进步日新月异,借助知识经济、信息经济的力量,经济全球化程度进一步加深。经济全球化借助国际分工、国际直接投资和跨国公司的空前发展,实现了资源在全球范围内普遍和大规模的直接流动和配置,其主要特征是投资国际化、生产国际化、经营国际化、销售国际化、市场国际化。经济全球化是生产力发展的内在要

---

① 《马克思恩格斯选集》第 1 卷,人民出版社 1995 年版,第 276 页。

求,是经济发展的客观规律、必然趋势。任何一个国家和地区都必然或主动或被动地融入国际经济大循环之中,任何想回避经济全球化的国家和地区都或早或迟会被全球化浪潮所淹没。中国的发展离不开世界。近代历史上,中国曾长期实行闭关锁国的政策,极大地阻滞了中国的经济发展。十一届三中全会后,中国实行了对外开放政策,积极引进国外资金、先进技术设备和管理经验,积极参与国际经济的竞争与合作,积极利用国际国内两种资源、两种市场,极大地推动了本国经济的发展,取得了前所未有的成功。面对经济全球化的新态势、新挑战、新机遇、新要求,我们必须长期坚持对外开放的基本国策,积极构建和创新有利于对外开放的经济制度,从而为中国经济在更大范围、更广领域和更高层次上参与国际经济的分工、合作、竞争,充分利用两种市场、两种资源,拓展发展空间,提供良好的制度支持。

一、大胆吸收借鉴西方发达国家的有益经验

独立自主,不等于闭关自守;自力更生,不等于盲目排外;自主创新,不等于不要借鉴。中国的经济制度构建必须立足本国国情,符合本国实际,坚持自主创新,坚持社会主义价值导向,然而,中国特色社会主义经济制度并不是自我封闭的、盲目排外的"土规则",相反,它是善于继承、借鉴、吸收人类社会包括资本主义社会一切优秀的、先进的文明成果的,与时俱进的,不断创新、完善的,具有开放品质的制度结构体系。我国把建立社会主义市场经济体制作为经济体制改革目标,实行社会主义基本经济制度与市场经济相结合,这本身就是史无前例的制度创新,同时也包含有对资本主义文明的有益借鉴。尽管我国实行的是社会主义市场经济,因而与资本主义市场经济有本质区别,但既然都是市场经济,它们就会存在一些共同之处,如同样面对着市场供求机制、价格机制、竞争机制的作用;同样面对着利益相对独立的市场竞争主体存在、产权界定清晰、生产经营自主、竞争规则公平等要求;同样面对着与市场经济相伴生的供需失衡、经济波动、市场垄断、市场失灵、就业不足、贫富差距等问题。既然存在一些共同之处,而且资本主义市场经济已经发展了几百年,比较成熟,那么,我们就要学习借鉴西方发达国家关于市场经济制度一些有益的具体的设计与安排。更何况,资本主义制度与社会主义制度现在共存于一个世界,我国必然要与发达资本主义国家发生多种多样多层次的经济交往与合作。既然如此,我国就必须遵循一些国际通行的惯例和规则,而这些惯例和规则,必然内化为国内的一些制度,必然要求我国的一些具体制度与他国的一些具体制度保持一定的相通之处。当然,学习借鉴决不是照抄照搬,更不是"全盘西化",照抄照搬如同东施效颦,永远不会有好结果;"全盘西化"在中国从来都没有而且永远都行不通。

二、要通过制度创新推进对外开放

自十一届三中全会我国实行改革开放以来,我国的对外开放取得了巨大成就,其中,制度创新所起的作用功不可没。如设立经济特区,允许经济特区采取更加开放的招商引资政策;允许外资经济通过合资、合作、独资、联营等多种形式在中国发展;通过多种政策积极引进外来资金、技术、人才和管理经验;逐步放开国内市场等。自20世纪90年代,我国的对外开放模式已经从以"引进来"为主转变到"走出去"与"引进来"并重的新阶段。我们需要在继续坚持、长期坚持"引进来"办法的同时,积极"走出去",发展对外投资,组建和发展我国自己的跨国公司,扩大外贸出口,转移生产能力,到境外利用其资金和资源。为更好地适应经济全球化的要求,更好地利用"两个市场、两种资源",发展中国经济,我们必须加快有利于外向型经济发展的制度创新,使我国能在更高的层次上参与国际分工、竞争和合作。我们必须进一步完善社会主义市场经济体制,使我国经济体制同国际经贸规则和体制进一步接轨,加速我国市场经济体制的规范和成熟,使我国企业这个市场经济的主体真正熟悉并适应国际环境和国际竞争规则。要按照市场经济和世贸组织规则的要求,加快内外贸一体化进程,形成稳定、透明的涉外经济管理体制,创造公平和可预见的法制环境,确保各类企业在对外经济贸易活动中的自主权和平等地位。要通过制度安排,鼓励不同类型的企业"走出去":不仅要推动竞争力强、管理科学的大企业"走出去",也要注意鼓励为数众多的中小企业"走出去";不仅要组织国有企业"走出去",还要允许个私企业"走出去"。要通过健全法律法规、加强制度建设,加强对涉外经贸活动的支持和监管,为企业经营创造良好的制度政策环境和条件。例如,要积极制定海外投资法律体系,特别是要制定《海外投资法》,构建必要的海外投资保险制度,通过税收、资金、外汇、人才等方面制度和政策杠杆,形成支持海外经济的政策体系。要制定和规范国内企业到境外投资的监管制度,按照投资国的惯常做法,建立适当的宏观管理体制,加强必要的管理;防止"走出去"企业逃税避税,造成税收流失;要探索一套专门办法,对"走出去"的国有企业加强资产监管,以防"穷庙富和尚"、化公为私现象的发生,导致国有资产流失;通过加强对外投资项目的审批和监管,严防借用"走出去"向外转移资本、"洗钱"等非法现象的发生,防止资本外逃。总之,要通过制度创新,积极适应经济全球化的要求,努力促进我国外向型经济发展,把我国的对外开放水平不断推上新台阶。

第二章　坚持以公有制为主体的 合理性及制度路径

党的十四大明确了"建立和完善社会主义市场经济体制"的经济体制改革目标,与此同时也推动了所有制改革理论的发展,理论上不再把非公有制经济当作与社会主义、与公有制完全对立的经济成分,而是允许非公有制经济与公有制经济"在平等竞争中共同发展"。党的十四届三中全会通过的《中共中央关于建立社会主义市场经济体制若干问题的决定》,首次把"以公有制为主体、多种经济成分共同发展"作为我们党和国家的一项基本方针。党的十五大进一步明确地把"以公有制为主体、多种所有制共同发展"确立为我国社会主义初级阶段的一项基本经济制度,充分肯定了非公有制经济在我国国民经济和市场经济中的重要地位和作用。党的十六大报告进一步强调要坚持和完善以公有制为主体、多种所有制经济共同发展的基本经济制度,提出了"两个毫不动摇":必须毫不动摇地巩固和发展公有制经济;必须毫不动摇地鼓励、支持和引导非公有制经济发展。

然而,自改革开放以来,关于所有制改革的争论始终就没有停止过。时至今日,在关于所有制改革问题上特别是在要不要坚持以公有制为主体这一问题上,不论是学术理论界还是经济实践界都还存在一些不同认识和政策主张。比较集中的观点争论主要表现在以下两个方面:其一,怀疑乃至否定坚持公有制主体地位的必要性。这一理论观点坚持认为:公有制经济必然伴随着低效率,而且和市场经济难以兼容;而私营经济必然伴随着高效率,而且和市场经济天然相容。因而,要大力发展市场经济,要保持经济的快速发展,就必须放弃公有制经济的主体地位,实行以私有制为主体。还有个别学者主张,是以公有制为主体还是以私有制为主体应该通过市场竞争来决定。其二,主张必须坚持以公有制为主体。但持这一理论观点的学者更多地是从伦理和政治的角度来论证以公有制为主体的必要性、重要性。认为以公有制为主体是社会主义的本质特征,是社会主义经济制度的基础,是人民民主政权的基石,是共产党执政的基石;实行以公有制为主体,有利于实行按劳分配,有利于避免两极分化,实现共同富裕;如果不坚持以公有制为主体,我国就不再是社会主义性质的国家。同时,在坚持以公有制为主体的大前提下,有些学者对公有制的范畴、内涵、外延作了不同解释。有学者扩大公有制的概念范畴,把市场经济条件下的股份社会化,甚至不同形式的股份制等统统纳入社会主义公有制范畴。有学者甚至提出,公有制不仅包括生产资料公有制在再生产各环节的全部内容(主要有生产资料所有权上的公有制,生产资料经营上的公有制,社会资料配置上的公有制,扩大再生产规模与方向等方面的公有制),而且包括产品的公有制、剩余产品的公有制和反映社会主义共同富裕目标的收入分配公平程度,而且认为,生产资料公有制在社会主义公有制体系中是层次最低、作用最小的一种公有制;而生产资料所有权方面的公有制,又是生产资料公有制体系中各项内容层次最低和作用最小的,以这种性质的公有制作为社会主义市场经济的基础,是难以实现社会主义目标的。进而认为:高度的公有制社会是可以建立在生产资料非公有制的基础上的。①

　　某种经济制度存在的合理性,必须从生产力中找到最终答案,这是历史唯物主义的一条基本原理。是否有利于促进生产力快速发展,是评断实行以公有制为主体是否具有合理性的根本标准。

---

　　①　参见杨文进:《略论国家权力下的所有制性质——兼论社会主义公有制的内容及衡量标准》,《福建论坛》2005 年第 12 期。

第一节 市场缺陷及外部不经济

要想正确认识坚持以公有制为主体的必要性,必须首先弄清市场经济的积极作用和本身固有的缺陷,弄清以公有制为主体与市场经济有机结合的必要性、可行性。我们要大力发展市场经济,但也无须迷信市场经济。市场不是万能的,市场机制虽然是资源配置的有效手段,但也存在着许多缺陷。关于市场经济的缺陷,早在几百年前一些古典学者就已经有所意识,马克思主义经济学更是通过对资本主义商品生产的研究,揭示了市场经济的诸种弊端。西方的旧福利经济学、当代福利经济学、凯恩斯理论等,也都对市场缺陷进行了多方面研究,并逐渐形成一种理论,即"市场失败论"。

依据马克思主义对资本主义市场经济的一些分析,结合西方经济学的研究成果,参考我国已有一些研究市场缺陷的著作和文章,并结合市场经济运作的实际,我们可以把市场经济本身固有的缺陷概括如下。

一、导致严重的分配不公

市场机制本身并不具有调节收入和财富占有差距的功能,反而有扩大这种差距的趋势。这一点,马克思主义经济学和西方经济学都有明确论述。在人们私有观念还存在、生活资料还属私人所有的前提下,适当的收入差距、贫富差别有助于刺激生产者的生产经营积极性,推动生产力发展。然而,不正当的、严重的贫富悬殊和两极分化必将严重压抑广大劳动者的生产积极性、创造性,甚至引起社会动乱,给生产力造成破坏。在市场经济下,各自独立的利益主体以对利润的追求为根本动机,在市场的价格机制、竞争机制作用下,本着"优胜劣汰"原则,一些企业在迅速扩张、发展的同时,必然引起另一些企业的破产倒闭和被兼并。在生产集中的同时,必然伴随财富的集中和贫富的分化,富人越富,穷人越穷。贫富两极分化并不只是一个社会公平问题,它同时也是一个生产力问题。也可以说,在公平与效率之间存在着辩证关系。严重的分配不公和两极分化,必然严重压抑广大劳动者的生产积极性和创造性,导致一些劳动者不再把劳动作为谋取利益的唯一手段,一些人还会采取破坏机器、绑架资本家、偷盗、抢劫等极端手段进行反抗并谋取自己的利益。在更严重的情况下,还将导致严重的阶级对立和冲突,导致大规模的罢工、社会动乱、战争等,继而必然引起对生产力的巨大破坏。这种情形已被资本主义市场经济的发展史所证实。

二、垄断造成的资源配置低效和资源运用低效

市场运行中的竞争必然产生各种垄断。少数厂商凭借生产条件上的优势,排斥其他生产者的竞争,通过垄断价格获得超额利润,大大降低了市场机制的调节效率,使资源配置产生扭曲和低效。除自然产生的垄断外,还可能发生某种人为的垄断,即主要不是凭借技术和经济优势,而是依靠政治权力、暗地密谋、行贿受贿等手段所实现的垄断。这些人为的垄断,比自然形成的垄断更严重地降低了资源配置的效益。

西方的"市场失败论"以及我国一些学者在研究市场缺陷时,都对垄断对竞争的抑制作用、垄断对资源配置的扭曲作用做了深入探讨。我国有学者从资源配置和资源运用两个角度论证了垄断的缺陷①:从资源配置角度看,垄断可以导致社会剩余损失。这是由于垄断压制了竞争,从而减低了社会总剩余,降低了资源分配效率,导致资源误置。在垄断条件下,垄断者变成了价格的制定者和产量的决策者,为获取垄断利润,就必然产生垄断产量低于竞争产量、垄断价格高于竞争价格的趋势。垄断限制产量而提高价格,其结果是给社会和消费者造成损失。更重要的是,垄断价格往往变成一种扭曲的市场价格,给生产者以错误的市场信号,对资源的流动发出了不合理的"导向指示",最终导致资源误置和资源浪费。总之,在垄断条件下,垄断价格会对供求关系产生畸形影响,从而导致某些行业资源分配过多而不流出,某些行业资源分配不足而不流入等,对社会资源造成极大浪费。所以列宁说:资本主义的垄断,"既然规定了(虽

---

① 参见郑秉文:《市场缺陷分析》,辽宁人民出版社 1993 年版,第 60—126 页。

然是暂时地）垄断价格,那末技术进步,因而也是其他一切进步的动因,前进的动因,也就在相当程度上消失了。"①从资源运用的角度分析,由于垄断者缺少强大的竞争压力,获取巨额利润主要通过垄断价格实现,因此必然导致垄断企业产生"惰性",缺乏提高技术水平、加强内部管理、提高劳动生产率、降低生产成本的强烈冲动,从而导致资源运用的低效。

关于垄断的作用,当代西方一些经济学家(如熊彼特)曾提出相反的论点,认为垄断不仅不会带来社会损失,相反,它还能带来社会进步。其原因是垄断有利于规模经营,有利于技术创新。因此其价格低,成本也低,而且可以稳定就业。关于垄断作用的国际性争论还在继续。尽管持相反观点者的论述中不乏合理成分,如垄断企业并没有完全失去技术创新的动力,甚至还具有创新优势等。但不能把大型企业、规模经济和垄断混为一谈。垄断指的是一种限制竞争和压制竞争的行为。垄断行为和规模经济是两回事。市场经济中的垄断行为是和市场竞争相互联系的,它是竞争的产物,因而其存在也是必然的。但并不能因此否定其本身的固有缺陷。这一点已被各国市场经济的发展历史所证实,也为大多数人士所认同。

三、市场的外部不经济

关于"市场的外部性"问题,首先是由西方学者提出概念并加以研究。自马歇尔1890年发表《经济学原理》以来,经济学家始终没有放弃对市场的外部性问题——这个市场机制的重要缺陷问题的研究与探索。所谓市场的外部性,主要是指市场机制本身的运行并不考虑市场以外的社会效果。② 市场机制无疑是资源配置的有效手段,但只是作为各自独立的利益主体角逐利润的一种必然结果而发生作用,其本身并没有把全

---

① 《列宁选集》第2卷,人民出版社1972年版,第818页。

② 市场的外部性:也称外部效应,是指市场交易主体双方的经济行为,不仅对其自身产生效用,而且对非市场的交易主体的第三者也产生某种有利的或者有害的额外效用。外部正效应也可称为"外部经济性",外部负效应也可称为"外部不经济性"。

社会资源的合理开发利用作为价值目标而引入市场机制本身。因此,对社会而言,市场机制一方面是配置资源的有效机制,但同时也伴随着市场的外部不经济问题。所谓外部不经济,就是在个别生产成本和社会生产成本之间存在着较大差异,在市场内部,各生产经营者为获取利润积极降低生产成本,但在市场外部(不受市场机制支配的范围),由于各生产经营者的盲目生产和各自为战,有可能加大社会生产成本,降低社会收益,从而导致外部不经济。通俗讲,外部不经济,就是某厂商的经济活动直接地、不可避免地产生了不利于其他厂商或居民的某种后果,增加了社会成本。市场单靠自身的力量无法消除这种外部不经济。

市场经济中存在的外部不经济问题举不胜举。如许多工业企业排放的大量废气、废水、废渣等,造成了严重的环境污染与生态平衡被破坏。环境污染影响了农业、渔业生产,或降低了产品产量或增加了生产成本;环境污染影响到居民的健康,社会不得不增加医疗设备和费用;环境污染导致人类赖以生存的生态平衡遭到破坏,如地球的臭氧层被破坏。人类为了可持续发展,不得不投入大量的人力、物力对环境污染进行治理。这也就是说,个别商品生产者的利润获得,是以增大社会成本为代价的。这其中包含着一层意思:从整个社会生产协调发展的角度看,市场机制对资源的配置作用、对生产力的促进作用,有一部分要被社会成本的增加所"抵消",虽然这种"抵消"不能构成否定市场机制对资源有效配置的理由,但必定构成市场的一个缺陷。有许多从企业角度看有效的生产和投资,从社会角度看则不一定有效,甚至有害;有许多从个人角度看合理的消费,对社会却有害。譬如吸烟,不仅给吸烟者带来损失(如健康损失),而且造成极强的外部危害。吸烟者在损害自身健康的同时,也损害他人的健康。同时,也因吸烟患病导致医疗费用增加(尤其是在福利国家,这笔费用由国家支付),因患病而引起生产率降低等。总之,市场的外部不经济现象不但是普遍的,而且后果严重。工业化带来的外部性已成为全球公害,许多物种面临灭绝,生态不平衡、环境污染给全人类的生存、健康和发展带来极大威胁。欧洲经济合作与发展组织(OECD)搜集了大量关于各国污染控制费用的资料,据估计,从1971年到1975年间,美国、西德、瑞典的污染控制支出分别占 GDP 的 0.8% 左右,日本占3% ~5.5% 。外部性的严重性不得不引起各国学术界、科学界和政府的高度重视。

四、市场失灵

市场失灵,首先表现为市场信息的传递有局限性。即使假定完全竞争市场模型赖以成立的一系列假设条件都能满足,市场调节本身也有其内在缺陷。例如,市场信号反映的只是特定时刻的供求状况,据此并不能作出长期经济决策。价格信号反映的也只是供求变化的趋势,并不能提供确切的供求不平衡的数量,也不提供由此而引起的生产和消费行为的变化状况,因而具有不确定性。在资源配置中,也会引起一定程度的浪费。一般地说,帕累托最优是从静态的角度考察的,如果从动态的角度分析,由于未来机会的不确定性,市场不透明,机制不完善,理想的市场调节效益是难以实现的。由于市场系统内的各个部门是相互联系的,某一个要素市场的扭曲,必然会传递给市场的其他部分。

市场失灵的另一个表现,就是市场不可能在现在和未来之间有效地配置资源。由于市场信息的局限性和各商品生产经营者以追求利润最大化为目的,市场配置资源的功能,难以在短期内对不合理的产业结构调整发生有效作用,而从长远看,它也很难对产业结构调整发生有效作用。因为一些基础产业和高新技术产业的发展对促进经济的整体发展虽具有重要的战略意义,但这些产业往往投资大、周期长,一些私人企业或出于追求利润动机不愿投资这些产业,或由于资金有限而无力投资。

市场失灵的再一个重要表现,就是对公共产品无能为力。市场机制在提供竞争性产品方面能发挥有力作用,但在提供公共产品方面则显得无能为力。公共产品主要是解决外部经济问题的,其提供者以社会效益最大化为原则,而不以赢利为目标,这就决定了公共产品一般不适宜由私人企业生产。同时,私人企业在无利可图的前提下也不愿生产,尤其是一些自然垄断性行业(如基础设施),为发挥其最佳社会效益,也不宜由私有企业经营。否则,以利润最大化为目标的私有企业或其他企业将通过这种自然垄断牟取暴利,破坏公平竞争,造成资源无法充分利用,阻碍社会经济的正常运行。显然,在公共产品领域,市场机制无法充分发挥作用。因为公共产品的提供旨在追求社会整体效益,不具备市场机制中最根本的利益机制,因而不可能适用市场机制中的价格机制、供给机制和竞争机制,而必须要在市场机制作用之外解决公共产品提供的动力、规模和结构等问题。

通过对市场缺陷的分析可以发现,市场经济对生产力的作用是双向的,存在着边际效益。虽然,市场经济是当代中国唯一值得选择的促进资源优化配置、促进生产力发展的最有效手段,但必须加以调节和控制。二战后资本主义市场经济国家为弥补市场缺陷都普遍采取加强宏观调控、扩大国有经济范围、建立较完善的市场经济体制来抑制经济的负效应等措施。一方面,资本主义国家政府通过财政、金融、信贷、收入再分配等经济手段,以及必要的法律手段和行政手段对市场经济进行宏观调控;另一方面,通过不同程度的国有经济安排,来加强宏观调控,促进资源优化配置。法国政府在二战后着力推行以国有化和计划化为特征的市场经济体制。1988 年密特朗政府又掀起国有化浪潮,形成国有企业在金融保险业中占据绝对优势的格局,在工业中也占近40%。1947—1988年,法国政府编制过九个中期经济发展计划,其中实施经济计划的有力手段之一便是政府的直接投资和国有企业投资。法国第一个计划重点对 6 个基础产业部门(煤、电力、钢、水泥、运输和农业机械)投资,投资额占国家总投资的37%。以后的计划时期,学校、医院、住宅、市政建设等也主要由国家投资建设。前联邦德国各级政府拥有或控制的工业企业曾有 6000 多家,其产值曾占国民生产总值的47%。① 国家参与制企业是意大利国家干预经济生活的强大物质手段,它对战后经济迅速发展起了重大作用。20 世纪末,意大利国家参与制企业在国民经济中的固定资本、生产能力和产品销售等各种比重,都占1/3 左右,有些工业部门还远远高于

① 参见黄卫平主编:《世界百年富国》,东北师范大学出版社 1997 年版,第 371—372 页。

这一比重。① 韩国政府在决策体系中实行强有力的政府干预的同时，还控制着能源、交通、港口和邮电等全国性、垄断性的产业和行业，控制着报纸、广播、电影、出版部门。70 年代韩国的经济起飞在很大程度上是借助和发挥了国有企业的力量。在日本、英国等市场经济国家，都存在着一定比例的国有经济，即使在崇尚自由竞争的美国，国有经济的比例也在10% 左右。

这说明，宏观调控和国有经济是现代市场机制运行不可缺少的条件，它来自于克服市场缺陷、在社会范围内优化配置资源、促进经济协调发展等生产力发展的内在需要，在现代市场经济体制中有着不可替代的功能。二战以来，资本主义国家通过加强宏观调控和国有经济完善资本主义市场经济体制，取得了一定成效，但由于私有制的广泛存在和私人资本对国家政权的控制，使宏观调控的力度和国有经济的功能受到很大限制，这反映出资本主义市场经济体制的局限性。

不过，从对市场缺陷和现代市场经济运行中宏观调控和国有经济存在的必要性的分析中，我们可以获得一个富有启发性的推理：以公有制为主体同现代市场经济不仅不存在根本矛盾，而且更符合现代市场运行的内在要求，更有利于克服市场缺陷和资本主义市场经济体制的种种局限。

第二节　以公有制为主体的经济效率功能

毫无疑问，在国民经济的微观经济运行中，私有制具有明显的制度优势，它有利于充分调动生产经营者的积极性、能动性，有利于通过激烈竞争促进资源的有效配置、高效利用。正因此，我们才把非公有制经济认定为社会主义市场经济的有机组成部分；正因此，我们才毫不动摇地鼓励、引导和支持非公有制经济发展。然而，在宏观经济运行层面，公有制却具有独特的制度优势，对生产力的发展具有独特的功能和作用。有学者认

---

① 参见黄卫平主编：《世界百年富国》，东北师范大学出版社 1997 年版，第438—440 页。

为社会主义公有制是产生宏观社会经济效益的基础和前提。其原因主要表现在三方面,一是社会主义公有制具有私有制所不具有的在全社会范围内按照社会发展的客观要求自觉地科学配置资源的条件,可以集中力量发展关系全局的最重要的生产力。二是公有制经济具有私有制所不具有的优化地区布局,促进全国平衡发展的社会经济效益。三是社会主义公有制具有调节社会总供求关系,应对突发性社会重大事故的社会经济效益。① 以公有制为主体对生产力发展的独特功能和作用主要表现在以下几个方面。

一、限制私人垄断,促进资源的合理开发和可持续利用

其一,重要的生产资料特别是自然资源类生产资料,由代表广大人民利益的国家和代表集体利益的集体掌控,实行公有制,将更有利于资源的合理开发和可持续利用。人们的生产、生存、发展,离不开生产资料特别是离不开自然资源类生产资料,而这些重要的生产资料一旦被私人所掌控,就不可避免地产生掠夺使用、私人垄断。中国数千年封建社会中不断重复出现的土地兼并,表明了土地私有制下所产生的土地的私人垄断对生产力发展的阻碍和破坏作用。近现代市场经济条件下,私人竞争必然产生私人垄断,如果说竞争有利于生产发展的话,而私人垄断则会限制公平竞争,会影响资源的合理配置利用,影响经济效率。更为重要的是,有限且紧缺的土地、水、矿藏、森林、空间经济和海洋经济资源等自然资源类生产资料,因与人类生存生活密切相关而具有天然的外部性特征。如果说在人类社会早期,由于科技不发达以及人口较少,资源存量较多,因而对这些资源的重要性还没有引起特别重视,对这些资源的所有制制度安排还存在多种选择的话,那么,在科技高度发达、许多资源的有用性不断被发现、人口压力巨大、资源十分紧缺的今天,这些自然类资源的重要性已为人们高度重视,在所有制制度上如何作出合理的制度安排也显得尤为重要。显然,这些自然资源类生产资料本身天然的外部性特征决定了

---

① 宗寒:《略论社会主义公有制的经济效益》,《中国经济问题》2006 年第 3 期。

它最适合采取公有制,在我国则最适合采取国有制并辅之以集体所有制,以防止私人垄断、保证这些资源的合理开发和可持续利用。目前,我国所实施的西部大开发战略、东北老工业基地振兴战略、中部崛起战略、海洋经济开发战略以及西气东输、南水北调、土地和自然生态保护政策等等,都是整合利用区域经济资源、协调区域经济发展、优化资源配置、实现资源可持续利用的重大战略举措。对促进我国经济持续、健康、快速发展有着重要意义。而这些重大战略举措的有效实施,无疑是同自然资源的公有制紧密联系在一起的。尽管我国目前在自然资源的开发利用中还存在许多问题,特别是面临着在市场经济条件下如何创新自然资源类生产资料的公有制实现形式以便更好地与市场经济相结合的问题,但有一点是明确的,那就是对这些生产资料绝不可以实行私有制,一旦实行私有制,这些资源的合理开发、合理配置、可持续利用都难免出现问题。

其二,让国有经济在基础产业、支柱产业、高新技术产业以及金融领域占支配地位,在国民经济中发挥主导作用,将更有利于限制私人垄断,促进公平竞争,引导经济发展,发挥市场机制的正面效应。基础产业对整个社会的经济发展提供着基础平台,因而对整个社会的经济发展也有着瓶颈制约作用,具有一定的自然垄断性质。陆路、水路、航空等交通设施建设,水、电、气、暖等城市基础设施建设,大型通讯工程、水利工程、电力工程、油气工程建设等等基础产业关系到国计民生,关系到后续产业的发展,也关系到其他产业、行业生产经营者的公平竞争。因此,国有经济必须在基础产业占支配地位,避免私人垄断,以便为其他各行各业的生产经营者提供更加公平的竞争平台和更加优良的基础性服务,推动国民经济整体更好更快发展。尽管目前我国电力、电信、石油、铁路、民航、水利等垄断行业以及城市基础设施行业在经营管理、收益分配中存在不少问题,但这只能说明对这些垄断行业深化管理制度和分配制度改革的迫切性、必要性,而决不能成为这些行业实行私有化改革的理由。公有制经济可以利用非公有制经济来发展基础产业,如采取承包、租赁、特权许可、合作经营、参股等,但公有制在基础产业中的支配地位不可动摇。就具体行业而言,当一种基础产业行业还没有因为科技的进步和资本市场的发展而失去国家垄断的意义时,这种产业的私人垄断就只会给私人带来超额利润而决不会给其他行业的经营者带来福音。美国马萨诸塞州州立大学经济与合作研究系政治经济学研究中心大卫·科茨教授在一篇论文中论述到:"美国目前由联邦政府拥有的企业很少(除了美国货币制造厂),这是私有化的新自由主义浪潮的结果。过去,美国有一些政府控制的重要制造企业,如美国军工企业,它在二战后被私有化了,结果就是如今的价格大大高于产品成本,并以此从纳税人那里攫取利润。第二个例子来自于电力行业。大约在 1980 年前后,电力工业开始了一场缩小国家对经济干预范围的浪潮。其结果以加利福尼亚州为例,1996 年该州放松了对电力部门的调控,2001 年初就出现了严重的电力短缺,造成市民、商人和加利福尼亚州政府数十亿美元的损失。"①当然,随着经济发展、科技进步、民间资本力量壮大,当某种基础产业的国家垄断不再具有国计民生的重要性、不再有利于经济发展,而私人资本的自由竞争更有利于提高产出效率时,国有资本的退出才是合理且必需的。这也说明,基础性产业、垄断性行业是具有历史性的范畴。不同历史时期基础性产业、垄断性行业的内涵会发生变化,但国有经济必须在基础产业占支配地位则是符合经济发展规律的。支柱产业在一国的经济发展中起着重要的引导作用,而在科学技术越来越成为第一生产力的今天,高新技术产业对一个国家的国民经济发展更是起着加速器、助推器的作用,决定着一个国家在全球经济竞争中的核心竞争力。我国的市场经济发展不可能再沿袭早期资本主义市场经济发展的老路,而必须采取国家干预、规模经营、龙头出击、抢占国际市场制高点的超常规、跳跃式发展道路。而要谋求这种发展,就必须让国有经济在支柱产业、高新技术产业占支配地位,发挥主导作用。国有经济在支柱产业、高新技术产业占支配地位,将更有利于国家按照经济发展战略,集中各种资源优势,发展规模经营和产业集群,形成具有国际竞争力的优势产业和行业,抢占国际市场制高点,在国际经济社会谋得主动,并

---

① ［美］大卫·科茨:《打破私有化的万能神话》,张文江编译,《社会科学报》
2007 年 3 月 1 日。

引导各种非公有制经济的经营方向和经营范围,减少盲目生产和资源内耗,形成强大的国民经济整体合力。特别是在高新技术产业发展方面,由于这些产业往往风险高、投资大、利润回收周期长,私营企业因为资金、人才等条件所限往往无力经营或不愿经营,而高新技术产业又对整个国民经济的素质提升、结构调整、长远发展具有强大的推动作用,因此,国有经济在重大科技项目研究开发、科技项目引进方面有着比较优势,发挥国有经济在高新技术产业中的主导、引导作用是当代中国谋求跳跃式发展的必然选择。金融是国民经济的神经中枢,随着金融资本与工业资本的日益融合,随着资本市场的高度发达和金融对经济作用的日益加强,规避金融风险、规范金融市场、运用货币政策调控经济运行,是保证经济稳定健康发展的必然要求,而要达到这一目的,就必须让国有经济在金融领域占据支配地位、发挥主导作用。

二、克服市场失灵,提供公共产品和服务,为整个社会经济的发展奠定基础、提供条件、创造环境

社会公共产品供给,不仅关系到广大人民群众生活水平的提高,关系到社会福利的最大化,关系到和谐社会的构建,是经济发展的根本目的所在。而且,从经济效率的角度讲,它还关系到各商品生产经营者的基础条件、社会环境,具有强烈的正外部经济效应,对国民经济整体效率的提高和长远发展具有极其重要的意义。由于靠市场机制无法有效解决社会公共产品的供给问题,世界上绝大多数国家都纷纷通过引入国有资本、创办国有企业来发展公益事业,以弥补市场缺陷,解决"市场失灵"问题。我国以公有制为主体,应该说更有利于解决城乡公共产品的供给问题。例如,我们可以集中巨大财力人力,兴办那些具有重大社会效益的一些私人企业不愿干、也干不成的重大科研攻关项目、水利工程项目、交通通讯工程项目、生态工程建设项目、文化设施建设项目;可以通过公有资本解决好全国城乡的公共交通、公共卫生以及水、电、气、暖、邮政、电信、网络等基础设施建设;可以通过公共财政有效解决国防和国家安全问题,以及基础科研事业、医疗卫生事业、教育事业、文化事业、社会保障事业等各项社会公益事业的发展问题。而所有这些,不仅对提高我国广大人民群众的物质文化生活水平、构建和谐社会、提升我国的综合国力有重要意义,而且对我国经济的整体、长远发展具有重要意义。特别是教育、科技事业以及城乡基础设施建设,关系着未来经济发展所需要的人才支撑和科技支撑,关系着无数市场竞争主体所需的基础条件和环境,其对国民经济整体效益提高和持续发展的作用和意义尤为明显。

三、搞好宏观调控,主导经济发展,实现国家经济发展战略

搞市场经济并不排斥宏观调控,相反,在现代市场经济中,宏观调控机制是和市场机制有机结合在一起共同配置资源的。市场机制在资源配置中起基础作用,在此基础上,宏观调控机制通过经济的、法律的乃至行政的手段对市场经济进行宏观控制和调节,从而弥补市场机制的缺陷,以求保持经济的持续、稳定发展。搞市场经济也绝非是不要计划。相反由于各国的资源状况不同、发展的优劣条件和基础不同,特别需要国家(政府)根据国内外的发展状况和竞争态势,制定出适合本国经济发展的规划和战略,以便充分发挥比较优势,顺应经济发展规律,适应全球经济一体化的发展趋势。虽然宏观调控的主体是国家,实现中长期的经济发展规划和发展战略有赖于各种所有制经济的共同努力,然而,以公有制为主体可以为宏观调控、为实现国家的经济发展战略提供强有力的工具和媒介。

其一,国家可以通过国有经济的控制、主导作用更好地实施宏观调控政策,调控国民经济运行。例如:可以通过改变银行利率调整投资需求;可以通过改变某些国有企业产品的价格平抑物价的波动;可以通过扩大公共投资,扩张有效需求,创造就业机会,刺激经济增长;可以通过扩大国有资本,引导投资走向和产业发展方向。总之,以公有制为主体更有利于实现国家实现充分就业、供需平衡的宏观调控目标,更有利于经济的持续、平衡运行。

其二,国家可以通过国有经济的控制、主导作用,更好地实现经济发展战略。如国家可以通过投资兴建大型水利工程、发展高新技术产业以

及对边远落后地区的直接投资等行为,更有效地弥补"市场不足",主导和带动战略性产业的发展,优化国民经济结构,整合社会资源配置,协调区域经济发展,从而更好地实现我国超常规、跨越式发展战略。利用国有资本克服市场缺陷,弥补"市场不足",实现本国经济发展战略,既为发达市场经济国家所采用,更为发展中国家所运用。二战后,为了能在较短时间内恢复经济,医治战争创伤,谋求国际竞争优势,英、法、意等国都建立了一大批国有企业,使国有经济规模达到了很高的水平。在许多发展中国家和地区,由于面临着民间资本不足、市场体系发育不全、既存在严重的资源约束又承受着严峻的外部挑战等客观情况,这些国家和地区无论是向社会主义还是向资本主义发展,都把国有企业作为推动工业化、加速经济发展的重要手段,国有经济因此在发展初期都维持了较大的规模。尽管随着经济发展、科技进步、民间资本力量壮大,资本主义市场经济国家的国有经济比例有所降低,但作为弥补市场缺陷、解决"市场不足"、搞好宏观调控、谋求发展战略的重要手段和工具的国有经济和国有企业都始终存在着。我国是走社会主义道路的发展中国家,有着更加特殊的国情。虽资源丰富,但人口众多,人均资源占有量低,资源短缺已成为制约经济发展的瓶颈;虽地域广阔,但区域发展不平衡;虽产业门类齐全,但经济基础薄弱,生产力发展相对落后,产业结构层次低,具有国际竞争力的优势产业、行业不突出、不多;虽已初步建立了社会主义市场经济体制,但市场体系和机制尚不健全,民间资本力量还十分有限。要在这样一个特殊的条件下谋求我国的跨越式发展,面临更加严峻的任务和挑战。实行以公有制为主体、让国有经济更好地发挥支配和主导作用,是我国应对国际经济挑战,谋求跨越式发展,保持市场经济平稳健康发展的现实且必然的选择。

四、确立合理的分配机制,为实现经济长期稳定和谐发展奠定体制基础

分配关系是最重要的经济关系,能否确立合理的分配机制,构建合理的分配关系,不仅关系到社会各阶层的生成以及各阶层利益关系的和谐,而且关系到社会生产再生产的正常运行,关系到经济的长期稳定发展。历史上,由于分配不公、贫富悬殊、利益冲突所导致的农民起义、工人罢工、国内外战争进而客观上造成的生产中断、生产力被破坏甚至倒退,都表明了私有制的历史局限性,表明了建立公正合理的分配关系对经济长期稳定发展的重要性。

大概没有人会怀疑所有制对收入分配的重要意义。马克思主义经典作家一再强调,分配在表现为产品分配之前首先是生产工具和生产条件的分配,因而所有制决定着分配的形式和内容。尽管这里的分配主要指的是直接生产过程中的分配,但所有制不论是对直接生产过程中的分配还是对社会再生产过程中的分配,其重要作用是显而易见的。社会分配机制可以简单划分为初次分配机制和再分配机制(也有学者主张把非政府组织的民间的社会捐助、慈善事业等纳入第三次分配)。就整个社会的分配关系、分配性质而言,尽管社会再分配(包括第三次分配)对整个社会的分配调节有着不可或缺的、极其重要的作用,然而,更具决定意义、作用更为重要的则是初次分配机制。初次分配是直接融入直接生产过程之中,因而是直接融入社会财富创造过程之中的,直接影响着可供分配的财富总量,因而其分配格局具有一定的社会刚性。社会再分配只能在此基础上进行一定幅度的调节,而不可能根本改变初次分配格局。如要根本改变初次分配格局,就会根本改变直接生产体系,使正常生产难以进行。资本主义国家可以通过财政转移支付、税收等手段实行再分配,调节不同阶层收入,但一旦这种再分配政策极大限制了资本所有者的分配利益进而影响其投资生产的积极性,这种再分配政策也就不再具有可行性。很显然,初次分配对形成整个社会利益格局的作用是第一位的,而在初次分配机制中,所有制的作用又是第一位的,正所谓我们过去常讲的,有什么样的所有制结构就会有什么样的分配关系。坚持以公有制为主体,对构建合理的分配机制和分配关系、谋求经济的长期稳定发展有重要意义。

其一,坚持以公有制为主体,使重要的资产收益不被少数人所占有,这更有利于抑制分配不公,避免激烈的利益冲突和阶级对抗,保证经济的长期稳定发展。由国家和集体掌握有关国计民生的重要生产资料,由国有经济在关系国计民生的最重要产业和行业占支配地位,在分配上的结果必然是,私人资本不能凭借对重要生产资料和重要产业、行业的垄断获取高额垄断利润,重要生产资料的资产收益(诸如土地、矿藏、水资源、森林资源的资产收益)、重要产业和行业的经营收益将归国家和集体所有。尽管目前这部分收益中存在着大量流失现象,这只能说明我国的公有制实现形式在与市场经济对接中还存在着严重问题,亟待进一步深化改革,而并不能表明自然资源类生产资料以及关系国计民生的重要产业和行业实行私有制的合理性。从整个社会生产的角度看,实行以公有制为主体,保证重要生产资料的资产收益归国家和集体占有,重要产业和行业的经营收益归国家掌握,有利于在充分发挥按资分配、按生产要素贡献分配作用的同时,保证按劳分配的主体地位,抑制分配不公、贫富悬殊,从而有利于扩大消费需求、刺激生产供给;有利于避免不同社会阶层激烈的利益冲突,避免阶级对抗、社会动乱以及各种破坏生产力行为的发生。因此,在我国大力发展市场经济的进程中,我们既要看到非公有制经济在调动生产经营者积极性、促进市场竞争、加快经济发展中的积极作用,但也绝不能任意贬低甚至无视以公有制为主体对保证经济长期稳定发展的重要作用,绝不能图一时经济效益而把私有制扩大到不适当的领域。历史上私有制社会的种种弊端并不是人们的主观虚构,特别是激烈的阶级对抗和冲突对生产力发展造成的破坏更是不容置疑的事实。马克思主义经典作家对资本主义私有制诸种弊端的剖析决非主观臆断。因此,我们既没必要进行"公有制崇拜",也没必要神化私有制,没有必要把资本主义道路当作我们改革的蓝本,再沿袭资本主义发展的老路。我们必须走中国特色的社会主义道路。

其二,坚持以公有制为主体,使重要生产资料的资产收益及重要产业和行业的经营收益为国家所掌控,更有利于增强国家再分配调节能力,因而更有利于经济的平稳协调发展。初次分配中,重要生产资料的资产收益、关系国计民生的重要产业和行业特别是垄断行业的经营收益归国家掌控,可以增加国家财政收入,使国家拥有强大的再分配调节能力。国家可根据社会整体和谐发展的需要,加大对社会保障事业的投入,构筑市场经济的安全防线；加大对贫困地区的资助和对社会弱势群体的救助，协调区域发展，限制贫富差距，防止两极分化；加大对经济发展和国家安全极具战略意义的基础建设项目、有关产业和行业的投入；加大对公共教育、公共卫生、公共安全等社会各项事业的投入。这不仅对构建和谐社会、促进经济与社会的和谐发展极具重要意义，而且对经济的安全发展、和谐发展、可持续发展都具有重要意义。

综上分析，实行以公有制为主体、多种所有制经济共同发展的基本经济制度，同市场经济并不存在根本性矛盾，相反，坚持以公有制为主体与发展市场经济还存在很强的互补性。坚持以公有制为主体，有利于克服市场缺陷、弥补"市场不足"，有利于实现我国超常规、跨越式的经济发展战略，具有不可或缺的社会整体经济效益功能，因而在我国坚持以公有制为主体具有内在的经济合理性。

第三节　以公有制为主体的政治功能分析

经济基础决定上层建筑。政治是经济的集中表现。这都是马克思历史唯物主义的基本原理。尽管在经济与政治之间存在着作用与反作用的辩证关系，而且政治具有一定的独立性，但政治归根到底是由经济决定并为经济服务的。那么，所有制关系作为最重要的经济制度和经济关系，是通过何种路径发挥其政治功能呢？笔者曾在《所有制原理与当代中国所有制改革》一书中论述过这一问题。笔者认为，纵观人类政治文明史，人类的政治文明从根本上受两种社会力量的制约：一种是社会生产力发展水平。这是根本中的根本。只有生产力越来越发达，科技越来越进步，才能为人类的政治生活，包括政治制度的选择、建设，政治信息的传递、反馈，人们参与政治的时间、途径、方式，提供更加雄厚的物质基础和更加先进的技术手段，从而使更多人享受更多的政治权利。另一种则是所有制关系，或曰人们之间的经济利益关系。由于所有制的作用，人们之间形成了不同的利益群体，甚至是尖锐对立的利益群体。不同社会群体由于拥有不同的经济利益、不同的经济地位和经济权利，因而会形成不同的价值取向和政治诉求甚至是根本对立的政治诉求,而且会制约不同群体参与政治的方式、途径和享有的政治权利。① 在以私有制为基础的社会里,社会财富必然为少数人所拥有、享用,而这少部分人必然利用其强大的经济力量和经济权利实现其他社会权利,尤其是实现对社会政治权力的角逐。封建社会的强权统治、资本主义的金元政治都是建立在私有制基础之上的,都是以少数人拥有大量的社会财富为经济基础的。我们要建立真正人民当家作主的社会主义民主政治,就必须在所有制制度上坚持以公有制为主体。以公有制为主体的政治功能主要表现在以下三方面。

一、以公有制为主体是保证人民民主政权性质的经济制度基石

许多学者指出,坚持以公有制为主体是中国共产党执政的基石,是保证人民民主政权性质的经济基础。所论并不为过。道理很明显:在坚持以公有制为主体的前提下大力发展多种所有制经济,尽管会出现许多新兴的拥有不尽相同经济利益的社会阶层(诸如私营企业主阶层、自由职业者阶层),而且肯定会出现多种多样的政治利益诉求,但由于社会财富不会被少数人所占有,由于国家掌握着国民经济命脉,不可能形成少数富人通过强大的经济力量左右国家经济进而左右国家政治的局面。只有坚持以公有制为主体,才能排除私人资本对国家政权的控制和操纵,使国家有效整合不同社会群体的利益要求和愿望,真正代表最广大人民群众的利益并执行最广大人民群众的意志;只有坚持以公有制为主体,执政的中国共产党才能保证一系列始终代表先进生产力发展要求、始终代表先进文化的发展方向、始终代表最广大人民群众根本利益的方针、政策、措施获得基本经济制度的强有力支撑。有学者曾经反驳道:前苏联、东欧国家实行的都是纯而又纯的公有制,可这些国家的共产党都纷纷丧失了政权,由此可见共产党的执政地位与国家经济能否快速发展关系密切,而与是否实行公有制并无关系。这种观点貌似很有道理,但仔细分析却能发现

---

① 参见李太森、林效廷主编:《所有制原理与当代中国所有制改革》,红旗出版社,2003年,第132—133页。

其悖谬之处。共产党的执政地位肯定与国民经济能否快速发展密切相关,然而,纯而又纯的公有制与以公有制为主体、多种所有制经济共同发展却是有着重大区别的经济制度安排。纯而又纯的公有制排斥市场经济,不利于生产力发展,而以公有制为主体、多种公有制经济共同发展的基本经济制度则既能吸纳市场经济优势、又能避免市场经济负效应,是促进生产力发展的最有效制度安排。这里的以公有制为主体是与市场经济、与多种所有制经济密切结合在一起的。因此,如果说实行纯而又纯的公有制并不利于巩固共产党的执政地位的话,那么,实行以公有制为主体、多种所有制经济共同发展的基本经济制度则非常有利于巩固共产党的执政地位。从经济发展角度看,由于基本经济制度更有利于促进生产力发展,因而会更有利于增强党的执政的合法性;从政治权力运作角度看,执政的共产党会通过以公有制为主体这一制度路径摆脱私人资本控制,并通过这一路径更加有效地履行立党为公、执政为民的职能,也可以说以公有制为主体是共产党执政能力的有机组成部分。如若放弃了公有制的主体地位,党就会丧失借以主动地控制社会、引领中国经济社会发展方向、调控整合社会各阶层群体利益关系、利益诉求和愿望的强大经济力量。这是摆在我们面前必须认真对待的重大现实问题。

二、坚持以公有制为主体,有利于保障和扩大广大公民的政治权利

坚持以公有制为主体,有利于抑制贫富差距,避免两极分化,有利于走先富带后富的共同富裕道路。只有避免两极分化,才可以避免少数人通过强大经济力量对政治权力进行非法操纵和垄断,才可以保障广大公民公平地享有宪法所赋予的各项政治权利。当前,极个别农村在村委会换届选举中出现的贿选现象,以及极个别乡村出现的私人经济力量强力干预乡镇政府权力、村民自治权力现象,很能给我们一点警示,那就是:经济力量可以转化为政治力量(当然,武装力量、暴力、宗教力量也可以转化为政治力量),经济权利可以侵蚀公共权力。同时,我们还必须认识到,只有随着广大人民群众的收入增多,生活富裕,广大人民群众才会有更多的时间、更多的精力、更高的热情去主动地关心政治,合法有序地参与政治,从而享有更多的政治权利,享有更加进步、文明的政治生活。

三、坚持以公有制为主体,有利于社会政治稳定

实行以公有制为主体、多种所有制经济共同发展的基本经济制度,尽管会形成许多新兴的社会阶层,诸如私营企业主阶层、自由职业者阶层等,尽管这些阶层会有一些不尽相同的利益要求,收入分配上也存在差别,但由于我们实行以公有制为主体,避免了两极分化,这些新兴阶层同新时期的工人阶层、知识分子阶层、农民阶层、公务员阶层一样,他们都是社会主义的建设者,其根本利益是一致的,根本目标是一致的,在他们之间不存在根本的利益冲突,不存在激烈的阶级对抗。因此,坚持以公有制为主体,由于避免了强大私人资本利益集团的形成,因而可以避免尖锐的阶级利益对立和冲突,有利于社会各阶层和谐相处,有利于社会政治的长久稳定。

第四节　如何保持公有制主体地位

"以公有制为主体"是 1987 年党的十三大报告正式提出的。多年来,要不要坚持以公有制为主体、如何坚持公有制的主体地位,始终是社科学术理论界长期争论不休的一个问题。党的十五大报告在明确把以公有制为主体、多种所有制经济共同发展作为我国社会主义初级阶段基本经济制度的同时,对以公有制为主体的含义也作了原则性解释:"公有制主体地位主要体现在:公有资产在社会总资产中占优势;国有经济控制国民经济命脉,对经济发展起主导作用。"同时强调指出,"这是就全国而言,有的地方、有的产业可以有所差别"。十五大报告有关所有制问题的论述极大地解放了人们的思想,推进了我国所有制改革和非公有制经济发展。然而时至今日,在具体的所有制改革实践中,对如何保持公有制的主体地位依然存在着不同的思想认识和政策主张。有学者认为:没有国有制的主体地位,就不可能有公有制的主体地位。也有学者认为:公有制

的主体地位主要体现在国有经济的主导作用上,国有经济保持20%甚至
更少就够了。还有学者认为:公有制与非公有制到底谁占主体,应通过竞
争来实现。还有的学者建议把以公有制为主体的提法改成以公有经济为
主导。如何坚持和保持公有制的主体地位,不仅是科学社会主义、政治经
济学理论界面对的一个重大理论问题,牵涉到中国特色社会主义理论体
系的重大命题,而且是我国改革实践中面临的一个迫切需要解决的重大
实际问题,它牵涉到我国国有经济布局的战略调整,牵涉到国有企业改
革,牵涉到非公有制经济发展。因而,探讨一下保持公有制主体地位的具
体路径很有必要。

一、公有资产应在社会总资产中占优势

许多人都爱用国有经济、集体经济、非公有经济在国民生产总值中所
占的产值比例来说明所有制结构比例。笔者以为,完全以产值比例来说
明所有制结构比例并不全面。国民生产总值是指一个经济社会在一定时
期(通常为一年)内,国内和国外所生产的全部最终产品(包括物品和劳
务)按当年市场价格计算的价值总额。采用生产法计算的国民生产总
值,就是将国民经济各部门的生产和劳务活动的总产出减去相应的中间
消耗。国民生产总值主要反映的是一个国家经济发展的速度和程度。从
所有制角度看,其数量指标,虽能在一定程度上反映直接生产领域不同所
有制经济在国民生产总值中所创造价值的份额及比例,但既不能准确反
映整个社会领域的所有制结构,也不能准确反映生产领域各种经济成分
的实际比例。譬如国有制和国有经济、集体所有制和集体经济并不是完
全等同的概念。所有制主要是从静态的角度反映财产的归属权利,而所
有制经济主要是从动态的角度反映在一定所有制基础上的生产经营活
动,因此所有制是比所有制经济更为宽广的范畴。公有制经济主要反映
的是以生产资料公有制为基础的公有经济组织(如国有企业、集体企业)
等的生产经营活动,其产值比例可以反映公有制经济组织的结构变化,但
并不完全反映公有制的所有制结构。城市土地是国有的,森林矿藏是国
有的,江海湖泊是国有的,在某些行业,国家可以成立国有企业,直接参与

生产经营活动,而在有些行业,也可以不成立国有企业,不直接参与生产经营活动,而仅行使所有者的监督、管理和收益职能。农村土地是集体所有的,但集体可以不直接经营,而把经营权承包给农民个体。由此我们就可以看到,公有制经济产值比例并不能直接反映公有制在生产资料所有制结构中的比例状况。

产值比例也不能确切反映各种经济成分的实际比例。其一,公有制经济组织(如企业)是公有制经济运作的工具,在市场经济条件下,公有制企业的组织形式会发生巨大变化,即工具形态的变化,如国家控股、参股等。这种情况下的公有制经济组织就不再只是指纯国有企业、集体企业,它以系统控制和追求整体效益的方式把自身的组织系统延伸到非公有制之中。因此,公有制经济不仅包括国有企业、集体企业,还包括混合所有制经济中的国有成分和集体成分。这样的公有制经济组织结构,在国民生产总值的核算中是难以准确显示的。其二,一些国有经济组织作为国家宏观调控工具,为实现社会效益目标(如扩大就业、实现经济发展战略、平抑物价等),不以赢利为唯一目标,甚至不以赢利为目标,有时还要做亏本买卖,虽然经济效益不佳,产值不高,但资产雄厚,社会效益极强。这种情况下产值比例也不能反映公有经济的实际比例。因为公有制经济从财产角度看,实际是各种公有资产包括固定资产、流动资产、有形资产、无形资产、实物形态资产和价值形态资产的总和。其三,从社会生产角度看,我国一些提供社会公共产品的资产,如政府管理机关、司法机关、教育部门、科研部门、卫生部门等一些行政单位的资产,虽不直接从事生产经营活动,但在社会生活中起着十分重要的作用。这种公有资产通常和年产值没有直接联系,但它们却构成社会资产的有机组成部分,是公有制所要覆盖的重要范围。

分析可见,把以公有制为主体的量的优势界定在国民生产总值中的比例优势,是一种较狭隘的而且和市场经济条件下各种所有制经济混合交叉状况不相适应的界定方法,并不能真正表明各种所有制的结构比例。

资产就根本而言是一种物质财产。但在以货币为交换媒介的商品经济条件下,资产具有了多种形态,如有形资产、无形资产、固定资产、流动资产、实物形态资产和价值形态资产、经营性资产、非经营性资产等。在这里，我们还有必要分析一下资产和国民财产、资产和国民财富的关系。按照权威解释，国民财产的概念有广义与狭义之分。广义的国民财产包括实物资产和金融资产，此外还包括专利权、著作权、商标权等无形资产。狭义的国民财产仅指实物财产。广义的国民财产是世界通用的统计方法。国民财富有两种计量方法：一种是将国民财富视为实物资产的总和；另一种是将国民财富视为个人所拥有的净价值的总额。作为实物资产总和的国民财富也有广义与狭义之分。广义的实物国民财富概念包括一国的土地和自然资源，以及机械、设备、建筑物和库存（包括消费品库存）等。其中自然资源一般以具有市场价值者为限，河流、湖泊、海洋、空气、气候之类不包括在内。狭义的国民财富指私人所有（企业所有）的生产性资本，亦即资本存量的总和，而一切非生产性资产和政府资产不包括在其内。通过对以上这些概念的分析可以认为，一切参与国民经济运行的具有市场价值的物质资料和权益都可称作资产。

确定了资产的概念，我们就会发现资产和所有制结构有着密切的关系。如国家所有的资产，既包括国有企业的资产，包括混合所有制企业中的国有资产，也包括由国家政府直接拥有的资产，如土地、矿产资源、基础设施等，还包括党政事业单位的非经营性资产。集体所有的资产，既包括一些静态的资产，如土地、山区林地荒地、公共水利、道路、桥梁、其他基本建设设施，还包括一些非直接进入生产过程，但为社区经济发展所必需的社会公益福利事业资产，如学校、医院、养老院、公积金等等。

然而，所有制中所讲的生产资料，还远远超出资产的范畴，如河流、湖泊、海洋、空气、山脉、地下资源等，这些自然资源虽不是人类创造的，但却为人类生存、发展和从事经济活动所必需，而且随着生产力的发展，地球资源的日益短缺，这些自然资源的经济意义会越来越突出，其所有制意义也就越来越突出。这说明生产资料所有制是比资产所有制更广阔的概念，用资产结构比例反映所有制结构比例也不全面。有许多自然资源的市场价值无法计算，但人类对这些自然资源的所有制关系却存在着。

通过上面的分析可以得出一个结论,那就是,以公有制为主体,更应该以公有资产在社会总资产中的质的优势来界定。有关国计民生的重要生产资料如土地、矿藏等自然资源类生产资料,交通、能源、大型基础设施、大型基础工程等人工生产资料,有关国民经济命脉的重要产业和行业中的重要资产,都应该由国家控制。只有代表人民利益的国家掌控这些资产,才能驱动和带动整个社会资产的良性运作。

二、对自然资源类生产资料必须实行公有制

自然资源类生产资料如土地、山脉、矿藏、森林、河流、湖泊、海洋等,具有天然的外部经济性,不具备竞争经营的可能性。这种生产资料是人类生存发展最基本最原始的生产(包括生活)资料,构成任何民族、任何生产经营者从事经济活动的物质前提。如果这种生产资料被个人或少数人所控制、所垄断,就会在给少数人带来巨大财富的同时,剥夺众多生产者同这些生产资料有机结合的权利和机会。这不仅不能使这些生产资料得到合理开发利用,还会导致整个社会生产低效率和无效率,并会引发激烈的利益冲突,导致社会动乱乃至战争。在市场经济条件下,这些生产资料如果为少数人所垄断,实际上会剥夺众多商品生产经营者公平竞争的前提条件,而没有众多商品生产经营者的公平竞争,市场经济就不可能有效运作,也就不会有整个社会经济发展的高效率和高效益。很显然,由这些生产资料的外部经济性和天然垄断性质所决定,这些生产资料采取公有制显然比采取私有制更有利于社会生产的协调发展和整体生产效率的提高。

就我国而言,土地资源,城镇土地可实行国有制,农村土地可实行集体所有制;森林资源,主要应采取国有制,并辅之以集体所有制。就国际社会而言,由于新科技发展、自然资源的日益短缺和自然资源更多价值被发现,各国对自然资源的争夺会越来越激烈,国与国之间对自然资源(如跨国山脉、河流,海洋,尚未开发的南极、北极自然资源,太空资源)的主权纠纷和产权纠纷会越来越多。

三、公有制应在基础产业占绝对支配地位

基础产业是指在国民经济中为其他产业部门提供普遍的服务,其发展的快慢直接制约着其他部门发展的产业。基础产业部门不以其他生产部门的中间产品为基本增长条件,但是却为其他部门的发展提供了不可缺少的产品投入。基础产业在产业链中的特点在于它们处在产业链的起点,因而往往制约着国民经济其他产业的发展,成为其他产业发展的硬约束条件,或者说是"瓶颈"。基础产业往往控制着国民经济的命脉。为了保证国民经济其他部门的发展,基础产业必须优先发展。在西方经济理论中,基础产业一般被认为是非竞争性产业,或者是比较适合于垄断经营的自然垄断产业。

基础产业主要包括农业、能源、交通、科技和城市基础设施等产业部门。农业是整个国民经济的基础,它的主要功能是:提供给人类最基本的生活资料如食品和副食等;为工业生产提供必要的原料;农业的劳动生产率的提高,为经济发展提供大量的剩余资料,并为其他部门输送剩余劳动力。农业是广义的农业,包括农业、林业、牧业和渔业等。能源是指为人类的生产和生活提供能量、动力等自然资源的产业部门。能源业包括石油业、煤炭业、天然气业、水利和水电业、火电业、核能业、太阳能和风能业等。能源工业是工业的基础和动力来源,工业离开能源寸步难行。交通运输业是运用交通工具将物资或人运送到目的地点的产业的总称,它包括陆路运输业、水路运输业和航空运输业等,广义的交通运输业还包括通讯、邮电业等。交通运输业是经济活动进行资源交换、产品交换和信息交流的载体。科技产业,它是进行科学技术研究、开发、应用的产业部门。科学技术已成为第一生产力,各行各业都离不开科技的发展。城市基础设施产业是从事市政建设、公共福利和服务的各行业,它为各产业的生产和人民的生活提供了必要的环境条件。

基础产业关系着国民经济的命脉,关系着国民经济的整体发展和长远发展。很显然,国家必须控制基础产业并在基础产业占绝对支配地位,这是宏观经济效率的要求,当然也是社会主义制度的要求,而运用生产资

料所有制控制基础产业的一些生产经济组织(企业),显然是国家对基础产业实施控制的有效手段。在基础产业中比较特殊的是农业。农业是历史悠久的产业,农业虽然是国民经济的基础,但随着第二产业、第三产业的发展,它已不再是主要产业,而其发展规模、进度还要受其他产业的制约。历史悠久的农业有其自身生产的特点。在我国,农业以土地为主要生产资料,生产分布面极广,农业人口众多,而且以自然村落为主要社区结构,这样的产业布局和特点决定了国家对农业的控制不可能、也没必要普遍采取国家所有制的经济形式,而主要通过农村土地集体所有制,通过在土地集体所有制上鼓励发展多种所有制经济,以及通过技术开发、投资倾斜等农业政策,保持农业经济的稳定发展。

除农业外的其他基础产业如能源、交通、原材料、城市公共设施等资本集中、规模较大,而且因为其在国民经济中的"瓶颈"地位,是不适合由众多小企业展开自由竞争的垄断行业,国家对其控制可通过直接创办的国有企业来进行。高科技产业,投资大,周期长,风险高,而且不能以近期盈利为目标,而以国民经济的整体利益和长远利益为战略目标,因而在科技产业的关键领域也宜于国家投资进行经营,分散的小资本无力或者也不愿意经营这些产业。

不同的所有制形式的选择,并不取决于人们的主观意志,而主要是取决于什么样的所有制形式更能促进经济效率的提高。经济效率有微观和宏观之分,微观经济效率和宏观经济效率并不必然正相关,有时甚至呈现负相关。[①] 基础产业在产业结构中的自然垄断地位,决定了这些产业不适合由非国有制企业经营,因为作为以盈利最大化为目标的非国有企业,必然依靠其自然垄断优势,而不是首先通过生产技术的优势来获取自身利益。这样,非国有企业的盈利最大化,必然以牺牲宏观经济效益为代价,而且会引起国民经济整体混乱。可见,在基础产业中采取国有制形式,既是坚持社会主义的需要,更是生产力发展的需要。只有这样,才能

---

① 参见胡钧、侯孝国:《论产业结构与所有制结构的关系》,《中国人民大学学报》1996 年第 6 期。

克服生产资料私人占有同生产社会化的矛盾,克服私人垄断资本利益的狭隘性;只有这样,国家政府才能站在国民经济整体发展的高度,制定和贯彻整体发展规划和发展战略,实现资源的最优配置并谋求最大宏观经济效率。

当然,这并不是说非国有企业绝对不允许进入基础产业,而是说国有经济必须占绝对支配地位,在必要的情况下,国家也可以利用非国有经济来发展基础产业。为提高基础产业的产出效率,适当引入非公有资本,适当引入竞争机制,是必要的,但必须解决好两个原则性问题。其一,引入非公有资本和竞争机制,必须有利于提高产业产出效率,扩大社会公共福利;其二,必须正确解决民营企业经营公用事业的盈利性与公用事业的社会服务性之间的矛盾。① 企业经营必须服从服务于社会公共利益最大化。要通过适当的合约安排,实现对民营企业的激励与约束兼容问题,既要充分激发企业提高效率的积极性,又要防止企业在市场交易中的机会主义行为。2005 年 2 月国务院发布的《关于鼓励、支持和引导个体私营等非公有制经济发展的若干意见》(简称非公经济 36 条)明确规定:允许非公有资本进入法律法规未禁入的基础设施、公用事业及其他行为和领域。为加快基础设施产业发展,我们完全可以利用非公有制经济来发展基础设施产业,诸如通过合同承包、公私合作、许可经营等,允许私营企业参与经营,但其数量、规模要受到严格限制,尤其是对其经营利润要进行严格控制,严防私人资本为追逐垄断利润而扭曲企业行为,损害下游产业的公平竞争和社会福利。私有企业只有在充分竞争中才能充分显示非国有企业存在的价值,显示其对资源配置的作用。没有竞争压力的非国有企业,其企业行为必将扭曲,对资源优化配置的作用也无从谈起。近年来,我国公用事业市场化及规制改革的实践与研究受到越来越多的关注,尤其是自 2002 年 12 月 27 日建设部颁布《关于加快市政公用行业市场化进程的意见》和随后颁布《市政公用事业特许经营管理办法》之后,这一

---

① 孙明泉、张雁:《公用事业市场化及其规制改革——访江西财经大学校长廖进球教授》,《光明日报》2006 年 12 月 18 日。

问题的研究更是向纵深发展,然而,无论在理论上还是在操作层面上,迄今还未找到成熟的改革模式。

　　基础产业大多是垄断行业,目前,人们对电力、电信、铁路、民航、城市基础设施建设(天然气供应、自来水供应、热力供应等)垄断行业意见较大,其主要原因是这些垄断行业依靠垄断地位,截留应上缴国家的利润,过分谋取企业干部职工的高工资和高福利待遇,这不仅加剧了行业分配不公,而且不利于基础产业的健康发展。据 2006 年 5 月劳动保障部一位副部长披露,目前电力、电信、金融、保险、水电气供应、烟草等行业职工的平均工资是其他行业的 2 至 3 倍,加上工资外收入和职工福利待遇,实际收入差距可能更大。① 深化垄断行业改革势所必然,这也是更新公有制实现式、巩固公有制主体地位的重要内容。从所有制度看垄断行业改革,其基本思路应该是:把已不具备垄断价值的企业、行业完全推向自由竞争的市场;在垄断行业生产经营的某些部分某些环节可以引入竞争机制,引入非公有资本,如工程招投标,许可经营,公私合营;国有企业之间展开竞争;对国有独资、绝对控投的国有垄断企业实行标准化的成本管理、营销管理、价格管理和工资管理;加大财政、审计、纪检、监察等党和政府职能部门对垄断企业的监督管理。但无论怎样改革,都必须保证公有制在基础产业占绝对支配地位。

　　除基础产业外,国有经济还必须在对国家经济安全有特别重要意义的国防工业、造币业占绝对支配地位。

四、国有经济应在主导产业和其他重要行业占支配地位

　　1. 国有经济应在主导产业占支配地位,引导带动国民经济发展

　　主导产业也可称作支柱产业,它指的是具有较强的技术创新和增长能力、其生产发展速度较高、并能带动一系列产业发展的部门。该产业的

---

① 参见李柯勇等:《"反垄断",2006 年引人注目的一个关键词条》,《新华视点》2006 年 12 月 17 日。

增长效果远远超过该部门本身,对其他部门乃至整个经济的增长有着重要的广泛的效果。这一效果主要体现在三方面:回顾效应,指主导产业对那些向自己供给生产资料的产业部门的促进作用;旁侧效应,主导产业的发展会引起它周围的一系列变化,带动周围各项相关的企、事业发展;前瞻效应,指主导部门对新工业、新技术、新原料、新能源出现的诱导作用,促进人们开发新技术和新产品。尽管主导产业是一个历史范畴,但在不同的国家或在同一国家的不同发展阶段,在不同的资源环境下其内容不同。如在传统的经济社会里,其主导产业是农业;在工业化的初期阶段,主导部门则是重化工业;在经济发达的社会里,主导部门将由工业向第三产业演变。在我国,主导产业也发生了由棉纺工业向重化工业的转变,而且随着经济发展,主导产业可能会转向信息产业、高技术产业。主导产业关系国民经济的命脉,关系国计民生,对国民经济有着多维影响,处于国民经济的核心地位。为实现宏观经济发展战略和国民经济的持续、快速、健康发展,主导产业也应由国有制经济占支配地位,尤其是在我国这样一个底子较薄的发展中国家,由国家作为投资主体积极发展主导产业,以带动整个经济发展,对实现我国的跳跃式发展具有重大意义。如国有经济应在对国家安全和社会经济的长远发展其有战略意义的高新技术产业等领域占支配地位,发挥主导作用。在国有经济在主导产业占支配地位的前提下,可以充分利用非公有制经济来发展主导产业。同时,在一般加工制造业、商业服务业、建筑业、房地产业、非公共消费服务业要放手让多种所有制经济自由竞争、公平竞争,充分发挥多种所有制经济的制度优势,公有制经济没有必要占支配地位。而且,我们还必须认识到,我们所讲的以公有制为主体的质与量的规定,是就社会整体而言的,并不是就某一行业、某一地方而言,并不排除某些行业、某些地方非公有制经济占据数量优势,甚至起主导作用。同时,国有经济的主导作用并不是一个经济数量规定,因而不能以国有经济占国民经济的比重多少判定国有经济是否起主导作用。国有经济的主导作用体现在控制力上,而控制力主要是指以自身的资产优势、规模优势、技术优势、产品优势、产业优势、资金优势以及信誉优势、形象优势、政治优势等,驱动和支配更多的社会资产围绕自

己的经济目标有效运作,限制或带动其他所有制经济进行某些生产经营
活动。

2. 国有经济应在金融保险业占支配地位

2007 年由美国的次贷危机引发了美国的金融危机,继而引发了自上
世纪 30 年代以来最严重的国际金融危机,引发了不同程度的世界性经济
社会危机。不少专家学者从技术操作、运行模式、管理机制层面,分析了
金融危机的原因,诸如超前过渡消费、房地产泡沫、金融衍生品泛滥、金融
产品创新过度、金融监管不严等,然而,美国金融危机的产生有其深刻的
制度根源。"资本主义私有制是形成金融危机的深层制度原因,金融资
本的独立性、逐利性和贪婪性是形成金融危机的直接原因。资本主义危
机产生的根本原因在于私有化制度,一方面生产力发展到高度社会化,资
本也高度社会化,另一方面生产资料和成果愈来愈为一小撮垄断寡头所
有,这种生产的社会性同生产资料私有制的资本主义基本矛盾,使商品经
济内含的危机可能性转变成必然性。"①很显然,美国金融危机是资本主
义制度性危机,最终是无法克服的;只有实行市场经济与社会主义制度相
结合,才会使防范、规避危机成为可能。在市场经济条件下,货币对国民
经济的生产、流通、交换、分配各环节,发挥着巨大的功能,金融业已成为
国民经济运行的神经中枢。因此,国家在金融产业中占绝对支配地位是
国家实现宏观调控目标,保持社会稳定,保持国民经济持续、健康发展的
必备条件。中国银行体系的大致框架是由中央银行、商业银行和政策银
行组成的。中央银行作为国家利用货币政策调控国民经济总体运行的枢
纽,作为履行着金融管理监督职能的"银行中的银行",自然必须掌握在
国家手中,以为整个国民经济的协调发展营造良好的宏观经济环境。政
策银行由于执行着国家政策职能,并不以追求自身利益最大化为目标,显
然应该由国家经营。商业银行作为特殊商品市场——货币市场的经营主
体,其所有制结构也应以公有制为主体,在此前提下,可以有条件地引入

---

① 王伟光:《运用马克思主义市场、观点和方法,科学认识美国金融危机的本质
和原因》,《光明日报》2009 年 5 月 12 日。

竞争机制,引入其他经济成分。在市场经济条件下,社会保险业是市场经济有效运作的有效保障。在社会保险业中,社会的基本保险如养老保险、失业保险等应以国家为主体兴办,以切实保障市场经济条件下广大公民、职工的最基本的权益。在此前提下,可以允许各种所有制经济涉足保险业,引入竞争机制,采取多种渠道多形式发展和繁荣各项社会保险事业。

五、公有制应在社会各项事业领域占绝对支配地位

社会事业诸如教育事业、基础科研事业、医疗卫生事业、公益性文化事业等,直接关系到经济可持续发展的人才支撑、智力支撑,关系到广大人民群众日常物质文化生活水平的提高和身心的健康,对经济的可持续发展和社会的和谐发展意义重大。社会事业不可能以营利为目的,而必须以社会公共利益和公共福利最大化为己任,一般而言,私营企业、私人不愿投资经营,代表广大人民群众根本利益的国家和政府必须承担起发展社会各项事业的责任,因而,公有制必然在社会各项事业领域占绝对支配地位。在大型的公益事业工程项目建设中,我们可以吸收私人资本和其他社会资本;在教育、科研、医疗、卫生、文化事业发展中,我们可以允许非公有资本作必要的补充,但公有制必须占绝对支配地位是毋庸置疑的。我们可以允许私人办学、私人办医院,但这只能是补充,基本的教育服务和医疗卫生服务必须由国家政府提供;在教育体制和医疗卫生体制改革中,我们可以适当引入市场竞争机制,但绝对不允许把社会公益事业的基本职能市场化,把学校、医院统统推向市场,从而使广大人民群众失去公平接受教育服务、医疗服务的机会和权利。提供公共服务,发展社会事业,是国家政府谋求长远发展、弥补市场缺陷、构建和谐社会的必然选择。

六、公有制应在多层次的动态的所有制结构中保持主体地位

在一个社会的经济运行体系中,生产资料的性质及其结构是多层次的,产业布局和结构是多层次的,而且始终处在动态的生产经营过程中,因而,以公有制为主体必须在多层次的、动态的所有制结构中保持,只有这样,才更适合经济发展规律,才能为生产力发展提供广阔的制度空间。

1. 生产资料结构和产业结构的多层次决定了公有制必须在多层次所有制结构中保持

就生产资料而言,人类从事社会生产活动所必需的生产资料可以简单划分为:自然资源型生产资料,如土地、森林、矿藏、海洋经济资源、空间经济资源等;劳动创造型生产资料,如大型基础设施、机器设备、小型生产工具等。这些生产资料处于非常复杂的结构体系中,具有不同的性质和不同的重要性,在社会生产中有着不同的功能和作用,因而与其相适应的所有制制度安排也会有所不同,从而形成多层次的所有制结构体系。

就产业结构而言,产业可分为多种产业而且处在多层次的结构体系中。其中关系国计民生的重要产业和行业需要国有经济控制,以便发挥其主导作用,而大量的产业和行业更需要多种所有制经济支撑。同时,还要看到,随着科技发展和条件变化,基础产业中,原来需要垄断的行业可能失去垄断的必要,如随着科技进步和社会资本增加,电话、邮政有可能进入自由竞争状态,而有些行业则可能具备垄断性质。有专家认为,由于网络性已成为自然垄断的一个重要特征,如何解决网络产业的相关问题就成为规制的重要领域,并提出城市信息管道产业的基本制度安排应是统一规划、垄断经营、政府监管三者的统一,以便实现信息化建设与市政建设的协调统一,信息、广电产业的发展与城市基础设施产业发展协调统一,优化城市空间资源配置,促进信息化产业的有序竞争和消费者福利最大化。① 另外,随着经济的发展变化,不同历史时期的主导产业也会发生变化。由于不同产业行业的性质特别是在国民经济中的地位和作用处于动态的变化之中,因而国有经济的结构布局也需要不断调整。

2. 动态的资产经营过程决定了公有制主体地位的动态性

在市场经济条件下,各种所有制经济必然转入资本化经营状态。在国家和集体牢牢掌握关系国计民生的实物形态生产资料的前提下,国有经济和集体经济必然遵循资本经营规律,以资本为纽带,通过扩张、兼并、

---

① 参见王自力:《规制与竞争前沿问题观点综述》,《光明日报》2006 年 12 月 18 日。

产权交易、资产重组,通过实物形态资产和价值形态资产的相互转换和相互作用,保持和提高国有经济的控制力,实现公有资产的保值增值。国家会根据需要收缩国有战线,在某些行业抽回国有资本,转制国有企业;国家也会根据需要,投资兴建国有企业,投资兴建大型水利、电力、油气等基础设施工程。在这种资本经营的过程中,会出现不同所有制性质的资本联合,也会出现国有企业和集体企业因经营不善而破产、转让等情形,从而引起不同资本比例结构的变化。总之,各种资本结构将随着经济运行和资本运营处在不断变化的状态。因此,在市场经济条件下,以公有制为主体,就是在这种动态的资本经营过程中,在极其复杂的且不断变化运动着的所有制结构中保持和实现的。由于所有制结构是动态的,是随着经济发展而不断变化的,因而在公有制经济与非公有制经济之间就不存在先验的固定不变的数量结构比例。在市场经济中,公有制经济在市场经济运作中存在着边际效益,并不是公有制越多越好,超出了一定边界,就会产生负效应。这也就是说,没有以公有制为主体,市场经济不能更有效运作,但公有制经济若超出了活动边界,市场经济也不能更好运作。显然,在市场经济条件下,以公有制为主体与大力发展非公有制经济存在内在同一性。因此,我们必须抛弃从数量上来理解公有制为主体的传统观念,尽快实现由"数量型公有制主体"向"功能型和质量型公有制主体"转变。

第三章　构建和完善有中国特色的
自然资源和环境产权制度

自然资源和环境对人类生存和经济社会发展的重要性不言而喻。正因此,千百年来,不同的国家、民族之间,不同的群体之间,为争夺自然资源,为争夺生存环境,经常发生战争和冲突;正因此,人类不断制定和完善着资源和环境保护、利用的法律制度,以期使自然资源得到合理有序的开发利用,以期使人类生存的环境得到有效的保护和改善。在当代中国,构建和完善有中国特色的自然资源和环境产权制度,直接牵涉到中国特色社会主义基本经济制度的有效实现形式,牵涉到公有制与市场经济的有效对接,牵涉到中国经济社会的可持续发展和资源节约型、环境友好型社会的构建,牵涉到中国对全人类可持续发展的贡献。

第一节　我国自然资源和环境
状况面临的严峻挑战

21 世纪的人类,面临着诸多危机,人口危机、粮食危机、资源危机、生物多样性危机、能源危机、环境危机,等等;21 世纪的中国,自然资源和环境,已成为制约中国经济社会发展和人民生活水平提高的"瓶颈"。

一、我国自然资源的基本状况

在整个人类居住的地球上,陆地面积仅占 1/3,其中 14% 为终年积雪区和冻土层,20%为沙漠,16%为高山峻岭,21%是土质和气候恶劣的荒原,15%是草原牧区,再除去住宅和其他人类征用的土地,真正用于农作物耕种的土地,仅占地球陆地面积的8%左右。

中国国土陆地面积960万平方公里,仅次于俄罗斯与加拿大,居世界第三位。根据《联合国海洋法公约》的规定,我国可主张近300万平方公里的管辖海域。此外,我国在太平洋国际海底区域还拥有7.5万平方公里具有专属勘探权和优先开采权的多金属结核矿区。地大物博、资源丰富、种类齐全,这是中国资源的优势。中国主要自然资源的总丰度与世界各国比较,仅次于俄罗斯与美国,位居世界第三位,堪称资源大国。中国主要自然资源的总量均居世界前列,实际耕地约20亿亩,占世界的6.8%,居世界第三位;森林面积19亿亩,占世界第5位;草地面积约60亿亩,居世界第2位;河川径流量2.7万亿立方米,居世界第6位,可开发的水力资源3.7亿千瓦,居世界第1位;矿产资源总值居世界第3位。无疑,我们是资源大国。

然而,中国最大的一个基本国情就是人口众多。中国现有13亿人口,是世界上第一人口大国,占世界人口的1/3,接近2个欧洲,是美国的6倍。尽管从总量看我国是资源大国,但按人口平均就成了资源小国。中国人均国土面积仅12亩,为世界人均量的29%。中国的山地丘陵占2/3,半干旱、干旱地区约占国土的1/2。东半部半湿润、湿润地区集中了90%以上的人口,每平方公里密度225人,特别在沿海和平原地区,生存空间狭小。各类资源的人均量是:人均耕地1.65亩,仅为世界平均数的1/3;人均草地5亩,为世界平均数的1/2;人均森林面积1.5亩,为世界平均数的1/6;人均森林储积量为世界平均数的12.2%;人均水资源是2300多立方米,为世界平均数的1/4;人均矿产储量总值1万美元左右,至于各类矿产资源如果按13亿人口平均,绝大部分均低于世界人均占有量。我国石油资源最终可开采储量为130亿—150亿吨,仅占世界总量的3%左右;矿产资源种类不全,有的储量不少,但品位低、开采难度大。人均占有资源量少是中国资源的一大劣势。至20世纪20—30年代,中国人口将达到15亿,届时人均耕地面积将下降到1.2亩以下,人均占有淡水资源也将下降到 1800 立方米,人与资源的矛盾将会更加突出。①

世界上国土面积超过 750 万平方公里的六个大国,依其面积大小排列分别是俄罗斯、加拿大、中国、美国、巴西和澳大利亚。有专家对这些国家进行比较,更加显示出中国在资源禀赋和发展方面所受的制约。中国有 65% 的国土面积为山地丘陵,33% 的国土面积为干旱荒漠区,35% 的国土面积经受土壤侵蚀和荒漠化,30% 的耕地面积为 PH 值小于 5 的酸性土壤,20% 的耕地面积存在不同程度的盐渍化或海水入侵,70% 的国土面积每年受东亚季风强烈影响,17% 的国土面积构成了世界屋脊——这一连串百分数背后的实质问题是:中国有 55% 的国土面积不适宜人类的生活和生产。同时,中国大陆的平均高度是世界平均海拔高度的 1.83 倍,因此,同样是修建公路、进行基础建设、开发矿山和建立城市,中国所要付出的代价比世界平均水平高得多。70% 的国土面积每年遭受东亚季风的强烈影响,也导致中国自然灾害发生频繁,一旦东亚季风到来的时间稍有不对,旱灾或水灾便会随之而来。这意味着中国每年需要为抵御自然灾害投入大量的公共财富。通过比较可以发现,资源劣势造就了中国较高的发展成本,如果将全世界的平均发展成本定为 1,那么中国的发展成本就是 1.25。"我们是腿上绑着沙袋和别人在跑道上竞走。"②

二、我国自然资源开发利用中存在的问题

改革开放以来,我国经济发展取得了举世瞩目的成就,这其间,自然资源对我国经济的快速发展起到了巨大的支撑作用,我国已经进入工业化中期,进入全面建设小康社会的新时期。然而,由于在发展中没有根本转变高投入、高能耗、高污染、低效益的经济增长方式,以致于造成资源浪费、资源被过度开发、环境污染严重等问题,资源危机的警钟已向我们敲响。

1. 耕地面积减少,水资源短缺

据统计,1996 年全国耕地面积是 19.5 亿亩,到 2002 年底这个数字

---

① 参见本刊评论员:《认识我中国》,《瞭望》2004 年第 1 期。

② 参见戴廉:《从六国比较看可持续发展》,《瞭望》2004 年第 2 期。

降至 18. 89 亿亩。据国土资源部公布的数据,2003 年中国耕地面积减少了 3800 多万亩,其中仅建设占用耕地就达 343. 7 万亩,比 2002 年增长 17%。至 2003 年,我国人均耕地仅有 1.43 亩,有 1/3 的省市人均耕地不足 1 亩,666 个县低于联合国制定的人均 0.8 亩的警戒线,463 个县低于人均 0.5 亩的危险线。根据有关专家在冀、鲁、鄂、桂、浙、滇等 11 省 134 个县作的抽样调查,分到土地的人口只占总人口的 84%。据此推算,全国至少有 13.7% 的农民无地耕种。又据国土资源部统计,1987 年~2001 年,依法审批的征用土地数,加上违法占地约为 4074 万~4420 万亩,按人均 0.8 亩计算,失地农民数在 5093 万~5525 万人,一些农民成了“种田无地、上班无岗、低保无份”的“三无游民”。[①] 受农业结构调整、生态垦耕、自然灾害损毁和非农建设占用等影响,耕地资源逐年减少。2007 年,全国耕地面积为 18. 26 亿亩,比 1996 年减少 1. 25 亿亩,年均减少 1100 万亩。目前,全国人均耕地面积 1. 38 亩,约为世界平均水平的 40%。受干旱、陡坡、瘠薄、洪涝、盐碱等多种因素影响,质量相对较差的中低产田约占 2/3。土地沙化、土壤退化、“三废”污染等问题严重。随着工业化和城镇化进程的加快,耕地仍将连续减少,宜耕后备土地资源日趋匮乏,今后扩大粮食播种面积的空间极为有限。[②]

　　水资源缺乏也是我国面临的一个重要问题。目前,我国人均占有水资源量约为 2200 立方米,不到世界平均水平的 28%,每年农业生产缺水 200 多亿立方米,且水资源分布极不平衡,水土资源很不匹配,我国北方地区水资源短缺矛盾更加突出。

　　2. 资源、能源浪费现象严重

　　由于近些年来对矿产资源、森林资源等的滥砍滥伐、滥采乱挖、采富弃贫现象屡禁不止,不仅造成了资源、能源的极大浪费,而且还使生态环

---

① 以上数据转引自韩保江、毛昕:《骤失 3800 万亩耕地的忧思》,《瞭望》2004 年第 10 期。

② 参见《国家粮食安全中长期规划纲要(2008—2020 年)》,《光明日报》2008 年 11 月 14 日。

境和生产安全问题进一步加剧。由于我国科技创新能力还不是很强,粗放型经济发展方式未能彻底改变,因而能源的利用率还比较低,中国能源面临挑战。目前,我国万元 GDP 的能耗与发达国家相比,显得较高。据国家环保总局的有关资源显示:新中国成立五十多年来,GDP 增长了十多倍,但与此同时,矿产资源的消耗增长了四十多倍。我国单位资源产出水平仅相当于美国的 1/10、日本的 1/20。

3. 环境污染和生态破坏问题严重

2006 年,全国人大常委会完成了一份环境执法检查报告,以大量引人注目的数字和触目惊心的事实,向人们描绘了一幅中国生态环境"警示图"。中国的环保已进入了"预警时代"。①

——受全球气候变暖的影响,中国水资源条件发生了明显变化,极端水旱灾害事件呈频发与并发趋势。按目前的正常需要和不超采地下水,正常年份中国缺水近 400 亿立方米。

——空气污染:目前,我国二氧化硫排放量世界第一,年排放量近 2000 万吨,二氧化碳排放量世界第二。有关部门监测的 343 个城市中有 3/4 的居民呼吸不到新鲜的空气。

——土壤污染:我国接近 1/10 的耕地遭到污染;我国 1/3 的国土被酸雨侵害。

——水污染:我国年度污水排放量为 400 多亿吨,排名世界第一,超过环境容量 82%;我国 70% 的江河水系受到污染,七大水系中劣五类水质占 41%,基本丧失了使用功能;城市河道 90% 以上遭到严重污染;全国 75% 的湖泊出现了不同程度的富营养化;全国有 3.6 亿农村人口喝不上符合卫生标准的饮用水;2005 年末的松花江污染事件、2007 年的太湖蓝藻暴发,都向国人显示着水污染的严重性。

——水土流失和沙化趋势严重:我国的水土流失面积达 356 万平方公里,占国土面积的 36%,平均每年沙土流失量 50 亿吨。我国的沙化及

---

① 以下一些数据参见专题报道:《中国环保进入"预警时代"》,《瞭望》2007 年第 48 期。

强沙化趋势土地面积达 45.3 亿亩,占国土面积的近 1/3。

——近海污染:近些年来,随着沿海经济的发展,我国近海污染问题也日益凸显。近海污染导致赤潮频繁发生。赤潮不仅严重影响着老百姓的饮食安全和健康,而且对于近海养殖业和渔业而言,是一种毁灭性的自然灾害。①

环境污染和生态破坏导致了巨额的治理成本。2006 年,国家环保总局和国家统计局联合发布了《中国绿色国民经济核算研究报告 2004》,报告显示:2004 年,由于环境污染造成的经济损失是 5118.2 亿元,占 GDP的比例为 3.05%;2004 年,全国由于大气污染共造成近 35.8 万人死亡,约 64 万呼吸和循环系统病人住院,以及约 25.6 万新发慢性支气管炎病人;2004 年,由于饮用水污染造成的农村居民癌症死亡人数为 11.8 万人。严重的环境污染、生态破坏,不仅吞掉了全社会创造、积累的一大部分经济财富,而且严重影响着人们的身心健康和生存环境,带来了一系列社会问题。

4. 需要高度重视我国海洋经济资源开发利用问题

现代科学证明,海洋本身就是一个巨大的聚宝盆。目前,海洋每年可为人类提供食用的海产品 7000 多万吨,海盐 5000 多万吨,石油 30 亿吨,天然气 3000 多亿方,淡水近千万吨。1990 年世界海洋经济总值已经超过 6700 亿美元。专家推算,海洋给人类提供食物的能力是全球陆地的 1000 倍,如果生态不被破坏,海洋至少可养活 300 亿人;海水矿物非常富饶,每立方公里海水中就溶解着 35.7 万吨矿物;海底矿物储量也远远超过陆地,仅石油储量就达 2500 亿吨;天然气储量占世界天然气总储量的一半;再生资源中,海洋能的蕴藏量为 750 多亿千瓦,取之不尽,用之不竭。谁拥有面积更大的海洋,就意味着拥有更多的财富。② 随着陆地资源的日益短缺,人类已经把目光投向了蓝色的海洋,争夺海洋资源和海洋权益的斗争日趋尖锐。21 世纪,海洋资源对于人类的重要性,已突破了

① 参见陈泽伟:《防治近海污染七策》,《瞭望》2004 年第 22 期。
② 参见金鑫著:《中国问题报告》,中国社会科学出版社,2000 年 11 月版,第 173 页。

传统的"渔盐之利,通楫之便"的概念。随着世界人口日益增长,地球陆地资源日益减少,海洋在接替和补充陆地空间和资源等方面有着巨大的潜力与战略意义,其重要性不言而喻。保护海洋资源安全,开发利用海洋资源,对于我国而言更具有特别重要的意义。

根据《联合国海洋法公约》的规定,我国可主张近300万平方公里的管辖海域。此外,我国在太平洋国际海底区域还拥有7.5万平方公里具有专属勘探权和优先开采权的多金属结核矿区。这些"蓝色国土"是我们巨大的资源宝库,可以建成我国自然资源开发的战略基地,能长期提供60%左右的水产品、20%以上的石油和天然气、约70%的原盐、足够的金属,每年还可以为几亿人口的沿海城镇提供丰富的工业用水和生活用水。不仅如此,这些"蓝色国土"还对维护我国的国家安全、发展我国的海上贸易具有重要的战略意义。

为了建设海洋强国,近些年来,美国、俄罗斯、印度、法国、加拿大、澳大利亚、韩国、日本、越南、葡萄牙、印度尼西亚、菲律宾、马来西亚等几十个沿海国家都纷纷出台海洋政策和海洋战略。我国也制订了《中国海洋21世纪议程》及相关海洋规划,海洋开发和建设海洋强国已经写进了中共中央十六大报告。2006年3月,十届全国人大四次会议审议通过了《国民经济和社会发展第十一个五年规划纲要》。此次规划纲要首次将海洋以专章形式列入,明确提出要强化海洋意识,维护海洋权益,保护海洋生态,开发海洋资源,实施海洋综合管理,促进海洋经济发展,并对如何合理利用、保护和开发海洋资源等进行了具体规划。这表明中国高层和全国人民已开始高度关注海洋经济问题。

然而,由于历史上中国曾实行闭关锁国的"禁海"政策,海洋意识不强,也由于国家的科技、军事实力不足等原因,今天看来,我们在开发利用海洋经济资源方面主要面临着两大课题。

一是国家海洋权益受到严重侵害问题。海洋权益属于国家主权范畴,包括经济安全、环境安全、国土安全等方面,但它同时也包括所有权和产权权益,这可称作政治上的所有权。虽然这种政治上的所有权不同于一般经济意义上的所有权,所谓一般经济意义上的所有权是规范一个社会内部不同利益主体如企业、个人的权利安排,但这种政治所有权是关系一个国家一个地区的异常重要的经济利益和权力问题。我国海洋疆域局势纷繁复杂,海洋划界争议不断,海洋资源遭到掠夺,渔民生产安全得不到完善保障。在新时期的"圈海"浪潮中,在海洋资源、领海划界、岛屿归属问题上,我国正受到一些邻近国家及其他一些霸权主义国家的严重威胁。

二是近海海域无序开发问题。近些年来,沿海各地围海、填海活动呈现出速度快、面积大、范围广的发展态势,无序、无度的填海造地已对毗邻海域资源和生态环境造成一系列严重破坏,如海岸线急剧缩短、海岸生态系统退化、重要渔业资源衰退、海岸防灾减灾能力减退等。

5. 需要高度重视跨国界自然资源、国际自然资源、太空资源、南北极资源的开发利用问题

我国陆上与俄罗斯、哈萨克斯坦、蒙古、阿富汗、巴基斯坦、印度、尼泊尔、锡金、不丹、缅甸、老挝、越南、朝鲜等国接壤。许多高山、大河以及地下资源属于跨国界的自然资源。随着科学技术的进步,随着内地资源的日益短缺,随着跨国界经济合作交流的增多,如何与周边国家合作,合理开发利用跨国界自然资源,是我们新时期必然面对、必须及早筹划的问题。近些年来,我国与相邻国家和地区积极开展区域合作机制建设,如大湄公河次区域合作、大图门江合作开发,取得了一定成效。但我们必须看到,这只是一个良好的开端。

我们在对国际自然资源的开发利用方面,进行了卓有成效的探索和实践。适应经济全球化大趋势,我们要继续加大对外开放的力度,更好地利用国际国内两种资源两个市场,在促进国际资源的有效配置,推进国际经济的交流合作方面做出更大贡献。

在空间经济资源的开发利用方面,我国已迈出了坚实的步伐。自"神五"载人航天成功,实现了中国人的"飞天梦想",继而"神六"、"神七"载人航天又成功进行,并进行了出舱试验。这为我国科学探测太空,和平利用太空资源奠定了良好的基础。然而,相比美国、俄罗斯,我国在空间探测、太空资源开发利用方面还存在不少差距,需要我国加倍努力。

我国在科学勘察南极、北极等自然资源方面做了极大努力,我国已在

南极建立了两个科考站,进行了大量考察,这为将来中国和平参与开发利用国际资源打下了坚实基础。然而,我们必须清楚意识到,世界强国对南极、北极经济资源的争夺将会愈演愈烈。

2007 年 8 月 2 日,由著名北极专家奇林加罗夫率领的俄联邦科考队乘"和平—1"号深海潜水器从北极点下潜 4000 多米,在北冰洋底插上了一面钛合金制造的俄罗斯国旗。此举引起了加拿大、美国以及其他"北极国家"的相当不满。对北极地区的争夺由来已久。早在上世纪五十年代,加拿大就宣布拥有北极主权,当即引起国际社会的抗议,后来经国际法庭裁决,此后 100 年如果没有人对加拿大的宣布有异议,这个宣布方可生效。进入 21 世纪,对北极的争夺开始激化。

据 2009 年 5 月 22 日《参考消息》报道:近年来,对南极资源的争夺也日益激烈。2007 年英国外交部宣布将对南极的所属领土提出 100 万平方公里的领土扩张要求,此外,还将就南乔治亚岛和福克兰群岛周围的巨大海床提出其他 4 项领土要求。很快,这引起了阿根廷、智利、俄罗斯等国的反对。阿根廷认为英国的要求违反了 1959 年缔结的《南极条约》,是对 1976 年联合国大会的决议的公然践踏。围绕南极展开的利益争夺,还有澳大利亚。

南北极之争已成为国际媒体的关注热点。根据联合国法律,南北极作为全人类的共同财产,任何国家不能据为己有。一些国家钻联合国法律空子,欲使北极成为自家的舞台,这种现象是国际社会所不能允许的,势必给纷乱不已的世界再增加一个热点,包括中国在内的国际社会应予以极大关注。

第二节　当前我国自然资源和环境产权制度安排中存在的问题

计划经济时代,我们国家对自然资源的所有权、使用权与国家的行政权、宏观调控权高度混同,自然资源的调配使用,完全依行政计划而行。自然资源是通过分配或者授予的方式无偿提供给单位使用的,法律未将其视作一种财产权利。由于产权权能缺乏合理细分,产权关系模糊,产权与行政权、宏观调控权高度混同,产权激励约束功能不足,产权无法流通,导致土地、矿产、水资源、森林资源等自然资源未能得到更加合理、高效的开发利用,粗放式发展方式长期存在,资源浪费、资源配置低效率、环境污染现象非常严重。改革开放以来,为适应建立社会主义市场经济体制要求,我国对自然资源和环境产权制度及其管理制度了进行了多方面改革探索,如对国有土地制度、农村集体土地制度、国有矿产资源制度等从所有权界定、使用权设置及流转,到不同产权主体和利益主体对收益分配权的取得等多方面多层次进行了改革创新,取得了巨大成就,初步构建了与社会主义市场经济相适应的自然资源和环境产权制度框架。仅就法律形式而言,改革开放以来特别是近几年来,我国将资源节约和环境保护确立为基本国策,不断加强环境与资源保护法制建设。我们在这方面进行了一系列修改和创新,初步形成了合理开发利用自然资源和保护环境的制度体系。在资源节约和环境保护的法律制度方面:制定了《环境保护法》、《环境影响评价法》、《大气污染防治法》、《水污染防治法》、《环境噪声污染防治法》、《固体废物污染防治法》和《放射性污染防治法》等 9 部环境保护方面的法律;制定了《可再生能源法》、《节约能源法》、《土地管理法》、《水法》、《森林法》、《草原法》、《矿产资源》、《煤炭法》、《电力法》和《清洁生产促进法》等 17 部资源节约和保护方面的法律;出台了与环境和资源保护相关的行政法规 50 余件,地方性法规、部门规章和政治规章 660 余项,国家标准 800 多项;建立健全了环境影响评价、“三同时”、排污申报登记、排污收费、限期治理、总量控制和排污许可制度,以及自然资源的规划、权属、许可、有偿使用、能源节约评估等方面的法律制度。中国十分重视资源节约和环境保护领域的国际合作,缔结或参加了《联合国气候变化框架条约》、《京都议定书》、《生物多样性条约》、《联合国防治荒漠化公约》等 30 多项国际环境与资源保护条约,并积极履行所承担的条约义务。① 与此同时,还制定了一些主要是规范不同产权主体

---

① 参见中华人民共和国国务院新闻办公室:《中国的法治建设》,《光明日报》2008 年 2 月 29 日。

对自然资源所拥有的权益权能的法律制度,如《物权法》(2007 年)、《农村土地承包法》(2002 年)、《渔业法》(1986 年,2000 年修正,2004 年修正)、《房地产管理法》(1994 年,2007 年修正)、《水土保持法》(1991 年)、《防沙治沙法》(2001 年)等。应该说成绩是巨大的。然而,我们必须清醒地看到,严重存在的环境污染问题、资源浪费问题、公有资产权益受侵害和资产流失问题,反映出在我国进行市场经济建设中,在保护环境、合理开发利用资源方面,我国自然资源和环境产权制度的设置、安排还存在不少问题,主要问题表现在以下一些方面。

一、产权界定不明细不明晰问题

产权是包括所有权、占有权、使用权、处分权、收益权等一系列权属的组合。其中,所有权是最关键的权利,其他诸种权利都要受所有权的制约;收益权是最本质的权利,是经济利益的集中体现。产权细化、产权清晰是现代市场经济的必然要求。市场经济越发达,越要求产权细化、产权清晰。回顾历史,我国自然资源产权制度大体经历了完全的公有产权阶段、使用权的无偿取得与不可交易阶段、使用权的有偿取得与可交易阶段。农村土地承包责任制的推行,使农村土地的所有权与使用权实现了分离,而且随着农村市场化进程和土地规模化经营的要求,土地承包经营权的流转也在不断进行。在城市,国有的土地早已告别行政划拨的土地利用模式,国有土地的所有权与使用权明显分离,国有土地的使用权获得明显引入了市场竞争机制,房地产市场由此而日益兴旺。所有权、占有权、使用权、转让权、出租权等等,土地的权能和权益越分越细。其他如矿产资源、森林资源、水资源等产权的划分也越来越细。然而,面对市场经济的快速发展和科学发展的迫切需要,我国自然资源和环境的产权界定还不够明细明晰,还不能很好适应经济社会发展的要求。这里以农村土地产权制度和矿产资源产权制度为例加以分析。

农村土地产权制度存在问题。问题一:所有权缺乏明确界定。按照现有法律,农村土地属于农民集体所有。然而,集体所有权缺乏明确界定。其一,农村集体所有权的行使主体不够明晰。现有法律规定,农村集中所有权行权主体可以是村民委员会、村民小组或农村集体经济组织,到底是谁? 比较模糊,具体实践中行权主体也比较混乱和模糊。其二,集体所有权的权能和权益缺乏明确界定。从权能的角度讲,在实行家庭承包责任制后集体所有权到底应该行使哪些权能缺乏明确界定,以至于现实中往往出现村集体组织或缺失对土地的维护、管理,或粗暴干预农民的自主经营等现象。有的农村对土地如何使用缺少监督管理,公共水利等基础设施建设无人问津,乱占乱批宅基地现象严重;有的农村的村集体组织借规模经营之名强迫农民交回承包地,超标多留机动田,不断调整土地,严重侵害农民的承包经营权。从权益角度讲,集体所有权应该享有哪些好处和利益缺乏明确界定。在实践中,一些农村干部特别是贫困落后地区的农村干部积极性不高,其中一个重要原因就是缺乏利益激励,缺乏利益激励一个主要原因是缺乏集体收益。由于缺乏集体收益,个别村干部往往把主要精力放在了如何利用公权和村中资源为自己谋利益上来。问题二:使用权缺乏明确界定。改革开放之初,农民获得了相对独立的承包经营权,这时的使用权比较简单明确。但随着市场经济发展和大量农民外出经商务工,原来的"承包经营权等于使用权"的界定已经过时了。目前,土地使用权中又裂变出了承包权、占有权、经营权、租赁权、转包权、转让权、入股权等多种权能。但由于我们在法律制度上还没有进行明确细化、界定,以致在农村土地的开发利用过程中出现了许多问题。如耕地被不合理开发利用,耕地非规范流转,耕地被撂荒等。由于缺乏产权的明确界定,以致于侵权行为经常发生。

矿产资源产权制度存在的问题。与土地、森林资源不同,矿产资源一律为国家所有,人们只能通过许可证形式取得探矿权、采矿权。在探矿权、采矿权的获取和行政管理过程中,由于缺乏严格的行政监管机制,由于缺乏对探矿权、采矿权权益和权责的明确界定,以致在矿产资源的开发利用中存在三个严重问题。一是在探矿权、采矿权的获取过程中极易发生严重的权钱交易现象。二是探矿权、采矿权的取得缺乏市场竞争机制。适当引入市场竞争机制是有效开发利用矿产资源的必然要求,但我国对探矿权、采矿权的许可和授予还缺乏公开、公平的市场竞争机制,行政授予的计划经济色彩还严重存在,既增加了政府官员"寻租"行为的可能性,也不利于资源的节约利用。三是探矿权、采矿权的非法流转现象严重。据《瞭望》2007年第21期报道,2007年3月,"炒矿风"侵袭中西部。所谓"炒矿"是指利用种种手段,抬高或压低矿权价格,再通过矿权转让获取高额利润。随着资源紧张加剧和价格的不断上涨,大量热钱开始追逐能源开发、炒买炒卖煤炭勘探权和开采权。在这股疯狂的"炒矿风"中,一些地方矿权流转价格严重偏离其真实价值,不仅扰乱了矿业市场秩序,滋生腐败空间,更使得一些有能力、有资质的企业无法以合理成本获取矿权。

二、环境产权设置比较滞后问题

人类社会的生存发展离不开自然环境,自然环境从更广泛的意义上讲也是人类社会赖以生存发展的自然资源。没有自然环境的改善、发展,人类社会的可持续发展也不可能。近些年来,由于环境污染、生态破坏造成的自然环境的恶化,已经给人类社会敲响了警钟。及时设置环境产权制度,利用法律和经济手段规范人们的生产和消费行为,有效保护生态和发展环境,既是国际社会面临的一个共同问题,也是我国发展中面临的一个重大问题。就我国而言,环境产权制度设置比较滞后,由此而引起的生态破坏、环境纠纷等社会问题不断增多,主要表现在:

第一,由于缺乏环境产权的设置,导致资源的过度利用或不合理开发利用,破坏生态、污染环境,侵犯国家、集体及其他利益主体、公民的合法环境权的事件不断发生。这方面的例子比比皆是。例如,空气的污染、大江大河的污染侵犯了国家和公民的环境权;企业的废水废气影响了附近村民的生产和生活;高楼的遮挡影响了对面住户的采光权,建筑物的玻璃反光给附近居民造成光污染等等。第二,由于缺乏环境产权的设置,导致不少企业特别是资源型企业在生产经营中不计环境成本。目前中国资源企业的成本,一般都只包括资源的直接开采成本,而像矿业权有偿取得成本、环境治理和生态恢复成本等尚未体现。就矿业权有偿取得成本看,目前在中国矿业权取得环节上,大多数矿业企业(特别是国有企业)的矿业权是无偿获取的。据不完全统计,在 15 万个矿业企业中,通过市场机制有偿取得矿业权的仅有 2 万个,其余 13 万个矿业企业则是通过行政划拨的方式得到。再就环境治理和生态恢复成本而言,绝大多数矿业企业没有将矿区环境治理和闭坑后的生态恢复等投入纳入生产成本。例如,全国因露天开矿等累计压占土地面积 586 万公顷,损害森林 106 万公顷,损害草地 26 万公顷。治理这些问题的费用未纳入其成本。①

三、收益权分配不公问题

收益权是产权中的本质权益,任何其他产权诸如所有权、占有权、使用权、转让权等都必须同收益权结合,才能获得经济利益上的实现,才能激发权能的有效行使。然而,由于资源产权界定不够明确、细致,导致不同产权主体收益分配不公,进而也引致社会分配不公问题。收益权分配不公,主要表现在以下几个方面:

1. 资源型企业的收益权侵蚀国家收益权。依据现行法律,土地(除农村集体土地)、矿藏、河流、森林(除集体林地)等自然资源都属国有,国务院代表国家行使占有、使用、收益和处分的权利,但实际上资源所有权与收益权之间在相当大程度上的偏离。一些资源垄断经营型企业的收益权侵蚀了国家的收益权,造成国有产权收益流失。

2. 中央与地方收益权分配不当。现存资源产权配置制度的缺陷,主要是中央和地方资源产权关系的配置不当,集中表现在对资源属地所应拥有的开发权和收益权上。资源产权的配置包括经营权和收益权与资源属地关联度较差,地方对于那些大矿和富矿的探矿采矿经营权以及资源收益权受到限制,资源所在地难以通过合法的途径从本地资源开发中得到相应的利益(对于小、贫、散矿,地方还是拥有很大自主权和收益权的,但一些又流入私人矿主手中)。②

3. 农民的收益权缺乏保护。在土地征用开发过程中,地方政府获益过多,一部分本该用来补偿失地农民和用于社会长远发展的土地收益,在

---

①② 参见袁元:《资源制度缺陷影响公平》,《瞭望》2007 年第 20 期。

大多数情况下作为当期地方财政花掉了。① 据国土资源部征地制度改革课题组的估计,2006年之前,政府在农地转用中大致可以获得60%以上的收益。来自江苏的调查表明,在全省农地转用增值的土地收益分配中,政府大约得60%—70%,农村集体经济组织得25%—30%,而农民只得5%—10%。

四、产权交易不规范问题

我国已初步形成了资源产权交易市场,其对资源的合理、高效配置发挥了一定作用。但由于机制不健全、操作不规范、监管不到位,在产权交易中还存在着评估定价不科学、出让、转让价格不合理、市场竞争不公平、"暗箱操作"不透明及机会主义行为盛行等问题。

1. 资源价格成本构成不完全。比如,在资源价格成本构成中,不能体现污染治理成本,生态恢复成本以及资源本身的未来价值。

2. 资源价格形成机制不合理。以土地资源价格形成为例。一是应该市场化的资源价格未市场化,导致价格的市场化形成部分占比偏低。这是资源价格形成机制最突出的问题。截至2005年底,"招拍挂"出让土地面积占全部出让土地面积的比例只有35%。特别是经营性土地该市场化而未市场化的问题比较突出,工业用地和经营性基础设施用地,大部分未按市场机制运作。二是"已化"与"未化"两部分并存,形成价格"双轨制"。这导致了套利的机会主义倾向:以"非经营性用地"的名义,通过协议出让甚至行政划拨方式,低价或无偿取得土地,之后再全部或部分转为经营性用地,套取高额的利润。

3. 监管体制存在问题。在自然资源的开发利用过程中,由于监管体制存在漏洞,导致在行政许可和审批环节存在较为严重的"寻租"现象。由于土地管理部门过分集权和政务不够公开等原因,近些年来,土地违法案件非常多,犯罪涉及的金额较大,给国家造成很大经济损失。有检察机

---

① 参见王小鲁:《收入差距扩大源于制度缺陷》,《社会科学报》2007年6月7日。

关分析认为,土地系统违规违法行为表现形式多样。主要是:超出法定范围,对经营性项目实行划拨用地;原划拨土地已转为经营性用地,不按法律规定向政府上缴土地收益;改变用地条件需补交地价款而不补交,以及非法批准减免补交地价款;未达到法律规定和合同约定的投资开发条件,擅自转让国有土地使用权并得到相关行政部门批准;贪污、挪用土地出让金、租金等土地收益;不按规定公布国有土地使用权出让计划或者协议出让结果;确定出让底价时未经集体决策;泄露出让底价;低于协议出让、最低价出让国有土地使用权;擅自减免国有土地使用权出让金;擅自简化土地转让流程,致使国家税收遭受损失;审批权的不当行使;通过转让房屋所有权,变相低价转让土地使用权。①

第三节　建立自然资源和环境产权制度的基本理论依据

　　自然环境、自然资源是一个结构复杂的生态系统,牵系人类社会生存、发展,是一种很特殊的生产资料、生活资料,具有极强的外部效应,个人、企业、国家,任何一个利益主体的经济活动都会给其他利益主体带来或有利或不利的影响,因此,我们必须根据科学发展观有关统筹人与自然和谐相处、和谐发展的要求,建立健全有利于维护自然资源和环境发展权,有利于自然资源得到合理开发利用,有利于维护和改善自然环境的资源环境产权制度。

一、自然资源和环境的特殊性及产权制度安排的特殊性

1. 自然资源和环境的特殊性

自然资源和环境的特殊性主要表现在以下几个方面。其一,对人类生存发展的极端重要性。土地、矿产、水、森林、草原等自然资源是地球上一切生命赖以生存的物质载体、必不可少的基本物质条件。其二,与环境

---

① 参见王圣志:《土地管理案件频发背后》,《河南日报》2007 年 12 月 28 日。

的高度一体性。从自然科学意义上看,自然资源本身就是地球生态环境的重要组成部分,在生态系统中发挥着不可替代的作用。"生态系统本身就是在一定空间内,由生物群落与周围环境组成的自然体,它们通过物质环境和能量流动相互作用、相互依赖,共同组成整个地球生态系统的功能单位。"①自然资源是组成地球生态环境的重要物质基础,如水资源就是构成生态环境的重要因素,森林是陆地生态资源的主体,对自然资源的过度利用、不合理开发利用,都可能造成对生态资源的破坏,而且有的破坏具有不可修复性,这将危及人类健康乃至生存。其三,区域性。地球表面的自然资源分布是不平衡的,结构是不相同的,存在数量或质量上的显著地域差别,并有其特殊的分布规律。其四,稀缺性。自然资源可分成再生性资源、非再生性资源和恒定性资源三种。太阳能、风能、潮汐能基本是恒定性的,不过这种恒定性也是带有某种相对性质。土地、森林等再生性资源,可以重复使用,可以通过人工修整,营造使之复得和再生;至于各种金属和非金属矿产属非再生性资源,用一点少一点,一般均不能复得和再生。①相对于人类需求的无限性而言,可供给人类享用的自然资源总是有限的。特别是随着人类人口膨胀、工业化社会对资源的大规模开采利用,自然资源的稀缺性更加凸显。

2. 自然资源和环境产权制度的特殊性

自然资源和环境的特殊性,决定了它的产权制度安排不可能像一般物品的产权安排一样,完全套用市场经济的一般规则,在保持一般产权所具有的产权清晰、具有激励和约束功能的前提下,其产权安排必须体现特殊性。

其一,其产权制度安排至少应遵循三大原则。一要符合自然界的发展变化规律,任何产权设置都不能无视自然资源的结构布局、特点特性、运动规律。二要坚持生态效益优先。开发利用自然资源不可能像生产经营竞争性产品那样把追求经济利益放在第一位,而必须坚持生态效益优先,在开发利用资源的同时,保护好环境,维护如资源和环境的发展权。

---

① 参见张维庆等主编《人口、资源、环境与可持续发展干部读本》,浙江人民出版社,2004 年,第 191 页—192 页。

坚持经济效益、生态效益和社会效益的有机统一。三要坚持可持续发展。既要搞好当代社会的可持续发展，又要搞好代际之间的可持续发展，为子孙后代留下发展基础。

其二，在所有权设置上要充分考虑自然资源和环境的公共性、外部性。自然资源和环境是天然生成的，具有强烈的外部性，进而要求占有上的公共性而排斥私人性。就一个国家而言，一国的全体国民理应是自然资源的共同所有者。当然，由于自然资源的多杂性、多样性，客观上也要求自然资源的所有权安排是多层次的，如在土地、森林等资源方面，国家所有权和集体所有权的设置，但其目的必须有利于合理高效利用资源并有效监管控制自然资源的使用。而且，地球上乃至外层空间还存在许多自然资源，这些自然资源是大自然赐给全人类的共同财富，理应为全人类所共享。因此，在所有权设置上还必须充分考虑到国内所有权与国际所有权的衔接。由于自然环境的强烈外部性，如阳光、空气、气候、水环境的外部性，任何个人都不可能将自然环境据为己有。自然环境是全人类生存发展共需的必备条件，它的特殊性不仅使它不可能为私人所拥有，而且也不可能为一国所独自拥有。环境是全世界全人类的，环境必须为全人类所共有。

其三，在使用权设置上要进行严格限制。要充分考虑自然资源和环境的特殊性、相关性，对自然资源的使用用途进行严格控制。同一种自然资源往往具有多种用途，不同的用途所产生的外部性大有不同，因此要对自然资源的某些用途加以限制，严格禁止严重污染环境、破坏生态平衡的生产经营行为，维护好资源和环境的发展权。

二、构建以所有权公有为基础的多层次、复合式的产权结构

由于自然资源和环境的特殊性、复杂性和极端重要性，我们必须建立以所有权公有为基础的多层次、复合式的产权结构。

1. 自然资源和环境应以所有权公有为基础

大自然赐给人类的自然资源及其自然环境是人类赖以生存、生活、生产、发展的基础，具有强烈的外部效应和生态效应，这种自然资源和环境

的所有权绝对不适合私有化。

自然资源所有权私有,不可避免地会导致对他人生存权、发展权的侵害,而生存权、发展权是人类社会最基本的人权。由于自然资源的唯一性,私有制必然产生私人垄断,而私人垄断自然资源,将会剥夺他人公平享用自然资源和环境的权利。

自然资源所有权私有,不可避免地会导致"私地悲剧"。私有产权主体往往是"短视"的,为了追逐利润,他们会滥采滥伐,不顾生态效益和社会效益,从而带来极大的外部负效应;面对大规模的、长期的造福于他人和后代的生态项目建设,私有产权主体既缺乏利润驱动,不愿经营,同时它又受私人资本力量的限制也无力经营;面对众多的私有产权主体,政府对私有产权主体的生产经营活动的监管不仅成本高昂,而且会难以监管。

自然资源所有权私有,不可避免地会导致严重的社会分配不公。自然资源若为少数富人所拥有,少数富人会因为垄断自然资源而获取巨额垄断利润,绝大多数人则将沦为佣工和贫困者。而巨大的分配不公必将导致持续性的周期性的社会动乱。中国历史上为争夺土地等自然资源经常爆发的农民起义和农民战争,就是例证。

2. 构建多层次、复合式的自然资源和环境产权制度体系

很显然,要把自然资源和环境所有权私有化是不可能也不现实的。我们必须在所有权公有的基础上,构建国际社会、国家、中央政府、地方政府、集体、企业、私人等多层次、复合式的资源和环境产权制度结构体系。我们强调自然资源和环境的公有制,并不是要回到过去计划经济时代,而是要在坚持以所有权公有为基础的前提下,探索并建立既能适应市场经济要求、有利于资源优化配置,又能保证资源可持续开发利用、环境不断得到改善,保证资源收益得到公平分配的自然资源和环境产权制度体系。

其一,要形成以公有产权为主体的多元产权结构。在所有权上,要实行国有制,辅以集体所有制。关于土地、矿藏、森林、河流、海洋国土资源,基本实行国家所有制,必要的情况下可实行集体所有。所谓必要的情况下,即根据自然资源的特性和社会发展的实际需要,对不适合国有的某些自然资源可实行集体所有,如当前的农村土地,部分森林等。而且为了保

证国家所有权的有效行使,还要详细界定中央政府与地方政府之间以及各地方政府之间的责权利关系,如中央政府与地方政府以及地方政府之间在矿产资源开发中的责权利、在大江大河治理中的责权利、在保护环境方面的责权利等。在资源的使用权上,可引入国有、集体、私人等多元产权,如农民个体可以获得土地承包经营权,林农可获得林地承包经营权,私营矿主可获得某种矿产的开采权,私营业主可获得在公河上的营运权、渔业权等等,从而形成国家产权、中央政府产权、地方政府产权、集体产权、企业产权、私人产权等多层次、复合式的产权结构,也就是说国家、中央政府、地方政府、农村集体、农民、不同所有制企业乃至公民个体,都将作为不同的产权主体,在明晰的产权激励和约束中融入到自然资源的开发利用和环境的保护之中。

其二,要搞好国内产权制度与国际规则的对接。经济全球化时代,资源和环境问题,特别是环境问题,已不是一国一地的问题,而是全球性问题。从自然资源的开发利用角度讲,经济全球化要求资源在全球范围内的配置利用,如何更好地利用好“两种资源、两个市场”,需要我们本着“共赢互利”的原则,制定更加开放的产权制度;随着科技发展,许多自然资源的有用性不断被发现,各国对自然资源的争夺日趋激烈,如何和平开发利用北极资源、南极资源、国际海洋资源、太空资源,这牵涉到国际社会能否制定一系列合理规则,正确处理国家利益与国际社会利益、国家与国家、国家主权与自然资源产权等关系。就环境保护角度讲,如何防止臭氧层破坏、全球气候变暖,如何保护好地球环境,需要各个国家和地区的密切合作和共同努力。中国作为一个发展中的大国,一定要积极参与国际社会有关资源利用和环境保护方面的规则制定,搞好国内产权制度与国际规则的对接,在和平利用开发地球自然资源、跨国自然资源、太空自然资源,有效保护地球环境方面,尽到应有的职责,做出应有贡献。

三、改革和创新我国自然资源和环境产权制度改革的若干对策建议

1. 要进一步明晰所有权权能、权责、权益。其一,要清晰界定国家所

有权与集体所有权的界限,防止集体所有权为国家所有权所侵蚀;特别是要明晰农村集体所有权的权能、权益、施权主体、施权范围及相应的责任和收益权;要明晰地上资源所有权与地下资源所有权、地面资源所有权与空中资源所有权之间的权属关系。其二,要清晰界定中央政府与地方政府以及地方政府间在行使所有权过程中的权责利关系。各级政府是土地、矿藏等自然资源的实际占有者、重要管理者,是国家所有权的实际行使者。要明确界定中央政府与地方政府以及地方政府间在资源开发利用、资源保护监管、环境保护中的权责利关系。

2. 要及时设置环境产权制度。环境为全民所有、全民使用,任何政府、企业、个人都享有使用环境的权利,同时也负有爱护环境、保护环境、建设环境的责任。为利用经济和法律杠杆保护和发展环境,应按照"环境有价"的理念,建立现代环境产权制度,特别是产权界定和交易制度,来规范、约束不同利益主体的环境行为。笔者非常同意有专家建议制定的"三项制度安排"①:一是凡为创造良好的环境作出贡献的地区、企业或个人,应获得环境产权的收益;二是凡享受了环境外部经济的地区、企业或个人,应向环境产权所有者支付相应的费用;三是凡对环境造成损害的地区、企业或个人,应作出相应的经济赔偿。关键是要确立相应的环境产权利益补偿机制,包括环境外部经济的贡献者和受益者之间直接的"横向利益补偿机制"以及以国家为主体的间接的"纵向利益补偿机制"。

3. 要清晰界定并放活使用权。自然资源的使用是单位或者个人依法对国家所有的或者集体所有的自然资源进行实际利用并取得相应利益的权利。依自然资源类别的不同,目前我国法律、法规、规章主要建立了土地资源使用权(包括国有土地使用权、集体建设用地使用权、农民承包经营权等)、国有矿产资源使用权(包括探矿权和采矿权)、海域使用权、草原资源使用权、森林资源使用权、水资源使用权、野生动植物资源使用

---

① 参见常修泽:《关键在资源环境产权制度》,《瞭望》2007 年第 20 期。

权等自然资源使用权制度。①

在实践中要注意如下几个问题：

一要清晰界定使用权的边界，防止侵权行为的发生。例如，农民拥有对承包土地的使用权，但农民也负有保养耕地、按规定使用耕地、不得随意撂荒耕地、不得随意改变耕地用途、不得因使用承包地而影响他人承包地使用的责任；企业拥有矿产探矿权、开采权，但必须符合有关资质规定，不得随意倒卖探矿权、采矿权，不得在开采矿产过程中随意破坏环境、侵害国家和其他利益主体如当地居民的权益等。二要保持承包土地、林地使用权的长久稳定。土地、林地、草地的承包经营权期限设置要符合自然经济的发展规律。要适当延长承包土地、林地使用权期限，使之与资源开发利用的经济周期相匹配。要保持相关法律、政策的稳定，尽量避免在使用权期限内的频繁调整。三要细化使用权所属的各项权能。在深化农村土地制度改革中，要通过强化土地承包权的物权性质，细化承包权、经营权、转包权、转让权、入股权、租赁权、抵押权、处分权、收益权等各项权能、权责、权益，以此推动土地规范流转、规模经营。目前，集体林权制度改革是农村生产关系又一重大变革，我们必须把握改革的中心内容。其一，要以"明晰产权"为核心。要在坚持集体林地所有权不变的情况下，明确界定林地承包经营权和林木所有权，并将林地承包经营权和林木所有权落实到本集体经济组织的农户，确立农民的市场主体地位。对不宜实行家庭承包经营的林地，依法经集体经济组织成员同意，可以通过均股、均利等其他方式落实产权。林地的承包期为 70 年。承包期满后可以按照国家有关规定继续承包。其二，要放活使用权。首先是放活经营权，对商品林，林农可依法自主决定经营方向和经营模式，生产的木材自主销售。其次，要落实处置权，在不改变林地用途的前提下，林农可依法对拥有的林地承包经营权和林木所有权进行转包、出租、转让、入股、抵押或作为出资、合作条件，对其承包的林地、林木可依法开发利用。最后，要保障收益

---

① 参见张维庆等主编《人口、资源、环境与可持续发展干部读本》，浙江人民出版社，2004 年，第 274—275 页。

权,切实维护林农的合法权益,保障林农的合法收益。其三,要因地制宜,确保林业的生态效益。

四要加强对使用权监管。对于选择性用途比较多的资源,为了避免使用者擅自改变其主要的使用功能,应该实行用途管制制度。但除了必要的用途管制以外,不得以任何行政、强制手段干涉生产经营者合法的生产经营活动。要建立健全自然资源开发利用规划制度、许可制度、审批制度、登记制度、有偿使用制度,对自然资源和环境实行最严格的保护。

五要引入多元化的使用权主体,打破使用权垄断。自然资源的使用权主体比所有权主体广泛得多,几乎任何企业、个人都可以成为使用权主体。尤其对矿产资源等国有企业垄断使用权的领域,有必要引入民营企业、外资企业等多元化的产权主体,参与市场竞争,以避免资源"占而不用",提高资源配置效率。

六要拓宽使用权的取得途径。除了划拨、承包经营、颁发许可证外,还可以采取租赁、招标、拍卖、合资、合作、入股等多种形式取得使用权。①

4. 要公平调整和确保不同产权主体的收益权。在产权权利束中,所有权、使用权、转让权等诸权利都是和收益权相联系的,即存在所有权收益、使用权收益、转让权收益等。判断收益权界定是否合理的标准,就是对资源平均收益影响更大的一方取得剩余的份额也更大。资源的开发利用是不同产权主体共同参与、协作完成的,只有按照不同产权主体在资源开发利用中所占地位、所起作用、实际贡献而做出相对公平的收益安排,才能充分调动不同产权主体的积极性、能动性,使资源获得最优配置,获得高效而合理的开发利用。从实际的角度看,我国自然资源产权收益中存在着国有产权收益流失、央地利益关系不协调、少数资源垄断行业收益过高等问题,为此,需要在以下几个方面做出努力。一要科学界定国有资源收益权的公共利益所得及分配关系,克服实际存在的公共利益蜕变为部门化、单位化和权力者私人化倾向。二要完善国家宏观层面与资源属

---

① 参见谢地:《论我国自然资源产权制度改革》,《河南社会科学》2006 年第 5 期。

地的"利益分享机制",调整央地利益关系。重点是要实现各级财政之间合理的资源收益分配。三要通过"成本还原"构造资源价格完全成本,调节利益分配格局。要改革资源定价制度,使资源价格能较合理地反映资源成本,特别是要反映环境治理成本。四要加快推进资源价格形成的市场化进程,进一步扩大招标、拍卖和挂牌等市场竞争性出让资源方式的使用范围。① 五要确保农民的土地收益权。目前各级政府对土地的征用往往是抵偿的。要改革征地制度,严格界定公益性和建设性用地,逐步缩小征地范围;国家在土地征用过程中,必须确保农民的收益权,给予失地农民应有的补偿。

5. 要建立健全严格规范的产权交易制度。要设立相应的转让权安排,扩大转让权所涉及的资源范围。放松对转让权的过多限制。要建立完善的产权交易市场。要加快相关法律制度建设,规范转让程序,加强转让管理。同时,认真做好产权交易的各项服务工作,如资源资产评估,及时办理使用权证核发与权属变更登记手续等。

6. 要建立和完善资源和环境产权保护制度。要健全和完善有关资源产权的法律法规:要适时修订和完善已有的有关自然资源开发利用和环境保护的法律法规,及时出台有关法律《国有自然资源性资产管理法》、《环境产权法》、《循环经济法》、《海洋开发利用法》等,进一步明确、细化不同利益主体在资源开发利用和环境保护中的权责利关系。要加强对所有者权益的保护:要通过健全法律和制度严格对国有自然资源产权和环境产权的保护。对在生产经营过程中,侵吞国有资产收益,导致国有资产流失,严重破坏生态环境的行为要依法进行制裁和坚决打击。要加强对使用权的保护:整个社会必须形成这样一种理念和行为规范,任何组织和个人在依法取得国有资源和集体土地的使用权后,在法定期限内应视其为法人和个人的合法财产而得到尊重和保护。国家不得随意收回资源的使用权(包括改变资源的使用方向)。如遇某些特殊情况拟收回国有资源使用权的,务必将此类行为严格限制在公共利益范围之内。即便

---

① 参见常修泽:《关键在资源环境产权制度》,《瞭望》2007 年第 20 期。

国家出于公共利益的需求确实需要调整资源使用权的,也不应以非经济手段强行操作,而应实行"征购"(包括农民的土地)。在国家需要调整资源使用权和征购时,要完善有关程序,利用公告、协调、申诉和仲裁等机制,保障资源现有支配者(特别是农民)有充分的知情权、参与权和决策权。① 要及时处理产权纠纷:对在资源开发利用的实际过程中发生的产权纠纷,行政执法部门和有关司法部门要及时处理、及时办案,依法惩治侵权行为,切实维护国家、企业、个人等不同产权主体的合法权益。

---

① 参见常修泽:《资源环境产权制度背景不容忽视》,《社会科学报》2007 年 6 月 7 日。

第四章　构建有中国特色的
国有企业制度

　　如何对国有企业进行改革,如何构建有中国特色的国有企业制度,是改革开放以来理论界、思想界、实践界争议最多、争议最大的问题之一。综合而言,争议主要反映在相互对立的两种观点上。一种观点是主张国有企业应该转变成市场竞争主体,不论是非竞争性行业,还是竞争性行业,都应该保留国有企业,因为国有企业是公有制企业,是以公有制为主体的主要实现形式,如果国有企业都从竞争领域退出,那么,公有制的主体地位将无从谈起,中国的社会性质将同资本主义国家一样没有什么本质区别。另一种观点是认为,国有企业只能是特殊企业,执行特殊社会职能,如提供私营企业不愿提供或无力提供的公共产品,作为国家宏观调控的工具执行国家的经济政策等,因而,国有企业不应该成为市场竞争主体,应该从竞争性领域完全退出。时至今日,这种争议并未完全停止,还在继续影响着国有企业改革的深化。我们必须从理论上搞清在市场经济条件下国有企业的性质、职能,进而理顺深化国企改革的思路对策。

第一节　深化国有企业改革的方向和目标

　　只有明确了我国国有企业改革的方向和目标,我们才能理顺改革的思路,选择最佳最有效的改革路径。

一、西方市场经济国家国有企业的特殊职能

国有企业的开办目的及其所担负的角色使命,决定着国有企业存在和发展的意义及其国家直接投资的方向、重点和规模。正如许多学者所论述的那样,在现代市场经济条件下,由于国有企业存在的多层委托代理关系、"经济人"动力缺失、不可能完全割断与政府的关系等多种原因,使它不可能成为市场经济中广泛而普遍存在的市场竞争主体,因而国有企业确实是一种特殊企业,执行着特殊职能,扮演着特殊角色。综观和纵观西方现代市场经济国家设立国有企业的目的,无非主要有三:一是财政性目的,即扩大财源以满足国家机关活动经费和国家机器运转费用;二是政治性目的,即为了维护和巩固国家政权,抵御外敌入侵或对外侵略,由国家控制某些经济要害部门;三是经济性目的,即通过国家直接投资经营,调节社会经济结构和运行,促进社会经济协调、稳定运行。就现代西方市场经济国家设立国有企业的历史和经验看,国有企业则主要承担着三种具体职能:一是提供公共产品职能。由于市场失灵,无法提供公共产品,因而必须由国家进行投资设置国有企业和事业单位,为社会提供公共产品和公共服务。二是宏观调控职能。国家为了保证宏观调控的有效性,除了运用利率、税收、价格等经济杠杆和法律手段进行宏观调控外,还通过设置国有企业作为调控工具进行宏观调控,服从政府的经济政策目标,平抑经济波动,保持经济平稳运行。三是宏观经济发展战略职能。一些国家为了在特定时期实现特定的经济发展战略目标,投资设立国有企业,主导和带动特别产业和产品的发展。

由于国有企业在现代市场经济运行中有着不可或缺的功能作用,因而,在国民经济中必须保持一定的国有经济,设置一定比例的国有企业。这可以看作现代市场经济发展的一个客观规律。由于各国国情不同,发展阶段、发展模式和发展战略不同,价值目标和价值追求不同,因而设立国有企业的数量、比例会有所不同,因而才形成了不同的市场经济模式,如美国的消费者导向型市场经济模式、德国的社会市场经济模式、日本的政府主导型市场经济模式、法国的计划指导的市场经济模式、加拿大的国

家干预的市场经济模式、瑞典的社会福利型市场经济模式。尽管国有经济比例不同，市场经济模式不同，但必须保持一定比例的国有企业却是相同的，而且这些国有企业的设置必须首先保证提供公共产品、有利于国家宏观调控的需要。其一，西方市场经济国家都设置一定比例的国有企业。尽管从总体上来说，美国的国有经济不算发达，如联邦政府经营管理的80多个企业，产值在美国经济中仅占1%。但在科学技术研究、基础设施和公用事业方面国家却发挥着重要作用。二次大战后美国政府在科学技术研究方面的财政拨款迅速增加，1954—1976年，国家用于科学技术研究方面的投资占全国科技研究费用的2/3，其中对尖端科学技术研究的投资占80%—90%。1991年，法国国家参股的企业共有2268家，其中国家全部拥股和拥股50%以上的企业108家，从业人员达130万人，占全国就业人数的7%，国有企业的总产值占国内总产值的18%，企业投资占全国投资额的25%。2001年，瑞典共有国有企业59家，其中国有独资公司45家。国有企业的产出占GDP中的比重约为7%，雇员人数240000人，占全国就业人数的5%。其二，国有资产主要投资于公共产品、基础产业和支柱产业。西方国家依然存在的国有企业大致分为两类。一类是国家管理并起稳定国民经济作用的政治工具。它们的存在不是追求最大盈利，而是维护公共利益。这一类西方国家国有企业形成的主要途径是政府直接投资和国有化。政府直接投资兴办的企业主要集中在交通运输、邮政通讯、钢铁、电力等基础设施和基础产业部门，以及原子能、航天等高科技和新兴产业部门。另一类是国家参股或控股的企业，在市场竞争中自主经营。这一类企业属于国家持股参与的形式，在这种公私合营企业中，国家虽然是一个普通股东，但在许多情况下，政府会成为企业的实际控制者。其三，国有经济的比例结构是随着历史的发展变化不断调整的。二次世界大战后，特别是20世纪50年代，西方一些资本主义国家出现了一次国有化浪潮，国有经济比例有所上升。而到70年代末80年代初，西方国家又出现了一次私有化浪潮。而2008年在美国发生进而影响全球的金融危机，又促使美国、英国等政府把一些私人金融企业收归国有。这说明，市场经济条件下国有经济不存在一个统一的、绝对不变的比例结构。

二、市场经济条件下我国国有企业的职能定位

现代市场经济需要一定数量的国有企业,国有企业作为特殊企业承担着提供公共产品、服务宏观调控、实现政府政策等特殊职能。我国要建立市场经济体制,大力发展市场经济,因此我国国有企业也必须执行这些特殊职能,这是现代市场经济发展的客观规律和必然要求。同时,我国是实行以公有制为主体、多种所有制经济共同发展的社会主义国家,因此,我国的国有企业还要执行比这些特殊职能更特殊的一些职能,也就是说,我国国有企业既具有西方国家国有企业普遍具有的特殊职能,又具有西方国家所不具有的特殊职能,这正是社会主义市场经济与西方资本主义市场经济的主要区别之所在。结合我国的具体国情,我国国有企业作为以公有制为主体的宏观实现形式和主要实现形式,除了具有西方市场经济国家国有企业所具有的共同的特殊功能外,还具有作为公有制实现形式为社会主义价值目标服务的特殊功能。这种特殊功能可以从以下两方面功能反映出来。一是特殊政治功能。在国家所有制与人民民主政权之间存在着一定内在联系。只有当国有制占有关系国计民生的重要生产资料,进而在关系国计民生的关键产业和行业中起支配和主导作用,从而使私有制经济不至于导致少数富人阶层形成强大的社会力量以主导社会、控制国家的时候,我们的国家政权才有可能代表最大多数人的利益而保持人民民主政治。我国国有企业在经济中的重要地位排除了私有资本操纵国家政权的可能,因而国家可以代表广大人民的利益并执行广大人民的意志。我国的国有企业也执行特殊职能,但这种特殊职能是为实现社会主义价值目标服务的,因而我国国有企业是以公有制为主体的重要和主要的实现形式。[①] 二是分配调节功能。国有企业作为以公有制为主体的实现形式,对限制剥削、限制贫富两极分化,实现按劳分配的主体地位,

---

① 参见李太森、林效远:《所有制原理与当代中国所有制改革》,红旗出版社,2003 年,第 204~205 页。

实现共同富裕有着特殊功能。① 正如邓小平所论述的："只要我国经济中公有制占主体地位,就可以避免两极分化。"②

值得引起注意的是,在市场经济条件下,国有企业作为公有制实现形式的特殊功能作用的发挥是受一定前提条件制约的,超过了一定条件,它也可能会走向事物的反面。这种前提条件的制约主要表现在:其一,国有企业的存在不能代替以追求利润最大化为目标的众多非国有企业的普遍存在。在市场经济条件下,市场机制对资源配置起着基础作用。如果说在宏观经济运行中,国有企业作为宏观调控的有效载体对资源配置有特殊功能的话,那么,在微观经济运行中,大量非国有的民营私营企业则是市场配置资源的有效载体。市场经济正是通过这些企业的广泛存在以及优胜劣汰的竞争而在资源配置中发挥基础作用的。没有这些企业的广泛存在和激烈竞争,也就没有真正的市场经济,也就谈不上资源的优化配置、高效利用,因此国有企业功能作用的发挥必须遵从市场经济的基本规律。其二,国有企业特殊功能的发挥不能以牺牲整个社会经济的发展效率为代价。在计划经济的理论设计中,国有企业作为普遍的企业制度存在于各种生产领域,承担着创造和发展生产力、创造社会财富等多种功能,而在市场经济框架中,生产力的创造和发展,大量社会财富的提供是由而且只能由国有企业和其他众多的非国有企业共同来完成,非国有企业因具有国有企业所不具有的优势而获得存在的合理性,并在经济发展中承担着重要作用,这种作用是不可相互替代的。比如,在市场经济条件下,众多的非公共产品由非国有企业提供,将比国有企业更富有效率。因此,在国有企业发挥特殊功能作用时,尤其是在发挥分配调节作用时,决不能以限制和取代非国有企业的合理的生产经营为代价。非国有企业已经是而且必然是国民财富的重要创造者,如果说国有企业的存在影响和制约着社会剩余分配的格局和性质的话,非国有企业的存在则直接决定

---

① 参见李太淼、林效远:《所有制原理与当代中国所有制改革》,红旗出版社 2003 年版,第 205～206 页。

② 《邓小平文选》第 3 卷,人民出版社 1993 年版,第 149 页。

着可用于分配的社会剩余分配的多寡。因此,国有企业特殊功能的发挥有赖于非国有企业的发展和效率。如果为发挥国有企业的特殊功能而限制众多非国有企业积极性、能动性、创造性的发挥,从而影响了整个社会的经济发展效率的话,就从根本上偏离了社会主义价值目标,偏离了广大人民的根本利益。

三、深化我国国有企业改革的方向和目标

通过上述分析可知,在市场经济(包括社会主义市场经济)中,国有企业只能是特殊企业,承担特殊功能,国有企业可以是关键性的,但绝不是普遍性的,"少而精"是国有企业的理想状态。经过 30 多年的理论探索和实践检验,深化国有企业改革的方向越来越明确,即将国有企业定位于特殊企业的地位,以其特殊的优越性,承担特殊的职能,实现一定的社会目标,而让经济活动的普遍性职能(实现一般经济目标)归由一般的(非国有)企业去承担。①

明确了我国国有企业的特殊职能定位,明确了我国国有企业的改革方向,也就明确了我国国有企业改革的总目标:巩固和提高国有经济的控制力、影响力、带动力。围绕这一总目标,结合我国国有企业结构和布局现状,深化国有企业改革应该围绕三个具体目标而展开。

一是坚持"有进有退、退而有序、进而有为"的原则继续调整和优化国有经济的结构布局,不断优化国有经济的产业结构、技术结构、组织结构、产权结构,增强国有经济活力、控制力、影响力。

二是按照企业性质、功能分类,对企业进行分类改革。有专家分析认为,我国国有企业这些年的改革,实际上是走了一条分类改革的路子。在分类改革中,根据国有企业的职能定位来推进政企分开是十分重要的。关于国有企业的分类有多种方式。一般而言,按照是否适合开展竞争而言,分为竞争性和非竞争性两类。竞争性和非竞争性的国有企业在国民经济中的地位和职能是不同的。竞争性领域的国有企业应当是追求利润

① 参见金碚:《国有企业是特殊企业》,《求是·内部文稿》2002 年第 9 期。

最大化的市场主体。非竞争性领域的国有企业在很大程度上还是政府用来调节国民经济和社会发展的政策工具,是政府宏观调控和社会管理的工具之一。① 这一观点对我们很有启发。根据我国国有企业的特殊职能,结合我国国有企业目前的实际状况和经济社会发展需要,我国的国有企业不可能也不应该完全退出竞争领域,但在竞争领域的国有企业必须有所限制,必须发挥主导作用。

　　参照国际经验,我国的国有企业应该细分为垄断型和竞争主导型两类企业。所谓垄断型国有企业,主要是指提供公共产品类的企业。大约包括特殊性的、自然垄断性的、福利性的企业。特殊性是指与军事、政治有联系;自然垄断性是指资源极少或这种资源需要国家垄断;福利性是指具有福利性质的公共产品,支持社会和经济正常运转。这些企业不能以盈利最大化为主要目标,而必须以社会效益最大化、社会福利最大化为目标。这类企业总起来看分布在基础设施、自然垄断和社会安全等领域。竞争主导型国有企业是指存在于基础性产业、支柱性产业和先导性产业中的大中型国有企业。这些企业中的骨干企业往往占据着国民经济的命脉,在市场竞争和经济发展中发挥着主导作用。但这种主导作用不是通过产业和行业垄断实现的,而是通过积极参与市场竞争而实现的。

　　由于这两类企业性质、功能不尽相同,因而改革的路径和目标也不尽相同。垄断类行业由于处于不完全竞争市场之中,而且不能以盈利最大化为目标,而应以社会效益最大化、社会福利最大化为目标,因而这类企业不可能改革成为"四自"的市场竞争主体,不可能实现完全的政资分开、政企分开。非竞争性领域的国有企业,由于要担负部分国家宏观调控和社会管理职能,因而在推进其改革时,要求完全的政企分开是不现实的。虽然这些企业具体的生产经营过程,也应当主要由企业来完成,也要有一定的经营自主权,但政府还要保留部分管理企业事务的权力。在这

---

　　① 参见侯孝国、高文勇:《国企改革三十年实践经验与理论创新》,《国有资产管理》2008 年第 4 期。

里,政企分开不是要求政府管理目标与企业目标、政府行为与企业行为的完全分开,而仅仅是有关管理事项的分开。① 因此,必须在明晰产权、适当引入竞争机制的基础上对这类企业的投入产出、价格、工资、福利待遇以及人事安排等实行严格的"标准化"管理。而竞争主导型企业,处于完全的竞争市场之中。从市场角度看,这类企业是竞争性主体,以赢利最大化为目标;从国民经济结构角度看,这类企业是能动的主导性力量。因此,对这类企业的改革,是依据现代企业制度要求,进行规范的公司制改造,把这类企业改造成完全"四自"的市场经济主体。其基本思路是:把这类企业改组成国家控股、持股的有限责任公司和股份有限公司,实行较彻底的政企分开和两权分离,落实企业独立的法人财产权,使这些企业完全在市场机制中运行。在骨干企业中,国有资产虽在其中居控股地位,但仍是平等的出资者,是多元投资主体之一,除要求资产的保值增值外,一般不再体现政策性、社会性功能,其对国民经济的主导作用也是通过企业规范的市场行为实现的。

三是要深化国有资产管理体制改革。既然国有企业分为性质、功能不同的两类企业,那么对国有资产的管理也就应该分类管理,这可能是以后管理体制改革的一个重点和难点。

第二节　深化国有企业改革的主要措施

由于垄断类和竞争主导类国有企业性质、功能不尽相同,在整个市场经济中所扮演的角色不同,发挥作用的方式不同,所处的竞争环境不同,因而,对垄断类和竞争主导类国有企业,要区别对待,区别改革。

一、深化竞争主导类国有企业改革

竞争主导类国有企业,一般存在于支柱产业、高新技术产业,它与其

---

① 参见侯孝国、高文勇:《国企改革三十年实践经验与理论创新》,《国有资产管理》2008 年第 4 期。

他非国有企业是平等的市场竞争主体,因而其改革的目标是按照现代产权制度和现代企业制度要求,把这些企业改造成为适应优胜劣汰要求、真正具有"四自"能力的市场竞争主体。

1. 要使股份制成为竞争主导类国有企业的主要组织方式

党的十六届三中全会突破了把公有制主要实现形式定位于国有经济和集体经济的传统观点,明确提出,要"大力发展国有资本、集体资本和非公有资本等参股的混合所有制经济,实现投资主体多元化,使股份制成为公有制的主要实现形式。""使股份制成为公有制的主要实现形式",这一新观点的提出,不仅具有重大的理论创新意义,而且具有重要的实践指导意义。党的十七大报告在论述完善基本经济制度时,提出要深化国有企业公司制股份制改革,健全现代企业制度。这为我们进一步深化国企改革指明了方向。

股份制是现代企业制度的主要组织载体;是实现出资者所有权和法人财产权分离,使企业成为市场主体和法人实体的组织形式;是放大国有资本功能、在市场经济条件下保持国有经济控制力的组织手段;是在市场经济条件下,有效处理公有经济与私有经济关系,保持公有经济活力的资本运作措施;是打破传统公有企业凝滞、僵化的产权结构,实现公有产权高效流动,资产优化组合的组织保障;是建立法人治理结构,形成与市场经济相适应的企业经营机制的组织基础。因此,股份制应该成为竞争主导类国有企业的主要组织形式。

2. 要深化国有企业产权制度改革

要大力发展国有资本、集体资本和非公有资本等参股的混合所有制经济,实现投资主体多元化。在市场经济条件下,国有独资企业,只能是极少数具有特殊功能的企业,股份制应该成为我国国有企业和集体企业普遍采取的资本组织形式。而且更为重要的是,在公有企业实行股份制实践中,要努力实现投资主体多元化。股权多元化是构建有效公司治理结构的产权基础。公司股权结构的性质对公司治理结构的运行有着重大影响。股权合理配置对于强化产权约束,在股东大会、董事会和经理人员之间形成紧密的而不是松散的、制度的而不是人为的、相互制衡的信任托管和委托代理关系与责权利链条非常关键。我国有些国有企业在改制中出现"内部人控制"、"股东大会形同虚设"或"政企难以真正分开"等现象的一个重要原因便是股权结构单一。应合理构造公司股权多元化结构,积极吸纳非公有资本,以弥补"国有股权代理"的先天不足,真正建立"产权清晰、政企分开、权责明确、管理科学"的现代企业制度。

3. 要搞好国有资本运营

要灵活运用股份制的运作机制,实现公有资本的合理进退、高效流动、保值增值。公有资本可以通过有限责任公司、股份有限公司等多种企业组织形式,通过控股、参股、合股等多种资本运作方式,进行股份制运作。需要由国有资本控股的企业,就要采取控股形式,而且应区别不同情况实行绝对控股或相对控股;需要由国有资本参股的企业,就要采取参股形式,允许私营资本和外资控股;根据市场竞争形势和成本效益原则,需要国有资本撤股的企业,就要适时退出。总之,要通过股份制运作,通过公有资本的有进有退、高效流动、合理重组,进一步推动国有资本更多地投向关系国家安全和国民经济命脉的重要行业和关键领域,进一步吸引民间资本和国际资本发展具有国际竞争力的大公司大企业集团,进一步放开搞活国有中小企业。

4. 进一步完善公司治理结构

公司法人治理结构是公司制的核心。要进一步完善公司治理结构,依法界定股东会、董事会、监事会和经理层的职责,形成较为完善的权责明确、各负其责、协调运转、相互监督、有效制衡的公司法人治理结构,逐步形成企业决策权与执行权分开,董事会聘任、考核、奖惩经营管理者的机制。"董事会制度"是法人治理结构的核心。要进一步探索并搞好"董事会制度"建设:要明确并规范董事会的职责,正确处理董事会、监事会、股东会之间的关系;要认真选择董事会成员,尤其是慎重选择董事长;要进一步拓宽外部董事来源渠道,创新董事选聘机制,真正改变"独立董事"不"独立"、"外部董事"不"懂事"的现状;要进一步创新职工董事制度,充分发挥职工董事和职代会的作用。要继续探索建立市场化的国有企业经营管理者管理制度,加大面向社会招聘力度,逐步实行全面的契约化管理。要继续探索监事会制度建设,真正发挥监事会的监督作用。要理顺新老三会的关系,以新三会为治理结构基本框架,合理规范老三会的权能,改进其活动方式。要特别注意职工在治理结构中的应有地位,要在加强职工董事、监事制度建设的同时,积极探索新时期职代会、工会建设的路子,在保证职工有效参与公司治理的同时,有效维护职工的合法权益。

在进行上述几项改革的同时,我们还必须进一步深化企业内部劳动、人事、分配"三项制度"改革,必须搞好主辅分离、再就业辅导、社会保障等配套改革。

二、深化垄断行业国有企业改革

党的十七大报告明确提出,要深化垄断行业改革,引入竞争机制。垄断行业是我国国有经济最集中和控制力最强的领域。垄断行业中的主要大型骨干企业几乎都是国有企业,并又都是中央企业。当前和今后一段时间,垄断行业改革既是国有企业改革的重点,又是改革的难点,是一场真正的改革攻坚战。

1. 西方市场经济国家对国有企业的管理

长期以来,我们一直把建立"四自"主体作为所有国企改革的方向,实践证明,这种思路是不正确的。垄断类国有企业因其所具有的特殊地位、特殊职能,不可能也不能转变为"四自"主体,因此对垄断类国企改革必须要有新思路。西方国家根据国有企业的不同职能对企业的产权设置、人事任免、生产经营、工资福利实行不同的管理模式。

(1)产权和人事管理。大多数西方发达国家采取派代表参加国有企业董事会和监事会的方式加强国有产权管理。视企业重要程度及其与政府部门的关系不同,有的由财政部委派,有的由政府行业主管部门委派,有的由内阁总理委派。产权和人事管理方式主要有三种。

一是政府预算体制。各国基础设施和服务性部门的国有企业大都采取这种体制,如邮政、通讯、供水、供气、广播、电视等市政企业。这类企业大都按"公法"组建和经营,在财务上实行预算体制,即政府统收统支,盈亏由国家财政包干负责,政府对企业各方面进行严格控制和管理。在人事制度方面,基本上采用政府聘任制和委派制,企业的董事会成员及经理由政府主管部门任免,属于国家公务员序列,其工资待遇由政府严格规定。企业领导人的收入与企业经营成果无直接关系。英国政府对国有企业的监控首先是通过对企业董事会的控制实现的。英国国有企业主要是垄断性行业大公司,其董事会中的董事长、副董事长由主管大臣直接任命,其他成员也大都由主管大臣选拔,且都纳入国家公务员序列,其工资待遇按公务员标准由主管部长与财政部长协商确定。

二是准商业体制。这类企业按"商法"来组建和经营,政府对其管理不如前一类企业严格,企业要承担许多社会目标,但原则上应自负盈亏,政府只提供一定数量的开业资本。企业的董事会成员由政府任免,但经理人员由董事会选择和任免,个别大企业的总经理由董事会提名、上级核准,这类企业的高级管理人员在有些国家属于公务员序列,有些国家则不属于公务员。其工资待遇由上级和当事人协商确定。其收入与企业经营成果挂钩。如法国大多数国有企业属商法管理,政府通过选派代表参加企业董事会,任命董事长或决定董事长人选的提名,保证国家对国有企业的领导权。董事会成员不属于公务员。在国家控股100%或90%以上的企业里,董事长由国家直接任命;对部分控股的国营企业,董事长由股东大会选举产生。企业董事长在作出重大决策时,一般都要同政府有关部门磋商。如果董事长与政府发生严重的意见分歧,拒绝执行政府的意见,董事长可自动辞职,政府也可撤换董事长。

三是商业体制。西方国家的国有企业大多采用股份公司的组织形式,这类企业的建立严格按照"私法"组建。在这类企业中,国家的行政管理职能与资本管理职能和经营职能已基本分开。政府部门只是作为股东参与企业的经营和管理。企业的董事会成员和高级经理人员也非政府任免,而是由投资者组成的股东大会来确定。根据国家股权在企业所占比例大小,政府对这类企业的管理有很大差异:如政府股权超过50%,企业的决策权仍属政府;如民间资本超过50%以上,政府对企业的影响相对较小。德国的国有企业多是股份公司,按私法组建,像私人企业那样采取责任有限公司或股份公司的形式进行组织管理。政府通过企业监事会来实现对国有企业的领导,政府通过派驻监事会的政府代表控制监事会,政府代表的人数视政府参股的程度而定。监事会是企业的直接控制机构,董事会由监事会选出并受监事会监督。

关于国有企业领导人员的选任,各国有各国的标准和选人渠道,总的来说,有两种方式:一是从政府行政部门中产生,二是来自私营部门。

（2）生产经营、价格制定、工资福利管理。绝大多数西方国家对国有企业的经营目标、长远发展规划、投资方向和规模、借贷规模、价格制定、企业职工工资福利等都进行较严格的规制和监管。

如法国把国有企业分成垄断型和竞争型分别管理。政府对处于垄断地位的国有企业采取直接管理和间接管理相结合的方法,控制程度较高,管理比较严格,企业自主权相对较小。在投资方面,政府通过"经济与社会发展基金组织"每年确定一个投资额度,控制企业贷款规模。在价格方面,政府参照国际市场对垄断型企业的产品价格进行干预,防止随意提高价格。在分配方面,企业利润存留大部分用于生产发展,小部分用于职工福利和奖金,企业工资总额由政府控制。对竞争型的国有企业,政府很少干预,基本上无直接控制,企业处于同私人企业相同的平等竞争地位,不给予特殊照顾。[1]

日本国有企业的经营方式分为直接经营和间接经营两类。中央直接经营的企业有五种,日本称"五现业",即邮政、国有林和草原、印刷、造币、酒精专卖。同其他企业相比,中央对"五现业"的管理最直接,监督最严格,企业的经营自主权甚小。企业的利润全部上缴中央作为中央财政收入,若亏损则由中央给予补贴。除"五现业"之外,其余的公社、会团、事业团、公库等都是间接经营的企业。这些企业的盈余须用于积累和扩大再生产,若发生亏损,国家视情况予以一定的财政补贴。中央的每一个企业都是根据国家颁布的特殊法令建立起来的,所以每个企业经营的范围、承担的义务及责任都是以法律形式明确规定,不准随意扩大经营范

---

[1]　参见《吉林日报》2004 年 2 月 25 日。

围,更不允许转产。

瑞典政府把国有企业分为两类。一类是肩负着特殊的社会职能的国有企业。政府对这些国有企业的要求是以最小的成本完成其社会职能。政府不要求它们追求利润最大化,但要求它们不能减少价值。第二类是没有社会职能、完全在竞争性市场环境中运作的企业。政府要求它们必须追求利润最大化,经济增加值必须大于零。瑞典通过税收调节、投资基金调节和工资调节而对国有企业进行间接管理,政府规定工资增长幅度不能超过受国外竞争威胁的产业生产效率增长与国际市场价格上涨之和,即所谓的“斯堪的那维亚”模式。政府对工资上涨幅度的控制是通过谈判形成的。

在德国国有资产管理体制中,财政部处于核心地位。财政部负责审批国有企业的成立、解散、合并、股份购买与出售等重大资产经营决策措施,规定国有企业必须向政府提交资产经营计划,如销售、投资、财务、人事计划等,并以股东身份负责选聘联邦一级主要国有企业监事会成员,以及管理有关企业资金供给方面的事务。政府每年由财政部长主持召开一次联邦一级的国有企业管理部门会议,就国内经济状况、目标、存在的问题和财政政策进行总结报告,并就国有企业发展问题进行讨论。财政部主要通过监事会控制国有企业,虽然财政部不直接给企业下达指令,但通过监事会成员的任免、控制资金的投入以及对企业财务进行检查,对企业发展施加巨大影响。

美国也运用行政等手段管理国有企业。一是通过政府各部门的行政“指令”确定企业的投资指标,并给企业规定指导原则。二是通过经济手段,例如同企业签订生产合同,利用价格、补贴、税收、工资等经济杠杆,对企业的经济活动进行调节。三是实行财务监督,由国家派遣监督员或监督团,来确定国家对企业的利润分配以及亏损处置等方面的情况。国家在管理监督企业的同时,给企业以较大的自主权。

为了提高国有企业特别是垄断性质国有企业的运作效率和产出效益,上世纪 80 年代以后,日本、瑞典、新加坡和英国等都对国有企业的管理体制进行了较大幅度改革。美国、法国和德国等国在保持政府对国有企业管理特色的基础上,也探索了提高经济效率和促进企业发展的方法和途径。这些国家形成了几种定型的政府对国有企业的管理方式,主要有:德国的托管经营方式、法国的分类管理与计划合同方式、日本的国有民营方式、美国的出租经营方式、瑞典的分权管理方式、意大利的参与制方式等。① 管理方式的改革对提高企业经营绩效、更好地发挥国有经济的职能作用起到了积极作用。

西方市场经济国家对国有企业的管理方式对我国有一定启发、借鉴意义。

2. 深化我国垄断行业改革的重点措施

长期以来,我们一直把建立"四自"主体作为所有国企改革的方向,实践证明,这种思路是不正确的。垄断类国有企业因其所具有的特殊地位、特殊职能,不可能也不能转变为"四自"主体,因此对垄断类国企改革必须要有新思路。

(1)适当而积极地引入市场竞争机制。在目前我国的垄断领域,垄断型企业存在这样几种状况:一种是关系国家安全、国家经济命脉的领域确实需要垄断的,第二种是有些领域目前需要垄断而随着技术进步、市场规模扩大而会逐渐失去垄断必要性的,第三种是有些领域或生产经营环节目前就不需要垄断而需要引入市场竞争机制的。因此,我们必须认真分析现实中存在的垄断行为是行政垄断、还是自然垄断和经济垄断。明确反对和打破滥用行政垄断是我国垄断行业改革的一项重要任务。反对和打破滥用行政垄断,并不是不要行政垄断。根据我国《反垄断法》的规定,滥用行政垄断是指行政机关和法律、法规授权的具有管理公共事务职能的组织,滥用行政权力排除、限制竞争的种种行为和方式。反对和打破滥用行政垄断,需要进一步深化行政审批制度改革,依法、适时修改和完善行政审批制度和市场准入政策,力争打破"玻璃门"现象(指看得见,进不去,欲进就碰壁),赋予各种市场竞争主体应有的生产经营权利。对于经济垄断,要区分垄断结构和垄断行为,真正属于反垄断范围的对象,应

① 参见河南省国资委综合与政策法规处编:《学习参考资料》2004 年 8 月 3 日。

是搞垄断协议、滥用市场支配地位等垄断行为。对自然垄断必须区分自然垄断行业的自然垄断性业务与非自然垄断性业务。自然垄断性业务（如电力行业中的高压输电和低压配电等）具有网络性、规模经济、范围经济和普遍服务性特征，必须由国家统一经营；而非自然垄断性业务（如电力行业中的设备供应、电力生产和供应等）则可适当引入市场竞争机制以提高产出效率，改善服务质量。①

总体而言，可采取业务分拆、企业改制、合资合作、项目融资、特许经营、政府采购、工程招标、国有民营、签订合同、"标杆竞争"②等多种形式适当而积极地引入市场竞争机制，进一步放宽市场准入，鼓励和支持非公有资本进入基础设施、垄断行业、公用事业等领域。凡是国家没有明令禁止民营资本进入的行业、领域，都要向民营资本开放。对于需要统一规划布局的重要矿产资源，鼓励具有资质的非公有制企业参与招投标，平等取得探矿权、采矿权，对于实行专营专卖的商品，逐步建立特许经营权社会招投标制度。

当然，在适当引入市场竞争机制的同时，一定要警惕和防止某些人滥用"反垄断"的名义，干扰和破坏国有经济控制关系国家安全和国民经济命脉的重要行业和关键领域，一定要警惕和防止少数私人企业借助"经营特权"制造新的垄断，牟取暴利，损害社会公共福利。

（2）实施"标准化"管理。针对我国实际，借鉴国外经验，对垄断型国有企业可根据其垄断程度、经营目标采取国有独资、国有控股的公司制形式。政府对这类企业必须进行严格的控制，有关企业领导人选、产品价格、工资增长幅度等事项，政府必须进行必要干预。当然，这种控制绝不同于计划体制下的控制，而是在政府和企业间存在明确的产权关系及责权利关系状态下进行的。政府应从日常经营中退出来，授权于经营者，对于必不可少的直接决策（如确定垄断企业的定价幅度）、指令，也要通过

---

① 参见郭飞：《社会主义市场经济中的国有经济合理布局》，《光明日报》2008年9月23日。
② "标杆竞争"是指不同地区垄断企业之间的间接竞争。

科学考察和研究,通过签订合同来落实,政策性亏损补贴必须量化。对垄断类国有企业改革的重点是在明晰产权关系的基础上实行"标准化"的企业管理,其中包括投入产出的量化管理,企业经营行为的监督管理,企业干部职工的利益管理和企业利润分配管理。

当前,特别是要搞好价格管理、企业工资福利管理和企业利润分配管理。要积极推进垄断行业价格形成机制改革,特别是公共服务和基础设施领域的价格改革,应采取价格听证制度,增加价格信息公开性,让群众参与监督,如电信收费、铁路收费、供气供暖收费等都应该实行价格听证制度。资源型垄断行业价格的形成,要体现污染治理成本、资源使用成本、生态修复成本。要加强对个别行业职工工资福利的管理,改变目前个别垄断行业职工工资福利畸高的现状。要加强对企业利润分配的管理,把部分行业畸高的利润通过税收、特别收益金等形式收归财政,用以增加社会福利,支持经济社会的长远发展。

三、进一步优化国有经济布局和结构,增强国有经济控制力、影响力、带动力

1997 年党的十五大提出要从战略上调整国有经济布局的任务以后,经过 10 年的努力已取得实质性进展。国有经济和国有资本逐步向关系国民经济命脉的重要行业和关键领域集中,向大企业集中,而从一般竞争性行业中逐步退出,国有企业量多面广和过于分散的状况开始改变。1998 年,全国国有工商企业共有 23.8 万家,而到 2006 年,国有工商企业户数减少至 11.9 万家,正好减少了一半。1997 年,全国国有工商企业实现利润 800 亿元,而 2006 年,全国国有工商企业实现利润达 12000 亿元,增长了 14 倍。2000 年,全国国有工商企业共有净资产 57554.4 亿元,其中中央企业净资产 30690 亿元。2006 年,中央企业净资产增长到 53900 亿元,实现利润 7681.5 亿元,上缴税金 6822.5 亿元。2006 年,中央企业销售收入超过千亿元的有 21 家,利润超过百亿元的有 13 家。2007 年,美国《财富》杂志公布的全球 500 强中,中国有 30 家,其中内地企业 22 家(比上年增加了 3 家),这些企业全部为国有控股企业。2007 年,有 16 家

中央企业进入世界 500 强。①

　　我国国有企业经过多年改革和制度创新,不但走出了困境,而且成为具有较高劳动生产率、较强盈利能力和竞争力的市场主体,国有经济也不断向能发挥自己优势的重要行业和关键领域集中,向大企业集中,成为我国社会主义市场经济的一支骨干力量,主导着国民经济的发展。这说明党关于推进国有企业改革的方针是正确的。下面几组数字充分证明,国有企业的效益和竞争力已有明显提高。2005 年,全国国有及国有控股工业企业在全国工业企业中的比重户数仅占 11%,但销售收入占 35%,实现利润占 45%,上缴税金占 57%。2007 年中国企业 500 强排行榜名单中,国有及国有控股企业共 349 家,占 69.8%;实现年营业收入 14.9 万亿元,占 500 强企业营业收入的 85.2%。②

　　然而,国有经济力量分散、布局不合理的问题还没有完全解决。我们要围绕提高国有经济控制力、影响力、带动力的改革目标,进一步推进国有资本向重要行业和关键领域集中。重要行业和关键领域包括:涉及国家安全的行业;重大基础设施建设行业;重要矿产资源开发利用行业;提供重要公共产品和服务的行业;支柱产业和高新技术产业中的骨干企业。要通过加强国有大型企业的调整和重组、积极引入战略投资者、推动企业自主创新、加快国有企业内部重组、放开搞活中小企业等措施,促进国有资本向重要行业和关键领域集中,做大做强做优一批国有企业和企业集团,加快形成一批拥有自主知识产权和国际知名品牌、国际竞争力较强的优势企业。2003 年国务院国资委成立以来,已有 77 家中央企业进行了 41 次重组,企业数从 196 家减少到 2007 年初的 157 家。到 2010 年,国务院国资委履行出资人职责的企业将调整和重组至 80 至 100 家。

第三节　深化企业国有资产
监督管理体制改革

国有资产包括国有资源性资产、国有事业性资产、国有金融性资产和国有经营性资产(主要是企业国有资产)。建立和完善企业国有资产监督管理体制,是有中国特色国有企业制度的重要组成部分,牵涉到国家所有权权能的有效行使,牵涉到国有企业的改革能否成功,牵涉到国有资产的保值增值和国有经济的发展壮大。

一、企业国有资产监督管理体制改革的主要历程和成就

早在党的十六大以前,我国就不断推进国有资产管理体制改革。1988 年 10 月,国务院成立国家国有资产管理局。1994 年 11 月中共中央十四届三中全会作出的《关于建立社会主义市场经济体制若干问题的决定》,明确对国有资产实行"国家统一所有、政府分级监管、企业自主经营"的体制。1993 年以后,深圳、上海等地也开始进行创新国有资产管理体制的探索。1998 年,国务院机构改革过程中,国有资产管理局被撤销并入财政部,形成党的十六大以前的国有资产管理模式,俗称"五龙治水"或"九龙治水",即由财政部行使国有资本金基础管理职能,由国家计委行使投资职能,由国家经贸委行使对国有企业的监管职能,由人事部和企业工委、中组部负责国有企业主要经营者的任免与考核,由劳动部监管国有企业的薪酬分配,由国务院派出的监事会负责对国有企业的财务检查和监督。针对党的十六大之前国有资产管理中存在的政府部门多头管理、政府公共管理职能与所有者职能相混淆、企业国有资产经营责任不落实、对企业经营者缺乏激励和约束等问题,2002 年,党的十六大在总结过去经验的基础上,确立了深化国有资产管理体制改革的基本思路和目标,即在坚持国家所有的前提下,建立中央政府与地方政府分别代表国家履行出资人职责,享受所有者权益,权利、义务和责任相统一,管资产与管人、管事相结合的国有资产管理体制。2003 年 3 月,国务院成立了国有

资产监督管理委员会。2003 年 5 月,国务院发布了《企业国有资产监督管理暂行条例》,以行政法规的形式,界定了国有资产监督管理机构的职能。到 2004 年 6 月,全国 31 个省(区、市)和新疆生产建设兵团国资委全部组建,至 2008 年,市(地)国有资产监管机构的组建工作基本完成,全国大多数市(地)设立了国资委,没有单独设立国资委的也采取了多种形式明确了国资监督机构。① 2008 年 10 月,十一届全国人大常委会高票通过了《企业国有资产法》(自 2009 年 5 月 1 日起施行),该法 9 章 77 条,进一步明确了从法律制度上建立和规范国有资产出资人制度,明确规范了履行出资人职责的机构与国家出资企业的法律关系,规范了国家出资企业管理者的选择与考核制度,明确了建立保障国有资产安全、防止国有资产流失、维护国有资产权益的制度,明确了建立国有资本经营预算制度,对国有资产的监督和法律责任作了规定。这一法律的颁布,为进一步深化国资管理体制改革指明了方向,标志着我国的国资管理体制改革进入了一个新阶段。

党的十六大以来,我国的国有资产管理体制改革取得了显著成就,主要反映在以下三方面。

一是中央政府与地方政府的资产关系初步明确,"国家所有、分别代表"的管理体制逐步建立。党的十六大明确提出,要在坚持国家统一所有的前提下,建立中央政府和地方政府分别代表国家履行出资人职责,享有所有者权益的国有资产管理体制。这与以前实行的"国家所有、分级监管"的体制相比,是一个重大突破。对于充分发挥中央和地方两个积极性,明晰企业产权,形成多元投资主体和规范的法人治理结构具有重要意义。根据"国家所有、分别代表"的原则,初步明确了中央政府与地方政府国有资产划分和调整的原则。十六届二中全会和企业国有资产监督管理暂行条例原则明确了中央政府和地方政府履行出资人职责的企业范围,即对关系国民经济命脉、国家安全、重要基础设施和重要自然资源等领域的国有及国有控股企业、国有参股企业,由中央政府代表国家履行出

---

① 参见于吉:《国企改革回顾与展望》,《企业管理》2008 年第 9 期。

资人职责;其余企业由地方政府代表国家履行出资人职责。

二是三级政府国有资产监管机构逐步组建,"政资分开"和"三统一、三结合"的管理模式初步形成。在十四届三中全会确立的"政资分开"原则的基础上,党的十六大进一步明确提出,国务院和省、市(地)两级地方政府要按照"权利、义务和责任相统一,管资产与管人、管事相结合"的原则,设立专门的国有资产监督管理机构,在三级政府层面上实现"政资分开"、"政企分开",国有资产监督管理机构不行使政府的社会公共管理职能,政府其他部门不履行企业国有资产出资人职责,初步实现了政府公共管理职能与国有资产出资人职能分开,多年来存在的管资产和管人管事相分割、出资人不到位及多头监管又无人负责的问题开始从体制上解决。

三是国有资产监管机构作为出资人代表,积极对所出资企业依法履行出资人职责。根据国务院规定,目前国务院国资委直接履行出资人职责的企业是155户。地方政府国资委直接履行出资人职责的企业已经或正在明确。各级国资委根据"三统一、三结合"原则、公司法等有关法律规定的出资人权利和企业国有资产监督管理暂行条例规定的18项职责,准确定位,认真处理与直接履行出资人职责企业的关系,在企业负责人管理、企业重大事项管理、企业国有资产管理、企业国有资产监督等方面,切实履行出资人职责。如建立并实施了企业负责人经营业绩考核制度和薪酬制度,面向全球公开选聘企业高级经营管理者,建立健全企业内部审计制度,进一步加强了国有企业监事会工作等。同时为落实各级国有资产监管机构在国有资产保值增值方面的责任,目前正在进行建立国有资本经营预算制度的试点工作。①

二、进一步改革和完善国有资产监管体制

国有资产监督管理体制改革中存在的主要问题,突出表现在以下几个方面:

---

① 参见钟真真:《国有资产管理体制的改革与立法》,《中国发展观察》2007 年第 12 期。

其一,政企不分、政资不分的现象仍十分突出。一是大量经营性国有资产仍分散在各个部门管理。二是一些政府公共管理部门仍在行使出资人的部分职责。一些部门仍在继续对国资委所监管企业行使着部分出资人权利,军工、电信、电力等行业部门甚至要求重新履行出资人职能。一些应该由企业自主决策的事项仍然需经政府部门审批。政府行政管理体制中职能错位、责任不清、权力不明等问题比较突出。三是经营性国有资产的基础管理工作比较薄弱。

其二,国资委出资人机构的职能没有真正落实。一是"三统一、三结合"的原则和公司法所规定的股东三项权利没有落实。在国有资本收益方面,国有资本经营预算制度尚未建立,难以有效履行出资人职责和推进国有经济布局结构调整;在选择企业经营管理者方面,现行的体制与公司法相矛盾,董事会选择经理层的权利也没有依法落实;在企业投融资、特殊资产监管等方面,一些部门仍然行使着属于出资人的职责权利。二是国资委还承担着一些出资人以外的其他职能。有关部门把国资委视为"企业主管部门"或管理企业的"漏斗"。

其三,地方国有资产管理体制改革存在的问题比较多。一是地方国有资产监管的指导监督工作比较薄弱。部分省市国资委组建以来主要忙于国有经济退出,没有转到履行出资人职责和发展壮大国有经济的轨道上来。地方国有资产监管工作中还存在不少违规违法问题。二是"分级代表"原则还没有完全落实。三是地方国资委的出资人职责定位更加不到位。有的省市国资委没有转变工作方式,出现了新的"政企不分"。[①]

针对我国国资管理体制存在的问题,依据未来发展的需要,我们必须进一步深化改革、不断完善国有资产管理体制。

其一,要坚持政企分开、政资分开的原则,进一步完善"三统一"、"三结合"的管理体制。要进一步规范政府公共行政管理、经济管理与出资人管理的职能与关系,正确处理行业监管、职能监管与出资人监管的关系,保障国资委能规范、充分、依法履行出资人职责。

---

① 参见黄勇:《关注国有资产监管体制》,《中国发展观察》2007 年第 12 期。

其二,要进一步探索并规范国资委与企业之间的关系,正确履行职能。要明确细化国资委在管人、管事、管资产中的权力、责任,正确处理管理与监管的关系,依法履行职责,避免所有权侵蚀企业的经营自主权,防止国资委变成新的"老板"加"婆婆"。

其三,要继续探索授权经营体制。为搞好国有资本运营,国资委可授权大型国有企业董事会,由董事会代行出资人职能,或设置资产经营公司,由国资委授权资产经营公司专门从事国有资本运营。在明确职责和完善功能基础上,细化出资人与出资企业的国有资产保值增值关系,形成国有资产出资人、经营管理机构和企业财产权享有者三个层面的新型国有资产监管和经营体制框架。

其四,要进一步明确中央和地方之间的产权边界。既要防止中央政府管得过多、过死,损害地方在国有资产管理上的积极性和能动性,又要明确分级所有后,地方在处理国有资产的过程中,符合一定规则,公开透明,防止国有资产流失。要进一步理顺中央国资委与地方国资委之间的关系。

其五,要对国有资产实行分类管理。国有企业分垄断性和竞争性,性质不同、职责不同,垄断性、提供公共产品的企业虽然也具有经营性,但不以利润最大化为目标,因此,对国有企业必须分类监管,不能笼统地采取一个模式。

其六,要继续探索和完善国有资本经营预算制度。国有资本经营预算,是国有资产管理机构履行出资人职责,国家依法行使监督权、收益权的重要制度。要通过编制国有资本经营预算,维护国有资产出资人收益权,规范政府与国有企业的利益分配关系,促进收益合理分配,用经济手段引导推动企业优化结构,不断进行技术创新和管理创新。要进一步规范财政预算、社会保障预算和国有资本预算的关系,在保证国家分配利益的前提下,保障资产利润的合理享用。

其七,进一步完善企业经营绩效考核制度。要继续探索、创新企业绩效考核办法,使企业的绩效考核更加规范化、制度化、科学化。要进一步完善经营者与企业绩效挂钩的"绩效年薪"和股权激励等利益激励机制。

其八,要充分发挥人大在国有资产管理监督中的作用。有专家提出,国有资产实为全民资产,应由全国人大履行国有资产最终出资人权利。由全国人大在法权上享有国有资产最终出资人权利,同时将具体的监管权利授予政府及其国有资产管理特设机构,全国人大通过授权关系享有一定的企业高级人事建议与审核权、财务审查和知晓权、国有资产预算统筹管理和审核权,以及根据特殊环境而采取的特别调查权,这是一项立足现实、着眼未来的制度安排。这不仅可以保证"国有资产法"法理的统一和一致,更为重要的是,可以在名义性法权和实质性权力上制约政府在监督管理国有资产时的垄断权力,从而有利于打破现有国有资产管理中权力冲突和利益冲突的恶性循环,在发展中疏导各种利益冲突,有利于加强对监管者的监管,弥补国有企业在公司治理结构上的缺陷,解决"政企不分"、"政资不分"、"预算冲突"等问题。[①]

其九,要在加强对经营性国有资产管理的同时,加强对国有事业性资产、金融性资产、资源性资产的监督和管理,并使这些监管有机结合起来。

[①] 参见纪宝成、刘元春:《论全国人大参与国有资产监管的合理性与必然性——兼论国有资产立法的若干问题》,《经济学动态》2006 年第 10 期。

第五章　构建有中国特色的 农村土地产权制度

　　农村土地产权制度是中国特色社会主义经济制度的有机组成部分和重要组成部分。我国有 8 亿农民,农村的土地产权制度如何,直接关系到广大农民群众的切身利益,关系到农村经济社会的健康发展。改革开放以来,我国在广大农村地区(包括草场牧区、林地)普遍推行了土地集体所有、家族承包经营的双层经营体制,实现了土地所有权与经营权的分离,创新了集体所有制的实现形式,充分调动了亿万农民生产经营的积极性、主动性、能动性,极大地推动了我国农业生产的发展。我国粮食产量由 1978 年的 60954 亿斤,增加到 1990 年的 89248.6 亿斤,年均增长3.3% ,高于前 26 年 1.6 个百分点。1985 年粮食由"买难"变为"卖难"。改革开放 30 年,我国人口增加 35% ,粮食增加 65% ,打破了马尔萨斯所谓食物增长赶不上人口增长的 "定律"。我国同美国相比, 耕地面积为1∶1.6,美国比我国多 10 亿亩;粮食产量却为 1∶0.73,我国比美国多产 1.4亿吨。我国用占世界 7% 的耕地养活占全球 22% 的人口,人民不但吃得饱,而且吃得好,粮食不但自给,还能提供出口。农村土地制度改革不仅解决了温饱问题,而且极大地推进了农村市场经济的发展,推进了农村二、三产业的发展。21 世纪初,我国农村已全面进入建设小康社会的新阶段。随着经济社会的发展,特别是随着市场化、城镇化进程的加快,原有的农村土地产权制度也逐渐显露出一些局限性,面临着许多新的矛盾和挑战。如何深化农村土地产权制度改革,以便更好地适应市场经济要求,更好地适应规模化经营、集约化经营的要求,更好地推进农业现代化进程,更好地发展好、保护好农民的权益,是必须深入探讨和解决的问题。

第一节　关于深化农村土地产权
制度改革的若干观点

自上世纪 90 年代以来,关于如何深化农地产权制度改革,一直是理论界探索和争论的一个焦点。在大多数学者主张坚持承包经营责任制的同时,有主张农地私有化的,有主张股田制的,有主张租赁制的,有主张未来农村土地实行国有制的,有主张应削弱政府管理权对农民所有权、经营权侵蚀和限制的,等等,不一而足,令人眼花缭乱。

一、几个有代表性的观点综述

见诸报刊杂志的关于农地产权制度改革的文章、观点很多,我们在这里列举以下几个较有代表性的观点。

1. 农村土地私有化。有学者认为:农村土地产权主体与经营主体的人为分离与非同一性,必然挫伤土地经营主体的积极性,导致农业生产发展后劲不足,因此只有土地所有权主体明确为农民家庭,才有可能提高土地经营的长期效率。有学者认为:家庭承包制推行以后,农村土地集体所有制只剩下一个空壳,只具有一定的法律象征,农民事实上已经成为农村土地的实际所有者,因此应顺应历史潮流推行农村土地私有制。有学者认为:私有产权意味着效率的提高,因为私有制保证了农民对土地拥有排他性的产权,而明确有效的土地产权必须找到人格化的实现载体,也就是说产权人格化的实质就在于产权必须以个人权利为基础。伴随着集体经济的解体,当政策无意或无力再行构建新的农村土地所有权主体时,农民土地私有制就成为必然的选择。有的学者认为:传统社会主义经济理论误解了马克思"重建个人所有制"理论,从而导致了社会主义实践的不幸。因此农村土地产权制度的变革就应当打破"全民所有制与集体所有制就是社会主义"的理论神话,将农村土地所有权给予农民,真正实现马

克思所讲的"重建个人所有制"。有的学者则认为：马克思反对与批判的
是部分人生产资料所有制，并没有批判人人皆有的私有制，也就是说马克
思所提倡的是"社会个人所有制"，而不是虚无的、异化的"无主公有制"，
马克思并不完全排斥土地的私人占有，特别是在那些小农国家，无产阶级
夺取政权以后，完全可以允许土地私人占有与使用。近来主张农村土地
产权私有化的典型代表、海外著名华人经济学家杨小凯教授，他在《中国
土地所有权私有化的意义》一文中明确指出土地所有权私有化不仅对经
济发展有重大意义，而且对减少社会纠纷、安定社会、稳定地方财政有重
大意义，是有百利而无一害的理性选择。张新光认为：土地私有产权比较
清晰，具有自我保护的约束机制，私有土地可以自由流转，具有适度规模
的经营机制，农民租赁私有土地的多样性选择，又具有一定的激励机制，
土地私有，还具有控制农村人口增长的自我约束机制。因此，依法确立起
农民对可耕地的家庭私有制，是下一步深化农地制度改革的最佳选择。
应坚持赋予农民土地所有权和财产权相统一的立法原则，以 2.4 亿个农
户的宅基地私有化为突破口，建立农村宅基地和农业耕地一律归农民私
有，公益性土地资源包括森林、山岭、草原、荒地、滩涂、水面、道路等为国
家所有的复合型土地产权制度。而且认为，所谓"土地私有、土地集中兼
并将导致农民两极分化"，是一个人为设置的"理论陷阱"；农地私有化也
不会导致国家基础建设征地"漫天涨价"。① 李永东认为：我国农村现行
的土地产权"集体所有制"，实际上属于"共有"产权制度，其本身也有一
定的缺陷。尽管它可以做到"共同劳动，平均分配"，达到分配的公平，但
它束缚了生产力的发展，不能使农民富裕起来。要使农民富裕，发展农村
商品经济，解放和发展农业生产力，提高农民生产积极性，只有变革旧的
土地产权关系，明晰土地的产权主体才能实现。② 罗士喜提出：我国现行

---

① 参见张新光著：《"三位一体"的农村改革观》，《中国农业出版社》2006 年，第
121、125 页。

② 李永东：《解决"三农"问题需要农业土地制度第二次创新》，《中南财经政法
大学学报》2007 年第 5 期。

的土地承包经营制度产权主体不明,权责不明,已成为农业经济发展的障碍和阻力,成为解放和发展农业生产力的桎梏,因此必须改革和创新。从历史发展经验来看,可以把承包经营给农民的土地直接界定为农民的个人财产。这样,乡镇或村集体将会失去对土地的最终处置权,从而杜绝或减少对农民土地的盲目、粗暴干涉和私用乱占现象,保障农民的利益,使得土地成为农民的"恒产",保证土地使用的高效率。同时,将土地所有权划归农民,使土地作为一项资产固化在农民的手中,可以提升土地的价值。农民可以通过自由出售和租赁获取合理的财产性收入,从而获得进城的原始积累,加速农村劳动力向城市的转移。但土地资产的私有化与我国现行的社会主义公有制形成直接的冲突,在我国各地发展不均衡的情况下,容易引发土地兼并和一些严重的社会问题,因此不宜在全国大范围推广,可有选择地在某些工业化、城镇化率高,经济发达、社会保障较健全的地区实施。①

2. 实行土地股份制。所谓土地股份制,就是在坚持土地集体所有制的前提下,以现有的分配给农户个人的土地为依据,将其土地使用权作股,分给农民土地股份,把现在由集体所有按人平均分配土地的"均田制"转变为土地股份共有制,将收集的土地经过公开竞拍或投标,出让土地的实际使用权。竞拍得到土地使用权者在进行农业生产时要优先吸纳本村镇农民就业,农民可成为农业工人并获得工资,同时农民还可以在获得一份收益保障的情况下,安心进城务工,促进农村劳动力的转移和工业化的发展。而拥有土地股权的农民可以获得收益或分红,并拥有对土地实际使用人的选择权与监督权,以保障其自身利益,同时还可以根据农村人口增减情况,相应调节农民的土地股份,而不对土地进行调整,实现增人减人不动地,避免目前土地越分越小、分散化、零散化,不利于农民集约化、规模化生产经营的发展趋势,提高农业生产效率。土地股份制的运作与股份公司一样,可由拥有股份的村民成立股东大会,设立董事会,负责

① 参见罗士喜:《我国农村土地制度创新的四种模式研究》,《中州学刊》2008年第2期。

处理股份土地使用权的流转,确定股利分红方案,对土地的实际使用者进行监督。

3. 实行租赁制。有学者著文提出,农地制度创新模式应随着农村经济发展水平(包括农村生产力发展水平,农业工业化、城镇化水平)的不断提高分三个阶段逐步演进:在现阶段,在坚持农地集体所有、切实落实中央关于土地承包政策和明确所有权主体、界定产权范围的基础上,弱化所有权,强化承包权,放活使用权,积极推进农地承包权的物权化进程。在第二轮土地承包期到期后,实现家庭承包经营责任制向集体所有、家庭租赁经营的中期创新模式转换,即实行租赁制。租赁制就是在不改变农地集体所有和家庭经营的基础上,土地所有者把土地使用权出租给农户,通过契约关系分期收取租金;承包农户在契约规定期限内对承租土地拥有使用权,并按契约规定履行各项义务,交纳地租。租赁制与承包制的最大区别在于两权分离的程度不同。在租赁制下,农户对土地拥有实际占有权,租赁期限较长,凭借占有权可以直接行使使用权,也可以依法行使部分处置权,为合理利用土地,推动土地有效流转,实现农地规模经营提供内在经济动力。第三阶段是到本世纪中叶,实现集体所有、家庭租赁经营向农地产权制度的远期模式——国有永佃制转换。①

4. 实行国有制。尽管有些专家都主张推行农村土地国有化,但其理论依据各有侧重。有的学者认为,在我国,农村土地集体所有制从来就没有真实存在过,建国以来农村土地产权大部分由国家直接控制,因此与其维持本来就残缺不全的土地集体所有制,还不如还原农村土地国家所有制的本来面目。有的学者认为,在人民公社时期,农村土地确属集体所有,但伴随着人民公社体制的解体,"农民集体"作为一个经济组织事实上已经不存在了,没有也不可能产生一个新的集体经济组织来充当集体土地所有权主体,因此推行土地国有化也就成为一种现实可行的制度选择。有的学者从农村土地资源的特殊重要性与极端稀缺性以及国家对土

---

① 参见樊万选:《论农地制度创新模式的三阶段梯度演进》,《中州学刊》2008年第2期。

地利用进行宏观调控的迫切必要性三个层面论证了实行土地国有化的必要性与可行性。有的学者则认为农村土地使用分散与规模狭小的根源在于农村土地产权制度的不合理,因此推行土地国有化可以有力地推进土地集中与土地规模经营。对于土地国有化的具体实现方式选择,大致有以下几种主要观点:一是主张土地国有、租赁经营,即利用法律形式宣布农村土地国家所有,成立国家土地经营管理部门,然后把农村土地租给农户利用。二是主张土地国有、永佃经营,即农村土地所有权属于国家,不允许个人买卖或转让土地所有权,而农村土地使用权则借助于法律形式永佃给农民,允许土地使用权的自由流动。国有永佃制是将农地集体所有改为国家所有制,农民家庭对合法租赁的农地拥有无限期使用权,农地使用权允许转让、抵押、入股和继承。有学者则认为,实行国家永佃制,可以彻底消除农地产权界定不清,权属关系混乱以及产权运行成本费用高、产出率低的痼疾。① 三是主张"土地国有、个人经营",即国家拥有农村土地的最终所有权,农户则具体占有并使用农村土地。

二、土地私有化不能成为我国农地制度改革的方向

在上述几种关于深化我国农地产权制度改革的观点中,实行股田制也好,租赁制也好,乃至将来实行国有制或国有永佃制也好,我们都可以在实践中进行探索,唯独私有化不能成为我国农地产权制度改革的方向。这不仅仅是因为像有的学者所说的我国是社会主义国家,土地公有制是我国的一项基本经济制度,实行私有化会同公有制发生冲突。也不仅仅是因为像有的学者所认为的,我国地区发展不平衡,因而只能首先在市场经济比较发达,工业化、城镇化水平比较高,社会保障比较好的地区实施。农地不能私有化的更深层原因还在于:土地私有化并不能真正解决中国农村经济的可持续发展、健康发展问题。长期以来,有些学者总是把农村土地应该实行公有还是私有仅仅看作是政治问题、意识形态问题,事实

① 参见樊万选:《论农地制度创新模式的三阶段梯度演进》,《中州学刊》2008年第2期。

上,这既是政治问题、意识形态问题,更是一个经济问题。

1. 土地私有将导致土地滥用现象增多。主张私有化的一个貌似合理的逻辑推理是:有恒产者有恒心,私有化有利于克服农民对土地的掠夺式使用,有利于克服目前所有权、管理权对农民使用权的侵蚀,农民会因此增加预期,增加对土地的投入、保养和维护,因而会提高生产效率,而且认为,农地私有,农地可自由买卖、自由出租、自由转让,因而有利于土地流转和土地规模经营。然而,我们必须考虑到的问题是,土地私有后,可能会出现两种不利于土地合理开发利用的情况:一种情况是土地的进一步细碎化、分散化。一些私有的农民一方面外出务工挣钱,一方面又不愿转让土地,从而既不利于土地的规模化经营,也不利于土地的维护和改良。另一种情况是一些土地私有者为在私有土地上获得最高利润,会随意改变土地用途。同时,由于土地可以自由买卖,必然引来土地兼并浪潮,新兴的地主阶层将大量涌现。一些地主为追逐利润将会采取倒卖土地、反租倒包、改变土地用途等多种手段经营土地。面对成千上万众多而分散的土地私有者,国家和政府的监管不仅成本高昂,而且困难重重。这样一来,农村土地的乱垦滥用现象将在所难免,这会直接影响国家的粮食安全,影响农村土地的合理开发和可持续利用,影响国家的宏观调控能力。

2. 土地私有将导致全国性的土地利用规划实施困难。随着城市化和现代化进程的加快,国家还需要大量的建设用地,还需要从全国全局利益出发来统筹规划城乡土地的开发利用。一旦农村土地包括宅基地私有后,城乡土地的统筹开发利用将面临诸多困难,城乡的土地市场也会出现混乱,国家利用土地调控经济运行的能力将会极大降低,同时,土地私有者特别是大私有者将会利用对土地这种最重要最紧缺资源的垄断而干预政策、牟取暴利。很显然,土地私有并不利于国家从整体上、全局上对土地进行合理开发利用,因而也并不利于经济的协调发展。

3. 土地私有将导致严重的分配不公。中国是一个农民众多、人均耕地非常少的国家,这是中国特有的国情。在如此众多的农民不可能获得更多的其他就业机会的情况下,农民人均拥有土地,意味着农民的生存权、发展权、就业权、收益权有一个基本保障。土地资源是一种极为特殊、极为短缺的自然资源。土地私有必然引来土地兼并，土地兼并必然导致少数人对土地的垄断，导致大量的土地收益特别是土地自然增值收益被少数人所拥有，而更多的农民将会面临失地、失业或沦为佣工。两极分化在所难免，大量失地、失业和贫困的农民群体将成为社会不安定因素。在拥有几千年平均主义传统的中国，巨大的贫富悬殊和分配不公，势将引发贫富阶层之间的尖锐对立和冲突，引发社会动乱。在一些人的习惯思维中，政治问题、意识形态问题与经济问题是彼此孤立的，事实上，政治问题与经济问题在一定条件下是可以发生转换的，也就是说在一定条件下经济问题可以转换成政治问题，政治问题也可以转换成经济问题，二者之间存在着内在的、复杂的相互作用关系。土地私有可引发分配不公、贫富悬殊，这种经济问题可引起群体对立和冲突，引发社会不稳定等政治问题，而这种社会冲突和动乱又会破坏生产力，制约和影响经济的协调发展和可持续发展。

中国农业问题专家温铁军在对印度考察后分析，私有化会使土地集中在少数人手中，进而造成贫富分化，成为社会不稳定因素。他认为，中印两国有很多相似之处，但印度和中国有一个很大的不同就在于印度是地主经济和私有经济。他说，在印度的北方农村，至少有 1/3 的农民家徒四壁，住的是土墙垒的草房，只能靠给地主当长工、佃农、租种土地为生。还有大量失地或无地农民涌入大城市，成为流民。无地则反，在印度北方的一些地区，有的邦已有 1/3 左右的地方政权根本不归政府，而归游击队。温铁军还颇带感情色彩地说，中国的土地制度使农民成为小有产者，确保了农村稳定，没有出现大片的贫民窟，他为我国成功地完成了土地革命，没有实行像某些学者所提倡的私有化感到庆幸。[①]

当然，以上我们只是从经济角度分析了农地私有化不可能成为我国深化农地制度改革的方向，如果从坚持社会主义价值取向的政治角度、从构建社会主义和谐社会的角度进行分析，我们还会得出这样的判断：农村

---

① 参见沈翀、张冉燃：《农地博弈》，《瞭望》2004 年 5 月 10 日，第 28 页。

土地私有化将会对党在农村的领导,对村民自治等农村民主政治文明建设,对实现共同富裕的社会主义价值目标,对构建社会主义和谐社会,带来种种难以估量的不良后果。

第二节　坚持和完善农村基本经营制度

2006年中共中央一号文件《关于推进社会主义新农村建设的若干意见》指出:推进新农村建设是一项长期而繁重的历史任务。并就此提出了"六个必须"。其中一个"必须"就是:必须坚持农村基本经营制度,尊重农民的主体地位,不断创新农村经营体制机制。要以农民为主体、大力发展农村经济,关键在于坚持农村基本经营制度,尊重农民的主体地位,不断创新农村经营体制和机制,充分调动广大农民群众发展经济的积极性、主动性、创造性。2008年10月中共第十七届三中全会通过《中共中央关于推进农村改革发展若干重大问题的决定》,指出:"以家庭承包经营为基础、统分结合的双层经营体制,是适应社会主义市场经济体制、符合农业生产特点的农村基本经营制度,是党的农村政策的基石,必须毫不动摇地坚持。赋予农民更加充分而有保障的土地承包经营权,现有土地承包关系要保持稳定并长久不变。"这为我们深化农村土地制度改革指明了方向。

一、坚持和完善农村基本经营制度的重要性和必要性

当前农村土地制度改革与创新的主要目标仍然是稳定与完善农村土地集体所有制。农村土地制度创新的重点不在于改变已有的土地所有制格局,而应当通过土地使用制度改革与农村土地合理流转制度建设来完善农村土地集体所有制。在可以预见的未来,无论是土地国有化还是土地私有化都缺乏相应的现实可操作性,在我国现阶段要农民在保证生活水平不降低的前提下来提高土地利用效率,农村土地制度全面创新的选择空间不太大,完全没有必要采取过于剧烈的变动,否则不仅达不到制度创新的原始目标,反而会导致效率的流失与制度风险。农村土地私有制

不符合我国国情,实行土地国有化的时机尚未成熟,因此改革与完善农村土地集体所有制、长久坚持并进一步完善家庭承包经营责任制就是唯一出路,况且土地集体所有制还具有相当程度的可塑性与发展潜力。

我们党制定的《十一五规划建议》明确提出了建设现代农业的总体要求:"加快农业科技进步,加强农业设施建设,调整农业生产结构,转变农业增长方式,提高农业综合生产能力。"完成这一任务的关键在于保护和调动广大农民群众发展经济的积极性,而保护和调动广大农民群众积极性的关键又在于坚持农村基本经营制度。以家庭承包经营为基础、统分结合的双层经营体制,是党领导下的亿万农民在改革中的伟大创造,在我国已实行 30 年,取得了巨大成效。有人认为这一制度绩效已发挥完毕,其主要理由是以均分土地为特征的一家一户的分散经营,不利于土地的规模化经营,不利于土地产权的市场交易,不利于土地的可持续利用,因此应彻底改变这一制度。这种认识是片面的、不符合中国国情和客观实际的。事实上,农村土地承包经营方式既适应传统农业,也适应农业现代化发展的要求,在统分结合的经济体制下,农村土地承包经营可以容纳不同的生产力发展水平,在现阶段乃至今后,仍具有旺盛的生命力和广泛的实用性。

其一,坚持土地承包经营,仍然是充分调动农民生产积极性最有力的制度杠杆。中国有 8 亿农民,尽管有部分农民的生存和收入正在摆脱对土地的完全依赖,但就全国而言这只是极少数,中国绝大多数的农家经济仍然需要靠土地提供生活保障,维持生计,需要从土地上获取主要收入。就农业经济发展本身的重要性而言,粮食生产能力牵涉到我国的经济安全和稳定发展问题。坚持农村基本经营制度,赋予农民长期而有保障的生产经营自主权,确定农户自主经营、自负盈亏的市场主体地位,可最充分地调动绝大多数农民的积极性、主动性、创造性。他们会自觉地顺应市场需求,调整产品结构,渴求农业科技,实行科学种田,努力提高劳动生产率,以获得最大的经济效益。坚持家庭承包经营,既是发展农业生产又是增加农民收入的主要制度安排。

其二,坚持土地承包经营,有利于农村社会稳定,有利于农村多种经营和多种所有制经济发展。长期稳定农村土地承包关系,既是发展农业生产力的客观要求,也是稳定农村社会的一项带根本性的措施。土地既是农业最基本的生产资料,也是农民最可靠的社会保障。我们时刻不能忘记,我国有 8 亿农民,人多地少是我国最基本的国情,在我国城乡统一的社会保障体系尚未建立之前,在农村的社会保障体系建设非常滞后的情况下,农村土地对农民的生存和生活保障功能尤为突出。只有采取"均分制"的家庭承包经营才能既调动农民的生产经营积极性又能为绝大多数农民提供最基本的生存保障,维持农村稳定。尽管目前部分农村居民已经不再主要依靠土地维持生存和提供收入,但仍然需要依靠土地来为其提供失业、养老等保障。实践业已证明,正是由于家庭承包经营制的推行,才使得千万农村剩余劳动力敢于走出农村走向城市,去做工去经商,去开辟新的谋生渠道,极大推进了城乡二三产业的发展;正是家庭承包经营制的推行,使农民能够放开手脚去搞家庭副业,去开店开厂跑运输,催生出了种植、养殖、运输、农产品加工等无数专业户;正是家庭承包经营制的推行,使农民有了资金积累后可以投资经商办企业。总之,正是因为坚持农村土地家庭承包经营制,农村富裕劳动力才得以进退自如,可以亦工亦农、亦商亦农,才可以在城市找不到工作或失业时再回到农村。很显然,坚持农村基本经营制度是稳定农民、稳定农民工队伍、活跃城乡经济、繁荣和发展农村多种经营和多种所有制经济的必由之路。

其三,坚持土地承包经营,同样适应农业现代化发展的要求。现代农业是相对于传统农业而言的,既具有鲜明的时代性,又具有科学化、集约化、商品化、市场化等基本特征。农村土地承包经营中以家庭承包经营为主,家庭承包经营虽然是一种传统的农业经营方式,但它并没有过时,即使在发达国家,占主导地位的农业经营方式也是家庭农场。家庭承包经营并不排斥土地的规模化、集约化经营。很多地方采取"公司 + 农户"、"专业协会 + 农户"、"专业市场 + 农户"、"专业合作社 + 农户"等办法,通过集体经济组织、市场经济组织、社会中介组织等,一头连着千家万户,一头连着国内外市场,把小农户与大市场连结起来,在不改变家庭承包经营的基础上,根据市场要求,实行区域化种植、规模化养殖,开展社会化服务,推进了农业产业化和市场化进程,进一步释放了家庭承包经营的活力。家庭承包经营并不绝对排斥土地要素的市场配置和土地的集中使用。《农村土地承包法》赋予了农户长期而稳定的承包经营权,使经营承包权具有了物权性质,成为一种法定化的权利。它最大的特点,一是除依法收回、调整外,任何人不能侵犯,二是可以依法继承、依法流转。这不仅可以增加用地农民对土地进行长期投入、合理利用的积极性,而且为土地要素的市场化配置奠定了法律基础。已经完全不再需要用土地维持生计或有其他稳定收入来源的农村居民,可依法有偿转让承包经营权,实现自己的财产权利;一些种植专业户,愿意从事农业生产经营的企业、经济组织,可按照依法、自愿、有偿的原则,在农民自愿的基础上,在切实解决好农民后顾之忧的条件下,从农户手中依法获取土地承包经营权,发展多种形式的土地适度规模经营。

二、坚持农村基本经营制度的核心问题

建设社会主义新农村,从根本上说是亿万农民的事业,在新农村建设中必须切实尊重和突出农民的主体地位,从各地实际出发,尊重农民意愿,充分调动农民群众的积极性、创造性,使新农村建设成为广大农民的自觉行动,让农民为自己的事情做主。切忌搞强迫命令,做表面文章;切忌不按市场经济规律办事;切忌侵害农民群众的合法权益。就发展农业经济而言,尊重农民的主体地位,最主要的就是要尊重农民在经济发展中的市场主体地位,其关键就在于维护好、实现好农民的土地承包经营权利。要维护好、实现好农民的土地承包经营权利,在新农村建设中必须处理好以下几方面问题。

其一,在农业生产经营过程中绝对不能搞强迫命令。农民是市场经济主体,享有充分的经营自主权。在建设新农村、发展农村经济过程中,搞好农业结构调整、种植结构调整、农产品结构调整、提高农产品质量等非常重要,地方政府和集体经济组织一定要提供好信息方面、科技方面的社会化服务,通过典型示范、实践引导等充分发挥好指导作用,但千万不能代替农民决策,更不能借农业经济结构调整、发展特色农业和规模经济

之名义,强迫农民。

其二,在土地承包经营权流转过程中要充分尊重农民的意愿。依照法律规定,农民对自己依法获得的土地承包使用权,依法可以通过转包、出租、互换、转让等方式进行土地承包经营权流转。土地承包经营权流转有利于解决人地矛盾,充分利用土地,对于稳定土地承包关系、发展农业经济有积极作用,因此,国家政策和法律都对土地承包经营权流转予以肯定。但同时又强调,土地承包经营权流转必须在土地承包关系稳定的前提下进行,必须在农民自愿的基础上进行,并且不得违法改变土地用途。在新农村建设中我们必须坚决防止一种倾向:违背农民意愿,收回农民的承包地,强制推行土地承包经营权流转,搞规模经营,侵害农民的经营自主权。从总体上看,我国绝大多数农村目前尚不具备大规模土地承包经营权流转的条件。土地承包经营权流转,必须坚持依法、自愿、有偿的原则。农户是土地承包经营权流转的主体,这是农民拥有长期而有保障的土地使用权的具体体现。乡村组织可以对农民的土地承包经营权流转进行协调服务,但决不能搞强迫命令、行政干预,阻碍或者强制农民流转土地承包经营权,特别是乡村集体组织不能借少数服从多数之名义强迫农户放弃或者变更土地承包经营权而进行土地承包经营权流转。

其三,在土地使用权流转、土地征用过程中要维护好农民的合法权益。首先是要防止在新农村建设中盲目搞"开发区",盲目"圈地"、"征地"现象。我国耕地资源十分短缺,2006 年中央一号文件对于农村土地,再次重申要坚决落实最严格的耕地保护政策,切实保护基本农田,保护农民的土地承包经营田;同时要求收足农村土地流转的相关税费,并保证新增部分税费用于农村。搞"开发区",必须注意成本收益,讲究科学,符合实际,量力而行;搞新村建设,必须合理规划,注意节约用地,特别是要注意不能挤占耕地;对征用农村土地,国家和政府必须进行最严格控制和审批。其次是要在土地使用权流转和土地征用过程中充分考虑农民群众的利益。土地流转的主体是农户。土地流转的转包费、转让费和租金等,应由农户与受让方或受租方协商确定,流转的收益应归农户所有,任何组织和个人不得擅自截留、扣缴。国家和地方政府在征用农村土地过程中,必须就征地补偿安置标准与被征地农户充分协商,必须将大部分土地补偿费、安置补助费、全部青苗及地上附着物补偿费直接支付给被征地农民,减少中间环节,严防层层克扣、截留征地补偿款,避免引发土地纠纷。

其四,对企业进入农地经营要慎重对待。据《瞭望》2007 年第 48 期报道:从 2002 年开始,两三年里重庆江津区双福镇出现了一股土地流转热,63 家农业企业从农民手中租下 1.3 万亩承包地。当时江津市和镇两级政府出台了优惠政策,不少投资者不顾自身经济实力,而是寄希望于政府补助和银行贷款。但现在绝大多数企业处于瘫痪半瘫痪状态。有 1/3 企业完全失败,连农民的租金也付不出。有的农民打官司,但是最终也是赢了官司得不到钱,风险最终又转嫁到农民头上。这一报道发人深思。对工商企业经营农村土地要进行严格限制。一些发达国家和地区也普遍限制工商企业非农企业等经营农地,如美国、日本以及我国台湾地区都有此类规定。当前,一些工商企业投资开发农业的积极性较高,但是长期租赁和经营农民的承包地会带来很多隐患,不宜提倡。工商企业投资农业主要应当从事产前、产后服务和"四荒"资源开发,采取多种形式,带动而不是代替农户发展农业产业化经营。对经营农地的农业企业也要认真考察、慎重选择。

三、不断创新和完善农村经营体制和机制

坚持以家庭承包经营为基础、统分结合的双层经营体制,并不是说农村的经营体制已经十全十美了,不需要改革创新了。恰恰相反,随着我国市场经济体制的基本确立和市场经济的快速发展,随着我国经济结构的发展变化特别是产业结构的发展变化,随着经济全球化进程的加快和国内外市场的发展变化,我国农村的经济发展面临许多新情况新问题新要求。要加快推进我国农业的市场化、科技化、产业化等现代化进程,我们必须深化农村经营体制和机制改革,不断创新农村经营体制和机制。

其一,要在稳定家庭承包经营的基础上,不断改革和完善双层经营体

制。目前双层经营体制中存在的主要问题,一是集体所有权主体所有权权能界定不清,集体所有权行使缺乏严格程序,导致现实中行政权、所有权、承包权相互侵权摩擦。如一些乡镇政府滥用行政权力侵害集体土地所有权;一些农村集体经济组织违法改变农地用途、非法出售集体土地、任意扩大宅基地面积、随意抬高承包费、随意调整土地;一些农民则扩张土地权利,如随意弃耕抛荒、在承包地中取土毁田、挖塘养鱼,一些农民不交土地承包费等。二是土地承包权流转缺乏规范管理,由此而引发的土地纠纷、土地不合理使用现象也较严重。我们必须深化农地制度改革。要进一步明确界定集体所有权主体、细化集体所有权权能,特别是要明确和细化集体经济组织在搞好土地管理、为农户提供社会化服务方面的责任与义务。要进一步明确和细化承包经营权的权能范围,细化农户对承包地经营所负有的责任与义务,防止土地撂荒和不合理使用。要进一步明确和细化土地承包权流转的规则和程序,建立规范的土地使用权流转制度,依法保护各相关产权主体的合法权益,特别是要保护农民和农民集体的合法权益。

其二,要大力培育新的具有市场竞争力的农业经营主体,提高农民进入市场的组织化程度。推进农村经济组织创新是创新农村体制的重要着力点。(1)要大力培育产业化龙头企业、市场中介组织、家庭农场和农业公司等企业型的农业市场主体。(2)要积极发展农村各类专业合作经济组织和农民经济人队伍。(3)要建立农产品行业协会。要通过新的农业经营主体的培育,形成与分散的农户市场经营主体优势互补的格局,提高农民进入市场的组织化程度。这是新时期加快农业产业化发展、提高农业市场竞争力的必由之路。

其三,要进一步深化农村土地管理制度改革,规范国家征用农村土地行为。党的十七届三中全会《决定》明确提出要健全严格规范的农村土地管理制度。一要加强对土地利用的规划。在新农村建设中,要加强对土地利用规划的编制,完善农村集体土地管理制度,在农村土地征占过程中,既要留出农村发展、农民就业的空间,又要促进土地的规模经营和集约经营,既要想方设法节约土地,又要促进土地的充分利用和可持续利用。二要改革征地制度,严格界定公益性和建设性用地,逐步缩小征地范围。要明确界定"公共利益",规范征地程序,严防有些人打着公共利益名义强行征地实际却从事商业经营。三要完善对被征地农民的合理补偿机制,加强对被征地农民的就业培训,拓宽就业安置渠道,健全被征地农民的社会保障。据《河南日报》2006年2月22日报道,2006年2月,广东省国土资源厅制定了全省的征地补偿保护标准。该标准规定,按照补偿费主要用于被征地农民的原则,广东将试行征地补偿实名支付制度,将大部分土地补偿费、安置补助费和全部青苗及地上附着物补偿费直接支付给被征地农民,减少中间环节。而且要求要严格执行国土资源听证规定,就征地补偿安置标准与被征地农户充分协商。被征地农村集体经济组织放弃听证的,要出具经过村民代表或村民会议2/3以上同意放弃听证的证明。这种做法值得总结探讨和借鉴。如何从制度和法律上保证农民的土地权益是当前的一个工作重点。从土地出让金中提取一定比例用于农业是增加农业投入的一条现实可行的重要渠道。虽然国家已经要求,土地出让金纯收益不低于15%用于农业,但在各地执行得并不好。要在法律和政策上明确从集体土地的出让金中提取一定比例用于农业发展。四要逐步建立城乡统一的建设性用地市场。按照城乡统筹发展的要求,改革农村集体建设用地使用制度,推动农村集体建设用地在符合规划的前提下进入市场,与国有建设用地享有平等权益,这有利于逐步形成反映市场供求关系、资源稀缺程度、环境损害成本的土地价格形成机制,建立与城镇地价体系相衔接的集体建设用地地价体系,充分发挥市场配置土地的基础性作用。① 目前,集体建设用地自发、盲目进入市场流转的现象普遍发生(如"小产权房"现象),违规项目不断出现,干扰了土地市场和土地规划。通过建立和实施严格规范的农村土地管理制度来规范集体建设用地交易行为,已成为今后加强农村土地管理工作的重要任务。对依法取得的农村集体经营性建设用地,必须通过统一有形的土地市场、以

---

① 参见《完善农村土地管理　推进征地制度改革——访国务院发展研究中心农村经济研究部部长韩俊》,《光明日报》2008年11月5日。

公开规范的方式转让土地使用权，这可以防止以权力扭曲土地流转价格，充分挖掘集体建设用地的巨大潜力，形成统一、开放、竞争有序的城乡建设用地市场。

第三节　建立健全严格规范的农地流转制度

2007年7月，作为"国家统筹城乡发展综合配套改革试验区"，重庆市推出的《服务重庆统筹城乡发展的实施意见》，特别是其中有关"在农村土地承包期限内和不改变土地用途的前提下，允许以农地承包经营权出资入股"的表述，引起各方强烈关注。2007年11月，重庆市土地流转面积达217.39万亩，占承包耕地总面积原10.84%。据浙江省农业厅统计，到2008年上半年为止，全省土地流转总面积510多万亩，占总承包地四分之一以上。目前，农村土地流转渐呈规模化、加速化趋势。如何建立健全严格的农地流转制度，在提高农地集约化经营、推进农业现代化的同时，确保18亿亩耕地的红线，是我国必须解决的问题。

一、农地流转的具体模式和成效

农地产权可以分为三种权利：土地所有权、土地承包权和土地经营权（使用权）。农村土地流转一般是指农地使用权的流转。土地使用权流转的含义是，拥有土地承包经营权的农户将土地使用权转让给其他农户或经济组织，同时保留土地承包权。随着城市化和工业化进程的不断加快，农村劳动力大量转移，离开农业。农村土地的流转集中和农业规模经营的条件已经初步具备。土地的流转可使那些无力经营土地的农民能自由地转出土地，愿意种地的农民可以扩大土地规模进行种植，在总量上保持土地和劳动力等生产要素的最优组合。

十七届三中全会通过的《中共中央关于推进农村改革发展若干重大问题的决定》提出要"加强土地承包经营权流转管理和服务，建立健全土地承包经营权流转市场，按照依法自愿有偿原则，允许农民以转包、出租、互换、转让、股份合作等形式流转土地承包经营权，发展多种形式的适度规模经营。"着重点是要促进土地使用权流转市场机制的形成,建立土地使用权流转市场,搭建流转平台。

从近年来河南省的情况看,农村土地流转已出现多种有效可行的模式,主要流转模式有转包、出租、互换、转让、股份合作、反租倒包等几种。

1. 土地转包

土地转包是在承包期内,承包方将承包期内的部分或全部土地的使用权,以一定条件转给集体经济组织其他成员从事农业经营,原承包方与发包方的权利和义务关系不变。转包方一般是家庭劳动力不足,暂时无力经营但又不愿意放弃承包土地的农户,受让方一般也是农业经营户。转包是以农业生产为主的地区农户间自发流转的主要形式。截至2008年,河南省临颍县全县范围内共转包土地46830亩,占流转总面积的52.5%。①

2. 土地转让

土地转让是在承包期内,承包方经发包方同意将部分或全部承包土地的使用权转让给发包方或集体经济组织其他成员从事农业经营,转让后,原承包户相应的土地承包经营权自然丧失,原与承包方确立的权利义务关系自然终结。从事非农产业,有稳定收入,且自愿部分或全部放弃承包土地的农户,一般采取转让的办法。随着农业税的取消,转让土地承包经营权的现象已经大为减少。

3. 土地互换

互换土地是农村集体经济组织内部的农户,为方便耕种和各自的需要,将部分或全部承包地块互相调换。这种方式简便易行,可以根据新的农业生产经营需求配置土地,让土地集中连片,实现规模化、集约化经营。截至2008年,河南省临颍县全县范围内共置换土地1873亩,占流转总面积的2.1%。②

---

①② 参见何正权、牛仲寒:《土地流转掘金的河南探索》,《大河报》2008年10月25日。

4. 土地出租

土地出租是农民将其承包土地经营权出租给大户、业主或企业法人等承租方,出租的期限和租金支付方式由双方自行约定,承租方获得一定期限的土地经营权,出租方按年度以实物或货币的形式获得土地经营权租金。截至 2008 年,河南省临颍县全县范围内共出租土地 35336 亩,占流转总面积的 39.6%。①

5. 股份合作经营

股份合作经营亦称"股田制",是指在坚持承包户自愿的基础上,将承包土地经营权作价入股,建立股份公司。在土地入股过程中,实行农村土地经营的双向选择(农民将土地入股给公司后,既可继续参与土地经营,也可不参与土地经营),农民凭借土地承包权可拥有公司股份,并可按股分红。该形式的最大优点在于产权清晰、利益直接,以价值形态形式把农户的土地承包经营权长期确定下来,农民既是公司经营的参与者,也是利益的所有者,是当前农村土地流转机制的新突破。截至 2008 年,河南省临颍县全县范围内共实现入股土地 1000 多亩,约占流转总面积的 1.3%。②

6. 反租倒包

乡村集体组织根据群众意愿和产业化发展需求,村里向农户支付一定租金,将农户的土地使用权收归村集体,由村集体再租赁给第三方。农民在拿到土地租金的同时,还可受雇于土地经营者或外出务工经商,挣得一笔工资收入。截至 2008 年,临颍县全县范围内共反租倒包土地 2000 多亩,约占流转总面积的 2.3%。③

土地流转是一个双赢的选择。据统计,截至 2008 年,河南全省土地流转面积为 210 多万亩,占全省家庭承包经营面积的 2.34%。河南省各地市一般的情况是,流出土地的农民除获得每亩每年 300～600 元不等的租金收入或每亩每年 200～350 公斤小麦外,通过务工或自主创业每年还

①②③　参见何正权、牛仲寒:《土地流转掘金的河南探索》,《大河报》2008 年 10 月 25 日。

可获得至少 5000 元的收入,部分农民外出务工年收入数万元。① 流入土地的农户或企业由于作物改良、规模扩大、技术提高,集约化生产水平明显提高,农业效益由以前种植小麦、玉米等常规作物每亩平均年收入 800元左右,转变为种植蔬菜每亩平均年收入 3000～6000 元,种植园林观赏等林木每亩年均收入 1500～2000 元,收入大幅度增加。②

固始县是河南省第一劳务输出大县,该县 165 万人口中,常年外出务工者约 50 万人。这些人离开家后,承包的耕地就需要找人种,这些土地以不同的形式进行了流转。相关部门 2008 年 5 月份的一份调查显示,该县参与流转的土地超过 50 万亩,占全县常用耕地面积约 30%,有10 多万农户将自家承包的土地"流转"给了别人,占总农户数的三成还多。③

沁阳市市辖 13 个乡镇(办事处)329 个行政村,总面积 623.5 平方公里,人口 48.3 万人,农业人口 39 万,农业户数 9.5 万户,耕地 42万亩,人均耕地 1.077 亩,许多村人均仅 2、3 分耕地。超小地块的分散经营,一方面造成了生产成本高、土地资源浪费、产出效益低下,另一方面,少量的耕地吸附了大量劳动力,造成了人力资源浪费。面对这样的矛盾和制约,上世纪 90 年代以来,一些农民便自发地以零星地块、自由转包、短期租赁为特征,开始将承包的土地流转出去。进入新世纪,一些集体经济发达、非农产业比重较高的农村,开始尝试较大规模甚至是全村土地的流转。

沁阳市西万村人口有 9100 人,人均两分地,但工商业发展快,集体收入高,多数农户从事二、三产业。2007 年 1 月,西万村村委会根据群众意愿,经全体村民讨论通过,制定并实施了全村土地整体流转,发展规模化、集约化农业的方案。注册成立了由村集体、商贸大户等组建的股份合作企业——维德生态农业公司。全村土地承包经营权整体流转给维德公司进行现代农业综合开发,公司以每年每亩 800 斤小麦的价格向农民支付

---

①②③　参见何正权、牛仲寒:《土地流转掘金的河南探索》,《大河报》2008 年 10月 25 日。

流转费用。此后,维德公司聘请山东农科院对全村现有土地进行了重新规划,将村北 600 亩荒坡地规划为生态林区,村南 1900 亩地规划为优质粮食高产示范区和高效农业园区,计划 5 年投资 4000 万元,建成集小麦良种、高效种植、观光农业、生态餐饮、循环生产为一体的现代农业示范区。短短一年多时间,土地流转已经给西万村带来了明显的经济效益和社会效益。全村 95% 以上的劳动力进入二、三产业,农民人均工资性收入净增 2300 元。维德公司通过平整荒坡、荒沟及整合田间小道、沟渠、地垄,新增有效耕作面积 1298 亩。土地产出率、资源利用率、劳动生产率全面提高,2008 年小麦亩产比去年提高 100 斤,达 1050 斤。①

据作者 2009 年 4 月调查,信阳市的土地流转工作正在全力推进、全面铺开, 并已经取得了一定成效。全市土地流转面积 109.69 万亩,占家庭承包经营总面积的 13.25% , 涉及流出土地承包经营权的农户数为 25.87 万户, 占总户数的 15.67% 。土地流转开工主要有 6 种:一是以转包形式流转土地 77.62 万亩, 占流转面积的 70% ;二是以出租形式流转土地 18.45 万亩, 占流转面积的 16.82% ;三是以转让形式流转土地 5.68 万亩, 占流转面积的 5.18% ;四是以互换形式流转土地 4.32 万亩, 占流转面积的 3.94% ;五是以股份合作形式流转土地 0.32 万亩, 占流转面积的 0.3% ;六是以其他形式流转土地 3.3 万亩, 占流转面积的 3% 。

土地流转推动了土地的集约化、规模化经营,促进了土地产出率、资源利用率、劳动生产率的提高。如平桥区陆庙村率先在信阳市成立了土地流转服务站,通过出租、互换、转让、转包等多种形式流转土地,发展茶产业,打造了"万亩生态茶园"。农户以土地转包或出租每年获得 30 多万元的收入,农民离土不离乡,每人每年承包管理 10—30 亩茶园,年收入 2000—6000 元。平桥区通过土地流转和规模经营,在全区形成了茶产业带、石榴产业带、珍珠黑产业带等特色农业产业带。浉河区十三里桥乡目前已流转土地面积 4745 亩,流转规模连片 20 亩以上的土地种养大户达

---

① 本资料来自于中共河南省委党校于咏华教员的实地调查。

31 户,草莓合作社以转包形式流转土地 500 余亩,发展壮大了草莓种植基地。"黄金甲"甲鱼合作社租赁土地 600 余亩,发展壮大了甲鱼养殖基地。目前全乡 70% 的流转土地采取了适度规模集约经营。浉河区董家河乡现已流转茶园 8700 亩,全乡 100 亩以上的种茶大户有 24 户;流转林地 6 万亩,1000 亩以上的造林大户 34 户,其中造林大户王辉一人就承包荒山 15000 亩,种植杉木,季节性用工每年都在 1 万人次以上,每年为当地农民增收 400 多万元。淮滨县马集镇"兴发粮油制品有限公司"与该镇郭集村农户签订土地承包合同 64 份,承包耕地 512 亩,通过土地改造,实现了农户与企业双赢。

二、农地流转中存在的主要问题

虽然农村土地流转取得了初步成效,但由于土地流转受多种因素的影响,农村土地流转中还存在一些问题,归纳起来主要有:

1. 土地流转行为不规范,土地流转纠纷多。

农村土地的流转大多是自发进行的,有不少流转是以简单的口头协议形式形成的,随意性较大。即使签订书面协议的,其协议条款也往往不齐全,双方权利义务不够明确,对双方的约束力很有限。一旦发生争议,流转双方的利益也较难得到保障。加上流转期限较短,大多数转包都可随时终止。乡镇政府没有建立比较完整的土地流转合同档案,农村土地流转资料管理缺乏。土地流转行为不规范为产生土地流转纠纷埋下了隐患,不利于建立稳定的流转关系。据重庆市农办 2007 年的调查,重庆土地流转中的不规范行为表现为"四多四少":农民自行流转多,在村镇批准备案少;口头协议多,书面协议少;双方约定不明的多,约定明确的少;书面协议不规范的多,规范的少。据国家统计局河南调查总队在鄢陵县和济源市一项调查表明,有 56.4% 的被调查农户不知道农村土地承包法,有 69% 的乡村基层干部对土地承包经营权流转一知半解或不知晓,在具体的流转中,行为也相当不规范。在济源市被调查的 117 个农户中,没有签订土地流转书面协议的占 78.4%,其中,既无书面协议又无口头约定的占 10.8%;而经过乡镇农业承包合同管理机关登记、备案或签证及公证机关公证后流转的土地更少。① 有的农户在土地流转中虽然签订了合同,但合同中关于违约责任、地面附着物的处理、赔偿等方面不够明确具体。

有些乡村组织随意改变土地承包关系,搞强制性的土地流转,这些不规范的土地流转行为,既导致承包关系混乱,也容易引起土地矛盾和纠纷。例如,在实际操作中,一些地方靠行政手段搞整村甚至整乡土地流转,片面求规模,大搞土地兼并;还有一些地方由政府幕后操盘,违背农民意愿,踢开农民,强制把土地低价流转给涉农企业,侵害农民土地承包权益;一些地方甚至打着发展"观光农业"、"生态园"等旗号,集中土地搞旅游园区开发,规避土地调控政策。

2. 土地流转机制不完善,监督机制不健全。

当前农村土地流转市场化运作机制还没有完全建立起来,严重制约农村土地流转的有序进行。

首先是土地流转因缺乏中介组织而发展缓慢。土地流转缺乏中介服务组织,使得土地供求双方的信息流动受阻,信息辐射面狭小,导致交易双方的搜寻成本和谈判成本等交易成本过高。国家统计局湖北调查总队的抽样调查显示,有偿流转费用平均每年为114.4元/亩,加上围绕着土地流转而发生的一系列沉淀成本大约80元/亩,这样估计一亩地的一次性流转总成本达到了近200元。② 因此,农民往往只是在邻里之间进行小范围的土地交易,以尽量降低交易成本。这在一定程度上影响了土地流转的速度、规模和效益。其次是管理监督薄弱。土地流转监管机构不健全,乡镇农经机构管理体制不顺、职责不明,有关土地流转的具体实施细则不明确,在流转程序、流转手段、流转档案管理等方面缺乏统一规定。无法对土地流转合同进行指导和管理,一些乡镇没有专人负责土地承包

---

① 林嵬、董振国、李亚彪:《土地流转:9 亿农民的命根子能否"活"起来》,《半月谈》2008 年第 14 期。

② 参见王春超、李兆能:《农村土地流转中的困境:来自湖北的农户调查》,《华中师范大学学报(人文社会科学版)》2008 年第 7 期。

管理工作,流转行为无人监管,流转纠纷无人受理,农民的合法权益受到损害。

3. 农村土地产权不明晰是限制土地流转的基本因素。

农民拥有土地的完整物权才能独立决定自己流转的意愿,才能自由的交易。市场交易的实质是产权的让渡,产权明晰是市场交易的基本前提。然而,当前农村土地产权关系的权能较混乱,没有明确土地承包经营权的物权属性及土地使用权流转合同的债权属性,如承包权、使用权、出租与买卖权、继承权、抵押权、收益权和转作他用权等权益,以及如何在集体和农户之间具体划分等。因此,承包土地的各项权能还不能完全受法律保护,权利边界模糊,弹性较大。不能使权利交易主体形成合理的预期,进而使得流转交易主体缺乏应有的积极性。

三、建立和完善农地流转制度

1. 要明确农地流转制度的目标取向

农村土地是一种主要的资源,农地流转制度是一种重要的生产关系。农地流转制度的设计必须符合生产力的发展要求,符合农村的实际情况,符合广大农民的利益要求。其目标取向主要有:一要有利于农地的规模化、集约化经营,提高土地利用效率。土地流转是现代农业发展的必然要求,是促进集约生产、规模经营的一种手段。规范和引导土地要素向集体经济组织、专业合作社、农业公司、种养大户集中,有利于农地的合理利用。二要有利于提高生产经营者开发利用农地的积极性。农地流转关系中的生产经营者,包括农民和经营农地的企业、合作社等经济组织。流转制度的安排要有利于调动生产经营者的积极性,这是推动农业生产发展的关键。[①] 三要有利于农业增收增效。提高农业生产效益是土地流转的重要目的。因此,土地流转制度要有利于高科技农业发展,有利于农业产业结构的优化。四要有利于维护农民的利益。土地流转不能以牺牲农民

---

① 参见张建华:《海南农村集体土地流转情况调查报告》,《中共中央党校报告选》,2004 年第 9 期。

利益为代价,必须让农民在土地流转中受益。

2. 要明确农地流转的原则

为保证农地的可持续利用和我国的粮食安全,为保障农民集体的利益和农民承包权益,为保证土地流转的公平、合理,我们在农地流转制度设计中要始终坚持这样几个原则:一是合理开发利用农地原则。不得改变土地用途,不得毁坏土地。二是自愿、有偿原则。不得改变土地集体所有性质,不得损害农民土地承包权益。土地流转必须充分尊重农民的志愿,不得强迫农民流转土地。没有发包给农民的土地流转一定要取得2/3以上村民通过,村民委员会不得擅自流转没有发包给农民的土地。村委会、地方政府不得利用权力干涉农民的土地承包权。三是市场化原则。为保证公平、公正、效率,应充分发挥市场机制作用。

3. 在法律上进一步明晰土地产权,强化土地承包权的物权性质

强化土地承包权的物权性质就是要立法改变土地权的契约性质或债权性质,以具有严格物权法意义的土地使用权取代土地承包权,即承包权物权化,使农民的土地财产权在独立性和明确性上有所保障,使土地经营使用权具有和土地所有权一样成为可让渡的权利,使农民真正享有土地的处分权,借以行使转让、出租、入股和抵押等权利。

4. 构建并完善农地流转的市场机制

要实行农村土地流转招标、拍卖制度,建立开放、竞争、公平、有序的土地流转市场,提高土地流转市场化水平。要引入竞价承包、招标租赁等市场机制,合理确定土地等级、地价、地租,充分反映土地的市场价值;完善流转信息网络,开展土地流转供求登记、信息发布、价格评估、法律政策咨询等中介服务,为土地流转搭建良好的平台。

5. 规范土地流转的程序

无组织性的土地流转严重地影响了土地流转的顺利进行,也将直接影响转让双方的利益。因此健全土地流转机制也必须规范土地流转的程序,需要加强对土地合同管理等配套制度的规范。土地流转合同要明确流转地块的位置、面积、价格及支付方式、期限、双方的权利义务以及违约责任、解决争议的方式等细节。流转合同签订后,有关部门对每一起农村

土地流转都要依法及时办理相关登记手续,搞好土地流转合同的签订和鉴证;加强土地流转资料的信息化处理。

6. 强化对土地流转的服务和监管

地方政府特别是乡镇政府要搞好农地流转的宏观规划,做好引导工作;在土地流转市场建设、合同签订、合同履行等方面搞好信息服务和法律咨询服务;乡镇政府特别是县级以上农业行政主管部门要加强对土地流转的监管。

7. 加强土地流转仲裁机构建设

国家应加快土地仲裁立法,出台有关土地承包纠纷仲裁的法律,构建更为完善的、适合当前农村经济发展的法律体系。县、乡两级政府作为解决土地承包纠纷的最基层政府组织,要大力加强和完善农村土地承包仲裁体制建设,及时处理土地承包及其流转过程中出现的各种纠纷。

第六章　大力发展非公有制经济

改革开放以来,特别党的十五大以来,我国的非公有制经济获得了长足发展。据有关资料统计,1978年以来,我国经济以年均9%以上的速度增长,而个体、私营经济的年均增长速度达到了20%以上,成为支撑整个国民经济快速发展的重要因素。截至2005年6月底,全国工商行政机关共登记企业787.8万户,其中,私营企业398.4万户,占企业总数的50.57%,第一次超过国有、集体和外资企业之和,注册资金54295.3亿元;在全国工商部门登记的个体工商户共有2396.8万户,资金总额5557.4亿元。[①] 到2005年末,私营企业共430.1万户,私营企业主1110万人,雇工4714万人,年末注册资本达61331亿元。[②] 到2006年底,登记注册的全国私营企业已达到494.7万户,比2005年增长15%;注册资金总额为7.5万亿元,增长22%;从业人员为6395.5万人,增长9.81%;投资者人数1224.9万人,增长10.36%。[③] 就河南省而言,至2005年底,全省个体工商户已发展到128.80万户、资金数额177.67亿元、从业人员274.21万人;私营企业发展到13.35万户、注册资本(金)1698.91亿元、投资者人数33.64万人、雇工104.95万人。河南个体私营经济发展连续

[①]　转引自刘立彬《大力发展和积极引导非公有制经济》,《周口师院学报》2006年第4期。

[②]　转引自赵华荃《坚持公有制为主体的基本经济制度之我见》,《马克思主义研究》2006年第11期。

[③]　参见《中华工商时报》2007年2月1日。

三年超过全国平均水平。2005 年,河南非公有制经济实现增加值
5543.46 亿元,占全省生产总值的比重达到 52.4%,占据国民经济"半壁
江山"。2006 年,河南省非公有制经济实现增加值 6855 亿元,占生产总
值的 55%,稳占"半壁江山"。上述数据表明,非公有制经济业已成为我
国社会主义市场经济的重要组成部分,成为推动我国经济快速发展的重
要力量。然而,思想理论界对我国为什么要大力发展非公有制经济的深
层原因并没有完全搞清楚,还存在一些似是而非、难以服众的理论阐释,
一些人对我国大力发展非公有制经济的必然性、必要性及长期性还存在
糊涂认识。这主要表现在:其一,囿于传统观念,仍然把发展非公有制经
济同坚持社会主义制度对立起来,对发展非公有制经济持怀疑、否定、排
斥态度;其二,把发展非公有制经济仅仅看作现阶段不得已而为之的权宜
之举,认识不到非公有制经济的存在和发展将是一个长期的历史阶段;其
三,把发展非公有制经济与坚持以公有制为主体完全对立起来,不能正确
认识坚持以公有制为主体与大力发展非公有制经济之间的辩证统一关
系。很显然,在思想理论上重新认识和论述一下我国大力发展非公有制
经济的必然性、必要性及其长期性,这对丰富和发展科学社会主义理论、
对推进我国非公有制经济健康发展,很有理论意义和现实意义。

第一节　深刻认识大力发展非公有制经济的
必然性、必要性、长期性

一、必然性:一种理论新解

2004 年 3 月 30 日,《人民日报》曾刊发一篇文章《为什么要大力发展
非公有制经济》,作者在文中是这样解释非公有制存在的客观必然性的:
"生产力决定生产关系,生产关系一定要适应生产力的发展,这是人类社
会发展的普遍规律。从生产力发展程度讲,我国人口多、底子薄,人均国
民生产总值居于世界后列。突出的现象是:13 亿人口的近 8 亿在农村,
基本上还是用手工工具搞饭吃;一部分经济比较发达的地区同方方面面

不发达地区和贫困地区同时存在;少量具有世界先进水平的科学技术同普遍的科技水平不高现象同时并存。我国生产力的发展表现为不发达、多层次和不平衡等特点,这就决定了在我国社会主义初级阶段,社会主义经济不能只有公有制经济,而必然是包括公有制、私有制以及其他所有制在内的多种所有制经济。"这一观点很有代表性。截至目前,理论界关于我国为什么要发展非公有制经济的原因有多种多样的解释,其中最为常见的解释是这样的:生产力决定生产关系,生产关系一定要适合生产力的发展水平和发展要求,这是社会发展的普遍规律。我国之所以要发展非公有制经济,是由我国社会主义初级阶段生产力发展水平多层次、不平衡的状况所决定的。我国社会主义制度脱胎于半殖民地半封建的旧中国,从整体看,生产力发展水平本来很低。经过30多年社会主义建设,我国整体生产力水平有了很大提高,但是,仍然低于发达国家。特别是各地区、部门、行业之间以及同一地区、部门、行业内部,生产力发展水平很不平衡,呈现出多层次结构,既有十分落后的以"采集渔猎经济"为特征的原始生产力,有以手工操作为特征的手工生产力,也有以机器生产为特征的近代生产力和以电子技术为特征的现代生产力。生产力发展的这种状况客观上决定了不能建立单一的全民所有制经济,也不能建立单纯的公有制经济,而必须建立以公有制为主体,全民所有制经济、不同规模的集体所有制经济、个体经济、私营经济、外资经济等并存的所有制结构。只要生产力的这种极端不平衡和多层次状况没有根本变化,实行包括私营经济在内的多种所有制结构就是必然的。

在这种理论解释中,有些观点是正确的,如"生产力决定生产关系,生产关系一定要适应生产力的发展水平和发展要求",但有的观点却存在一些片面性,其片面性主要表现在:

其一,把生产力多层次、不平衡状况与所有制结构看作简单的、机械的对应关系,无法对在现代生产力条件下大力发展非公有制经济作出科学回答。在生产力发展多层次、不平衡的理论解释中,内含着这样一种逻辑推理,即以手工操作为特征的小生产、落后的生产力是与个体所有制和私有制对应的,而现代化的机器大生产却是和公有制对应的。然而,无法回避的现实问题是:经过近 30 年的改革开放,我国的生产力水平获得了极大提高,"刀耕火种"的原始生产力已越来越少,机械化、机器化、自动化生产越来越高,而且信息经济、知识经济、网络经济获得了快速发展,在这样一种生产力水平下,为什么私营经济不仅没有减少反而获得了更多发展? 而且,不仅在相对落后的农村存在私营经济,而且在现代化的城市中存在着更大规模的私营经济? 私营经济不仅在一些传统产业诸如商业服务业、餐饮服务业、机器制造业占有重要比重,而且在一些高新技术产业也占有一定的比重?

其二,把生产力多层次、不平衡状况同所有制结构作简单的、机械的对应,无法对当代发达资本主义国家广泛存在的私有制经济作出科学的解答。当代一些资本主义国家如美国、英国、日本,就整体而言,生产力要比中国发达,然而,这些国家为什么迟迟没有建立公有制社会? 为什么这些国家的私有制经济还在推动着生产力的发展?

其三,把生产力多层次、不平衡状况同所有制结构作简单的、机械的对应,无法对历史上中国及其世界上许多国家进行的社会主义革命和建设作出科学的解释。20 世纪上半世纪,社会主义革命浪潮席卷全球,苏联、中国等国家先后进行社会主义革命,消灭了私有制并建立起以公有制为主要特征的社会主义经济制度。如果按照生产力发展水平与所有制简单的、机械的对应关系,就会得出这些国家本来就不应该进行社会主义革命、不应该建立公有制的历史虚无主义结论。然而,这些国家不但建立了公有制,而且还在一段时期内极大地推进了经济发展。

其四,把生产力发展多层次、不平衡状况与所有制结构看作简单的、机械的对应关系,无法对现存的所有制结构变化趋势作出科学的解答。如果按照落后生产力、手工生产对应的是个体私营经济,而机器化生产对应的是公有制经济这样一种逻辑推论,那么,随着生产力的快速发展,随着手工生产的消失或范围极大缩小,个体私营经济应该趋于消失,公有制经济应该一统天下,也就是说个体私营经济的存在应该是一个十分短暂的现象。然而,从我国的现实情况看,私营经济不仅在生产力层次较低的部门、行业占有重要比重,而且在生产力水平层次很高的部门、行业也占有一定比重,可见非公经济存在着极大的发展空间,坚持以公有制为主体、多种所有制经济共同发展将是我们需要长期坚持的基本制度。

很显然,一些传统的理论已经无力解释现实,理论面临挑战,亟待创新。诚然,生产力决定生产关系,生产关系一定要适应生产力发展状况和发展要求,这是马克思历史唯物主义的一条基本原理,关键是我们如何运用这一原理去解释历史和现实。有学者指出:"我国社会主义条件下非公有制经济存在的依据决不仅仅是生产力水平低,市场经济条件下人们对自身利益的追求是非公有制经济存在发展的重要原因。"①此论颇有见地。笔者经过研究认为:我国之所以要大力发展私营经济,确实是来自我国生产力的发展状况和发展要求。但这种必然性不只是来自生产力发展的多层次和不平衡状况的要求,从更深层次上讲,是因为生产力的发展状况还没有达到"财富充分涌流"、"劳动已不再是谋生手段,而是生活第一需要"的程度。在"财富尚未涌流"、"劳动还是谋生手段"的生产力水平下,人们必然产生各自的利益要求,必然存在自私的观念,从某种意义上讲,社会还不得不利用人们自私的心理和对自身利益追求,去充分调动人们的积极性、能动性、创造性以推动社会生产力更快发展,以便创造更多的社会财富来满足人们的利益要求。有学者分析道:在当今世界,私有制远远没有成为生产力发展的桎梏。既然私有制仍然可以适应高度发达的生产力,那么,私有制就更不会成为我国生产力发展的桎梏。在我国现阶段,科技创新和发展生产力,都离不开个人的积极性。发挥个人的积极性,就必须给予每个人应有的物质利益、社会地位、发展机遇、创造空间。实践证明,在完全的公有制条件下,这些要求很难得到满足。公有制和按劳分配虽然承认劳动能力的差别,但否定了生产条件的个人所有,否定了个人收入转化为个人投资的可能性,否定了凭借资本所有权取得收益的权利,这样,个人物质利益就被大大地缩小了。在这个前提下,人们的物质利益、社会地位、发展机遇、创造空间等等,就同经济上的地位和独立性

①　程传兴:《论我国非公有制经济存在和发展原因的多样性》,《中州学刊》2007年第1期。

失去联系了。该学者进而强调指出:要最高限度地发挥人们的积极性,"就必须从法律制度上承认个人的财产所有权或独立的产权,就必须在一定程度上和一定限度内承认私有制"①。尽管以机器生产为标志的近现代生产力为我国建立公有制提供了一定的物质基础,但这种所有制度只有当它作用于宏观经济运行时才能显示出它的宏观经济效益和社会效益,而也正因此,它才获得了存在和发展的合理性,如重要的生产资料由国家和集体掌握,国有经济在重要行业和产业占支配、控制地位,这样可以避免私人垄断、盲目竞争,因而它从宏观上更有利于生产力发展。然而,在微观经济运行中,由于公有制经济组织中人们自私观念的作用和对个人利益的追求,往往存在着两种现象导致公有制经济组织生产和经营的低效率:其一是"搭便车"现象。不思尽其所能,只想从他人的劳动成果中获得自己的"便利"。其二是公经济中的"私经济"行为。假公济私,损公肥私,利用自己在公有制经济组织中的权力和地位谋求自己利益最大化。这两种现象的存在,使公有制经济组织缺乏持久的、强烈的内生动力,从而导致公有制经济组织的效率低下。如果要防止这两种现象发生,就要建立健全监督机制,就要付出高昂的监督成本。只有当经济组织的产出效益(包括广泛的社会效益)高于监督成本时,付出高昂的监督成本才是经济的、合理的;否则,如果经济组织的产出效益等于或低于监督成本,从经济角度讲,付出这种监督成本就是不经济的、不理性的。比如,一些重要产业和行业的公有制经济组织,由于其生产经营直接关系到宏观经济运行、关系到国计民生,对整个国家的经济发展具有重要作用,因而国家花费高额的监督成本来监督这些公有制经济组织是必要的,而在一些例如饮食服务业和一般加工制造业,如果国家设立广泛的公有制经济组织并为此付出高昂的监督成本,就是不经济的。在这些产业和行业,就应该让非公有经济组织充分发挥作用。私营经济,由于和个人的利益密切结合,属于自我约束、自我监督、自谋发展、自我谋利,因而有一种内生

---

① 陈文通:《社会主义初级阶段基本经济制度研究》,中共中央党校出版社 2003 年版,第 502 页。

的、持久的发展动力。可见,在当代我国社会生产力的发展运行中,公有制在宏观经济运行中有着不可替代的宏观效率优势,而在微观经济运行中,私有制却有着不可替代的微观效率优势。正因此,在我国社会的很长一个阶段,在生产力发展水平已经很高但尚达不到"劳动成为第一需要"、"财富充分涌流"的阶段,在所有制制度上就必须实行以公有制为主体、多种所有制经济共同发展,就必须实现公有制与私有制的优势互补,以推动生产力快速发展。

　　结论是明显的,在生产力发展的一个长期阶段,只要财富尚未涌流,劳动仍是谋生手段,人们的私有观念不能消除,公有制就必须和私有制相结合才能更好地实现自己的主要目标,更好地实现社会主义的主要价值目标。我们之所以要建立社会主义公有制,其主要目标是适应生产社会化需求,推动生产力快速发展,创造更多的社会财富以满足人们不断增长的物质文化生活需要。然而,经过实践我们发现,实行单一的公有制并不能保证这一主要目标的实现,而且不利于这一目标的实现。只有在以公有制为主体的条件下大力发展非公有经济,才能促进生产力的更快发展,才能创造更多的社会财富以满足人们迅速增长的物质文化生活需要,从而实现公有制所追求的主要目标。当然,私营经济的发展有其自身的诸种弊端,诸如容易导致分配不公、两极分化,容易导致恶性竞争、资源浪费,容易导致人们经济权利的不平等和社会地位的不平等等。但相对于它对实现公有制主要价值目标的作用而言,这些弊端是次要的,而且,我们实行的是以公有制为主体,对私营经济要加以引导和限制,从而会把私有制的弊端限制在不影响社会正常运行的发展范围之内。

二、必要性:一种现实抉择

　　大力发展非公有制经济,不是首先来自理论的引导,而是来自现实的需要,是一种历史的必然、现实的抉择。

　　1. 大力发展非公有制经济的必要性,首先来自社会主义公有制实践的经验教训

　　1949 年新中国建立后,中国共产党领导中国人民经过 6 年社会主义

改造,消灭了私有制,在全国范围内普遍建立起了以国有制(全民所有制)和集体所有制为基本形式的公有制,并以此为基础建立了高度集中的计划经济体制和按劳分配制度。应该说,在新中国经济发展的初期,公有制以及计划经济对我国优先发展重工业战略的实施,对集中力量搞重点工程建设,对国民经济的恢复和发展,是发挥了重要作用的。然而,随着实践的深入,高度集中的计划体制以及"一大二公"的公有制结构逐渐暴露出诸多弊端。

从公有制经济组织角度看:理论上讲,由于实行了公有制,消灭了私有制,消除了站在生产资料和劳动者之间的剥削者,从而实现了劳动者与生产资料的直接结合,劳动者成了生产资料的主人,劳动者应该焕发出巨大的劳动热情和劳动积极性。然而,实际情形并非如此。当刚刚从旧社会解放出来的劳动者巨大的劳动热情发挥出来之后,随着时间推移,公有制经济组织固有的弊端开始显露且日益严重,如"搭便车"现象、"磨洋工"现象、损公肥私行为等,从而严重制约了公有制经济组织的经济效率和活力。

从计划配置资源角度看:理论上讲,实行了公有制为实行计划经济奠定了基础,国家可以根据生产社会化的要求有计划地优化配置社会资源,从而有效避免资本主义社会由于私人占有同生产社会化的矛盾引发的盲目生产、生产无政府状态、浪费资源等现象。然而,实际情形却要复杂得多,要从宏观到微观完全实现社会生产的有计划组织和管理是不现实的。尽管我们实行了统购统销等计划经济体制,但并没能真正实现国民经济的有计划、按比例发展,反而引起了国民经济的结构性失调,严重制约了地方政府、企业的自主性、创造性的发挥,严重妨碍了社会各种资源的优化配置。

从收入分配角度看:理论上讲,公有制的实行为按劳分配奠定了基础,但在实际操作过程中,按劳分配往往演变成了平均分配、吃"大锅饭"。由于不存在市场竞争,因而不存在富有效率的社会必要劳动时间,因而所谓的按计划分配与社会必要劳动只能是一种先验的主观认定;由于不存在市场竞争,不能通过市场机制显示劳动者价值差别,因而无法准确衡量劳动者之间的劳动差别。很显然,按劳分配在现实中遭遇了种种困难,在实践中产生了种种变形。由于不能实行真正的按劳分配,由于不允许把个人消费资料转变成个人生产资料,因而劳动者的生产积极性、创造性受到了严重制约。

在 20 世纪 70 年代,世界各社会主义国家普遍出现了国民经济发展缓慢乃至停滞不前,广大人民群众的物质文化水平不能得到大力提高的现象。于是,改革计划经济体制,实行市场经济,改革所有制关系,允许并鼓励个体私营经济发展,改革政治体制,发展社会主义民主与法制,成为一种历史的必然,一种现实的抉择。20 世纪 80 年代,世界各社会主义国家纷纷掀起了改革浪潮,中国也于 70 年代末 80 年代初步入了改革开放的新时代。

20 世纪 70 年代末 80 年代初,我国首先在全国农村普遍推行了联产承包责任制。联产承包责任制的推行不仅改革创新了集体所有制实现形式,而且推进了农村个体私营经济的滋生发展。1982 年,党的十二大报告明确提出城乡个体经济是公有制经济的必要的、有益的补充。1987 年,党的十三大确立了公有制为主体、非公有制经济为补充、多种所有制经济共同发展的方针。1997 年,党的十五大明确把"公有制为主体、多种所有制经济共同发展"确立为我国社会主义初级阶段的基本经济制度,并明确提出非公有制经济是社会主义市场经济的重要组成部分。1999 年,宪法修正案明确将这一基本经济制度载入了宪法,这意味着非公有制经济从以前被取消、被排斥、作为"附属"和"补充"的地位已成为历史,私有制经济不再无足轻重,而成为社会主义市场经济的重要的有机的组成部分,私有制不再被当作社会主义制度的对立物,而是与公有制为主体有机结合在一起共同组成我国的基本经济制度。2002 年,党的十六大报告进一步提出了两个"毫不动摇":"必须毫不动摇地巩固和发展公有制经济";"必须毫不动摇地鼓励、支持和引导非公有制经济发展。"2003 年,党的十六届三中全会还就如何鼓励、支持和引导非公有制经济发展提出了原则性意见,如清理和修订限制非公有制经济发展的法规和政策,消除体制性障碍;放宽市场准入,允许非公有资本进入法律法规未禁入的基础设施、公用事业及其他行业和领域;非公有制企业在投融资、税收、土地使用和对外贸易等方面,与其他企业享受同等待遇;支持非公有制中小企业的发展,鼓励有条件的企业做强做大;改进对非公有制企业的服务和监管。2004年,十届全国人大二次会议通过宪法修正案,根据我国的实际情况对有关保护私有财产的法律规定作了修改,加强了对私有财产和个人利益的保护。明确指出:"公民的合法的私有财产不受侵犯。"修改前的宪法用列举的方法规定了保护公民的合法收入、储蓄、房屋等合法财产,但未列举生产资料。这次修改不再采用列举的方法,而是直接规定保护的范围为"公民的合法的私有财产"。"私有财产"是一个概括性的概念,包括公民所有的一切具有财产价值的权利和利益,既包括生活资料,也包括生产资料,如厂房、设备、土地使用权、投资效益、无形资产等,这就扩大了保护范围。而且修正案同时规定,"国家为了公共利益的需要,可依照法律规定对公民的私有财产实行征收或者征用并给予补偿",以此进一步规范和约束政府行为,防止政府借口征收侵犯个人财产和利益。修改后的宪法充分体现了对私有财产权利的承认和尊重,大大提高了私有财产权的地位。2005年2月,国家下发了《国务院关于鼓励支持和引导个体私营等非公有制经济发展的若干意见》,进一步细化了支持个体私营经济发展的政策措施。2007年3月16日通过自2007年10月1日起施行的《物权法》,专门就私有财产方面的保护作出了明确的法律规定。《物权法》是民法的核心,是保护最广大人民群众利益的具体法律,是我国社会主义市场经济的基本法,是维护我国社会主义基本经济制度的重要法律,也是鼓励人民群众创造财富的法律,其中,专门强化了对私人所有权的保护。法律对私有财产的保护,除最高层次的宪法保护之外,还应有第二层次的民法保护,第三层次的各单行法保护。《物权法》的出台,表明我国对私有财产的保护已从宪法原则迈向制度构建。上述一些法律法规和政策措施必将为非公有制的发展提供更大的空间和条件。

2. 大力发展非公有制经济的必要性,其次是因为非公有制经济有着不可替代的经济社会功能

无可否认,正如马克思、恩格斯在诸多著作中所分析的,私有制特别是

资本主义私有制存在种种弊端,诸如存在私人占有与生产社会化的矛盾,存在生产资料所有者凭借所有权剥削劳动者剩余劳动的现象,容易导致分配不公、两极分化等等。正因此,剥夺剥夺者,实行社会主义公有制,实行计划经济和按劳分配,才有了理论上的合理性;正因此,苏联、中国等国家才在马克思主义理论指导下进行了社会主义革命,建立了社会主义制度。然而,实践业已证明,实行纯粹的"一大二公"的公有制度,并没有导致理论演绎中种种制度绩效的出现,反而在许多方面有悖于社会主义价值目标的实现。实践证明,在社会发展的一个很长阶段,公有制必须借助私有制才能更好地实现自己的主要价值目标。在坚持公有制为主体的前提下大力发展非公有制经济,二者之间存在着相互依存、辩证统一的正相关关系,非公有制经济有着诸多有益的经济社会功能,其主要功能有以下几方面。

其一,大力发展非公有制经济,有利于推动生产力快速发展。(1)有利于促进市场竞争。非公有制经济由于和个人利益紧密结合在一起,因而具有强烈的内生动力和发展驱力,因而有利于充分调动、发挥广大生产经营者生产经营的积极性、能动性、创造性,因而有利于推动国民经济快速发展。非公有制经济由于产权清晰、利益关系明确,因而与市场经济有着天然的相容性,是最具内生发展动力的市场经济主体,而各市场主体的充分竞争、公平竞争,更有利于资金、技术、土地、劳动力等各生产要素的优化配置和效用发挥,从而更有利于生产力发展。(2)有利于促进产业结构的优化和升级,带动新兴产业和行业的发展。非公有制经济的发展有利于第三产业的发展,有利于在竞争中推动新兴行业和产业的发展。(3)有利于优化和调整所有制结构,创新公有制实现形式①。公有制和私有制都可以而且应该有多种多样的实现形式。非公有制经济的发展,可以为一部分中小型国有企业和其他公有制企业的联合、兼并、嫁接、租赁和拍卖提供对象和有效途径,可以为公有制经济实施股份制改造、募集股本创造条件。公有制经济参股、控股非公有制经济,有利于扩大公有资本的支配范围,增强公有制的主体作用。总之,有利于充分发挥公有制、私

---

① 参见胡康生:《毫不动摇地发展非公有制经济》,《人民日报》2004 年 4 月 6 日。

有制的各自优势并形成有效合力,共同推动经济发展。

其二,大力发展非公有制经济,有利于实现充分就业。实现充分就业,是保持社会稳定,保障劳动者的权益,有效调解分配关系的重要社会条件,也是社会主义经济运行所追求的价值目标之一。我国人口众多,就业压力很大。非公有制经济的发展,可以开辟更多的就业渠道和就业机会,许多人还可以走自谋创业之路。允许并鼓励、支持个体经济发展,可以使更多的劳动者自谋职业;允许并鼓励支持私营企业、外资企业发展,可以开辟更加广阔的生产经营空间,从而为广大劳动者的自由择业、充分就业、自谋创业提供广阔的空间。

其三,大力发展非公有制经济,有利于快速提高广大人民群众的物质文化生活水平。大力提高广大人民群众的物质文化生活水平,是社会主义的根本价值取向之所在,同时也是保证社会主义制度取得最后胜利的根本条件。大力发展非公有制经济,有利于推动生产力快速发展,有利于增加就业,有利于把国民财富的"蛋糕"做大,有利于推动消费结构升级优化,有利于增加税收并通过财政转移支付发展政治、文化、教育、卫生、社会保障等社会各项事业,因而有利于快速提高广大人民群众的物质文化生活水平。实现共同富裕是社会主义的一个重要价值目标,但共同富裕并不等于同步富裕,当然更不是共同贫穷。而要实现共同富裕,必须首先谋求生产力快速发展,谋求富裕,而大力发展非公有制经济正是谋求生产力快速发展、谋求富裕的必由之路。因此,在坚持以公有制为主体前提下,在搞好宏观调控、经济监管和分配调节的条件下,大力发展非公有制经济同实现社会主义共同富裕,不仅不存在不可调和的根本矛盾,而且构成实现共同富裕的一个必要条件,一个必然过程,两者之间具有某种一致性和正相关关系。共同富裕是社会主义的本质要求,但这个目标的实现,需要一个较长时期的努力才能达到,不仅要有公有制经济的主体地位作根本保障,不仅需要有公有制经济的长足发展,而且还必须有非公有制经济的长足发展,只有这样才会有生产力的快速发展,有国民财富的快速增长,也才能为共同富裕提供条件、奠定基础。总之,发展非公有制经济是我国社会主义条件下发展生产力、实现共同富裕的必由之路。

3. 大力发展非公有制经济的必要性,最终来自发展非公有制的实践成就

改革开放以来,我国的非公有制经济从无到有,从小到大,获得了长足发展,对我国经济社会的快速、健康发展发挥了积极作用。主要表现在:其一,推动了经济增长。1978 年以来,我国经济以平均 9% 以上的速度增长,而个体、私营经济的年均增长速度达到了 20% 以上,成为支持整个国民经济快速发展的重要因素。非公有制经济占国内生产总值的比重已由 1979 年的不足 1% 增长到目前的 1/3 以上,如果加上外资,则整个非公有制经济占 GDP 的比重已经超过了一半,占工业增加值的比重由 1990 年的 10% 左右上升到目前的 1/3 以上。2003 年,个体私营工业已占全国工业增加值和销售收入的 40% 左右,占全国产品销售总额和零售总额的 60% 以上。到 2006 年 11 月,规模以上私营工业利润总额为 2521 亿元,同比增长 47.2%,高于全国 16.5 个百分点。[①] 非公有制经济已经成为我国经济增长最主要的一个推动力量。1979—2005 年,我国的经济增长速度按可比价格计算年均递增 9.6%,远高于世界和发达国家的平均年递增速度;人均国内生产总值,1978 年为 381 元,2000 年为 2019 元,2005 年为 3074 元;同一时期,扣除价格因素之后,城镇居民家庭人均可支配收入、农村居民家庭人均纯收入分别递增 6.9% 和 7.0%;我国对外经济联系不断扩大,国际收支平衡,国家外汇储备剧增。我国取得这样的发展成就固然有多方面原因,但允许并鼓励支持非公有制经济发展不能不是一个重要原因。其二,缓解了就业压力。非公有制经济已经成为我们国家的就业主渠道,非公有制经济新增就业量占全社会新增就业量的比重持续上升。20 世纪 90 年代以来,个体、私营企业年均净增 600 万个工作岗位,吸纳的劳动力占城镇新增就业量的 3/4 以上。2002 年,全国就业总数为 7.37 亿人,民营经济吸纳的就业人员为 3.09 亿人,约占就业总数的 42%。民营经济在城镇的就业比重已超过 70%,在二、三产业的就业比重更是达到 84%。另据劳动和社会保障部 2002 年底对 66 个城

① 参见《中国工商时报》2007 年 2 月 1 日。

市的调查,国有企业下岗职工人员中的 65% 在民营经济中实现了再就业。民营经济已经成为当前我国安置就业的主渠道。① 2004 年,在城镇就业总数中,全部非公有制企业的比重是 25.4%,公有制企业是 10.3%;在农村,全部非公有制企业的比重是 54%,公有制企业是 18.3%。② 截至 2005 年末,私营企业共有 430.1 万户,私营企业主 1110 万人,雇工4714 万人,平均每家雇工 211 人。③ 就河南省而言,2006 年,非公有制经济从业人员达 1625.1 万人,占全省从业人员的 1/3 以上;其中,新增就业110 万人,占全省新增就业的 60% 以上,有效地缓解了全省城乡的就业压力。非公有制经济的快速发展,创造了大量的就业机会,解决了大批大中专毕业生、城镇居民和下岗失业职工的就业再就业问题,促进了农村富裕劳动力向二、三产业转移,成为河南省增加就业的主渠道。其三,增加了财政税收。2006 年,私营企业税收总额 3495.2 亿元,比 2005 年增长28.6%,高于全国 6.7 个百分点,占全国税收总额的比重为 9.28%。④ 财政税收的增加,为提高社会转移支付能力,促进社会各项事业的发展提供了条件。其四,促进了产业结构优化升级,带动了新兴产业和行业发展。个体、私营经济的发展大大加快了第三产业发展,与此同时,民营经济还带动了新兴产业和行业发展。1992 年以来,民营科技企业迅速发展,民营科技企业实现技工贸收入和上缴水平平均以 30% 多的速度增长。到2001 年,全国民营科技企业已发展到 10 万户,企业员工 644 万,技工贸总收入 18470 亿元,企业资产总额超过 24800 亿元,出口创汇 319 亿美元,成为我国国民经济中一个显著的亮点。⑤ 据《光明日报》2005 年 2 月

① 参见《人民日报》2004 年 4 月 25 日。
② 白林、白建宜:《优化非公有制经济发展的外部环境》,《中共乐山市委党校学报》2006 年第 2 期。
③ 赵华荃:《坚持公有制为主体的基本经济制度之我见》,《马克思主义研究》2006 年第 11 期。
④ 参见《中国工商时报》2007 年 2 月 1 日。
⑤ 参见胡康生:《毫不动摇地发展非公有制经济》,《人民日报》2004 年 4 月 6 日。

8日报道,近3年来,我国营造林面积连续突破1亿亩,截至2005年2月,我国非公有制森林面积达到3510万公顷,占森林总面积的20.32%,非公有制林业已成为我国林业跨越式发展中的一支重要力量。近5年,在我国林产工业发展的总投入中,87%是民间资本,有17万家非公有制企业成为我国林业产业发展中的生力军。其五,私营经济成为不少地方经济快速发展的主要推动力量。现实经济发展中一个十分有趣的现象是,凡是经济比较发达的地方往往私营经济也比较发达。在我国东南沿海经济比较发达的地区,诸如江苏、浙江、福建、上海、广东等地,非公有制经济所占的比重都比较大,在地区经济发展中发挥着重要的不可或缺的重要推动作用,在这些地区的许多市县,非公经济已经成为市县财政税收的主要来源。就河南省而言,民营企业已成为县域经济的"主力"。据2004年2月26日《河南日报》报道,2003年河南省158个县区的税收中,由非公有制经济实体提供的份额都占到一半以上。巩义、偃师、鄢城、长葛、长垣等非公有制经济发达的县市,税收的60%到70%来自非公有制经济,许昌县、郑州市惠济区更占到90%以上。理论是灰色的,实践之树常青。现实的需要、实践的成就,比任何理论推论都更具说服力。我国之所以要大力发展非公有制经济,并不是首先来自理论的号召和引导,相反,传统理论还为大力发展非公有制经济造成了许多思想禁锢,设置了种种障碍。我国之所以要大力发展非公有制经济,首先是来自社会发展的现实需要,来自对实践经验的不断的、及时的总结和探讨。

三、长期性:一个亟待正确认识和回答的问题

　　时下,人们在对待发展非公有制的长期性问题上还存在不同认识。有人把非公有制经济看成仅仅是由落后生产力所决定的所有制形式,或者把发展非公有制经济看作是生产力落后条件下不得已而为之的权宜之计;有人囿于传统理论的窠臼,对社会主义初级阶段的长期性,对发展非公有制经济的长期性认识不足,认为我国社会一旦步入社会主义中级阶段、高级阶段,非公有制经济就不再有存在的理由,就应该被取缔和消灭。这些认识是片面的形而上学的,不仅不符合党的基本路线长期不变的方

针政策，也落后于当代经济生活的现实，是大力发展非公有制经济的思想羁绊。显然，正确认识和回答发展非公有制经济的长期性问题，既是我国改革实践中必须解决的问题，也是科学社会主义理论必须回答的问题。

1. 关于私有制存在和彻底消灭的条件

私有制是在一定的生产力和历史条件下产生的，同样，也只有在一定的生产力和历史条件下，私有制才有可能退出历史舞台，这是一种自然历史的过程，是不以人的意志为转移的。

我国有学者深入分析了同私有制相适应的生产力和社会条件，指出："撇开私有制的不同形式，同私有制相适应的生产力和社会条件主要是：第一，剩余劳动和剩余产品已经有可能存在，而建立在血缘和自然部落共同体基础上的人的依赖关系已不复存在。第二，相对于人的需要存在资源（自然资源和通过劳动创造出来的生产资料）的稀缺性。资源的稀缺性是人们争夺经济利益的自然基础。西方经济学借以建立的物质基础和理论前提就是资源的稀缺性。如果不存在资源的稀缺性，私人占有就没有意义了。克服资源稀缺的唯一可能，是现代科学发展和技术发明以及劳动生产力的极大提高。第三，生产的直接动力和基本目的是物质财富（即物质生活资料，货币不过是商品生产条件下财富的抽象形式），生产资料则表现为实现这一目的的手段。生产力的发展仍然需要由竞争来推动。只要生产的基本目的仍然是物质财富，而不是人本身自由全面的发展，以及个人价值的实现和才能的发挥，那么，对财富的争夺性就是不可避免的。正如恩格斯所说，只有创造了所必需的大量生产资料之后，才能废除私有制。第四，劳动生产力还没有达到足够高的程度，以至于人们在活动时间的分配上，不得不把主要部分用于生产劳动，而不是作为自由时间。自由时间比例的大小是衡量生产力水平和财富积累程度的主要标志。第五，以物质劳动和精神劳动的分离为标志的社会分工依然普遍地和大量地存在。第六，生产仍然具有一定的地域的、民族的、国家的性质，生产力的发展仍然具有很大的不平衡性。其实，私有制存在的条件，基本说来，同时就是原始共同体不能存在和共产主义公有制尚不能建立的条件。"①该学者进一步从六个方面分析了私有制的历史合理性和进步性,明确指出:"在社会直接占有的条件还不具备以前,在私有制的潜能还没有充分发挥出来以前,在私有制至少在某些方面还具有比较优势之前,私有制的存在就是合理的,是有进步性的。"②该学者的论述对我们正确认识、充分理解在我国大力发展非公有制经济的长期性极富启发意义。尽管该学者对私有制必然存在的六大条件没有充分展开说明,其中有的条件如资源稀缺在笔者看来尚不能成为私有制存在的必然条件(因为它也可以成为公有制存在的社会条件),但总的看来,该学者对私有制存在条件的分析是有一定道理的。依笔者所见,私有制存在的最根本条件只有一点,那就是:社会财富没有涌流到人们把劳动作为生活的第一需要,作为自由人全面发展的需要,人们还存在自私观念和个人利益,劳动还是获得个人利益和财富的手段,甚至还是谋生的需要,只要是在这种条件下,实行纯而又纯的"一大二公"的公有制就是不可能的,私有制依然是充分调动劳动生产者经营积极性、能动性、创造性的有力制度杠杆。私有制可以利用人们的自私观念和对个人利益的追求,为人们自主生产经营、自由择业竞争、自我积累扩大、自我创新发展提供广阔的活动空间,也只有在这种活动过程中,人们对个人利益的追求才能获得相对满足,个人的价值才能获得相对实现。由此看来,私有制的存在和发展将是一个长期的不以任何人的意志为转移的自然历史过程。

2. 非公有制经济将长期与社会主义同行

在传统的科学社会主义理论中,我们总是把私有制看作是一切社会罪恶的根源,看作是公有制和社会主义的对立物,把消灭"私有制"、建立公有制,看作是共产党人的历史使命和根本任务,应该说,在当时历史条件下,这是正确的阶级观点。在私有制所引发的阶级矛盾异常尖锐,不消灭私有制就不能解放劳苦大众,不能进一步推动生产力快速发展的社会条件下,消灭私有制,建立公有制,无疑是一种历史的选择。然而,传统科

①② 陈文通:《社会主义初级阶段基本经济制度研究》,中共中央党校出版社,2003年版,第489—490页。

社理论中确实存在一些需要重新认识、重新判断的理论观点。比如对私有制的历史的合理性和进步性的判断和认识，过去我们更加关注的是私有制本身固有的种种弊端及其对社会发展的阻碍、破坏作用，当然，这些都是不可否认的历史事实，然而，我们往往忽略了私有制在历史上的合理性和所起的进步作用。更有甚者，我们把社会主义、把公有制与私有制完全对立起来，看作是非此即彼、有我无他、水火不容、不可调和的对立物，看不到二者之间存在着既对立又统一、相互依存的关系。现在看来，我们必须坚持实事求是、与时俱进的思想路线，对科学社会主义理论进行不断创新。

　　通过对私有制存在的生产力条件和社会条件的分析，我们完全可以有理由认为："在当今世界，私有制远远没有成为生产力发展的桎梏。"①在当代西方发达国家，私有制和资本主义生产方式仍然是基本的形式，尽管在经济运行和分配关系等方面表现出来的弊病不少，但它的生命力、竞争力是不容置疑的。② 在我国现阶段，生产力的发展程度比发达国家要低得多，而且要达到财富充分涌流，劳动成为生活第一需要的生产力发展阶段是十分遥远的事情。因此，根据生产力决定生产关系的一般规律，私有制不仅不会成为我国生产力发展的桎梏，而且在相当长的时期内将是我国生产力发展和经济发展的重要推动力。在我国现阶段，发展非公有制经济并不仅仅是生产力水平较低的需要，生产力发展水平提高后仍需要非公有制经济发展。从国外的实践来看，美国硅谷计算机、软件、网络等高科技产业的发展壮大表明，非公有制经济也是能够适应发达生产力发展要求的所有制形式。这也就是说，在一些生产力层次较高的产业行业中，如高新技术产业中，非公有制经济也大有用武之地，甚至在某些方面还具有独特优势，私有制也在某种程度上适应着先进生产力的发展要求，并能推动先进生产力发展。正因此，有学者指出："从科技革命和知识经济的发展趋势或者说从社会生产力发展的趋势来看，即使到了我国

①② 陈文通：《社会主义初级阶段基本经济制度研究》第 499 页，中共中央党校出版社 2003 年版。

现代化基本实现以后,产生非公有制经济的原因仍然会存在;从人们对自身利益追求来看,人们对自身利益的追求在社会主义阶段将长期存在,所以非公有制经济在我国社会主义市场经济条件下,必将是长期存在的。"①

由此看来,消灭私有制和建立共产主义社会是同一个问题的两个方面,将是一个十分长期的历史过程,在这个漫长的历史进程中,社会主义将与私有制、与市场经济结伴而行。建设和发展社会主义,不仅不要求取消市场经济,不要求消灭私有制,在坚持以公有制为主体的前提下,还需要大力发展非公有制经济和市场经济;非公有制经济不仅不是社会主义的对立物,而且是社会主义市场经济的有机的、不可或缺的重要组成部分;市场经济不仅可以和资本主义相结合,而且同样可以和社会主义相结合,是社会主义谋求经济发展所必然采取的基本形式。

第二节　大力发展非公有制经济需要正确认识和处理的几个理论问题

一、正确认识对中国革命和社会主义建设历史的评价问题

一些学者以我们今天要大力发展非公有制经济为理由,否定中国革命时期中国共产党领导人民进行土地革命的必要性、合理性,否定在我国进行社会主义改造、建立社会主义公有制制度的必要性、合理性。这是一种历史虚无主义态度,同时也表明一些人对生产力决定生产关系这一社会发展规律的认识还存在误区。生产力决定生产关系是从根本性上讲的,在现实的社会发展运动中,人是社会实践的主体,生产力对生产关系的最终决定作用必须通过人的作用而实现。也就是说,生产关系特别是所有制关系作为一种社会制度,并不是天生的,并不是生产发展自然而然的结果,而是人们在社会实践中能动的、主观的(相对于自然界而言)选

---

① 程传兴:《论我国非公有制经济存在和发展原因的多样性》,《中州学刊》2007年第1期。

择的结果。因此,在生产关系与生产力之间并不存在完全的"零距离"对应关系。由于人们之间的利益矛盾和冲突,由于作为统治者的社会集团受自身狭隘利益的制约,由于人们对自然、社会辩证发展规律认识的局限性,人们对生产资料所有制的选择往往充满了矛盾、冲突和斗争,这就注定了人们对生产资料所有制的选择会包含更多的不同阶级的利益诉求。① 回顾中国革命的历史,我们清楚地看到,在半封建半殖民地的旧中国,由于封建地主阶级对中国农民的残酷剥削,由于中国民族资产阶级的软弱,中国的无产阶级、农民阶级与地主阶级的阶级矛盾异常尖锐,因此,封建地主阶级的土地私有制已成为生产力发展的桎梏。

　　以民国前后的河南为例:河南地处中原,是历代封建王朝的统治中心,自古以来土地兼并现象就十分严重,大户人家田连阡陌,贫家小户无立锥之地。清朝前期,虽经明末农民战争的扫荡,但河南地主阶级很快便卷土重来,霸占了各州县大部分土地,滋生起一批广有田产的大地主,如西平陈家、信阳邹家、考城王家等,占地均在数万到数十万亩。19 世纪五六十年代,虽经太平军、捻军起义打击,冲击了旧的封建秩序,但十几年战乱并没有给农民带来实惠,就土地占有关系而言,仅是变乱和转移。在战乱过后重新分配地权的过程中,土地大部分落入有钱有势的富人手中,一些靠镇压农民起义起家的豪绅成为新的大地主。进入民国之后,国民政府虽然高喊关注民生、平均地权,也曾颁布过《土地法》,实施二五减租,但实行的仍然是封建土地所有制,地主阶级占有大量土地,并依此对农民实施封建剥削。北洋政府时期,袁世凯、徐世昌、赵倜等在河南都广有田产。地主阶级占有的土地小部分自家雇工经营,大部分租给农民佃种,从中榨取封建地租。地主豪绅对土地的兼并,国家不断加重农民的田赋负担,导致大量农民失去土地,农民日趋破产,阶级矛盾异常尖锐。同时,帝国主义的经济侵略也阻滞了中国农民生产的发展。只有推翻封建制度,变革土地所有制,才能使广大农民获得解放,农业生

---

① 参见李太淼等:《所有制原理与当代中国所有制改革》,红旗出版社 2003 年版,第 112—113 页。

产才能发展。① 压迫愈重,反抗愈浓。推翻剥削阶级统治,消灭大地主土地私有制,已成为广大被压迫被剥削的人民群众的共同愿望,也是进一步解放生产力、发展农业生产的要求,因此,中国共产党领导人民进行土地革命、打土豪分田地应是顺天意、应民心、合历史潮流之举动。

新中国建立后,由于中国需要在一穷二白的基础上进行工业化、现代化建设,当然也由于苏联社会主义模式的作用和影响,由于当时资本主义制度所显示的种种弊端,因而中国历史地选择了社会主义制度,在所有制制度上实行了公有制。20世纪五六十年代,可以说,社会主义革命浪潮席卷全球,许多国家都走上了社会主义道路,这决不是历史的偶然,而是阶级矛盾和斗争、生产力发展要求、各国具体的历史文化传统和实际国情等多种因素作用的结果,是一种历史的必然。而且,在社会主义公有制建立初期,各社会主义国家如苏联、中国等也确实在短时间内集中人力、物力、财力,集中资源优势,进行工业化建设,取得了巨大成就,显示了社会主义公有制的优越性。当然,随着生产的发展,生产越来越复杂化、社会化,建立在"一大二公"基础上的计划经济越来越不适应经济发展的要求,不利于资源的优化配置,而且,不允许非公有制经济存在和发展的"一大二公"的公有制经济组织形式越来越不利于调动和发挥广大劳动生产者的积极性,因此,大力发展非公有制经济和市场经济,不断创新公有制实现形式,成为现实的选择,历史的必然。但我们决不能因此而否定所有制革命和社会主义建设的必要性,否定社会主义制度的优越性,否定共产党的历史功绩。

二、正确认识和处理大力发展非公有制经济与坚持以公有制为主体的辩证关系

在社会主义市场经济条件下,大力发展非公有制经济与坚持以公有制为主体之间存在着优势互补、相互依存、共同发展、相互促进的辩证关

---

① 参见王全营:《民国中期的地权分配与农业经营——以中原地区为例》,《信阳师范学院学报》2004年第6期。

系。首先,大力发展非公有制经济是在坚持以公有制为主体的前提下进行的。大力发展非公有制经济决不能取代公有制的主体地位,一旦取代了公有制主体地位,我国的所有制结构性质进而我国的社会制度性质就将发生质的变化,我国就不再是社会主义社会。其次,坚持以公有制为主体决不能代替非公有制经济发展。双方的作用既相互促进又不能相互替代。没有非公有制经济的大力发展,我国的市场经济就不能更好发展,社会主义公有制所追求的价值目标就无法更好实现,以公有制为主体也不能更好坚持。因此,要按照党的十六大提出的两个"毫不动摇"的要求,把坚持以公有制为主体和大力发展非公有制经济统一于社会主义建设进程之中。

三、正确认识和处理非公有制经济中存在的剥削问题

剥削是一种社会历史现象,它与私有制相伴而生。随着我国各种非公有制经济的迅速发展,存在不同程度的剥削现象是自然而然的,我们既要高度重视又不必大惊小怪。就总体而言,许多私营企业主都是我国社会主义的建设者,绝大多数私营企业主都承担着重要的经营管理职能,对我国市场经济发展和经济建设起到了重要作用,做出了一定贡献,而依附于非公有制经济中的剥削现象显然是我们为发展市场经济必须付出的代价之一。我们必须正视这一现实,以基本经济制度为保障,从所有制结构、分配政策、劳动保护和监管等多方面采取措施,把非公有制经济中存在的剥削的数量、范围和程度限制在一定范围内,鼓励、引导雇主将利润收入不断用于企业积累,用于扩大生产,用于社会公益事业,以便更好地促进经济和社会和谐发展。

第三节　建立健全促进非公有制经济
发展的制度支撑体系

非公有制经济是社会主义市场经济的重要组成部分。要谋求中国经济的快速发展,必须在坚持公有制为主体的前提下大力发展非公有制经

济,这已成为全党全国人民的共识。而要谋求非公有制经济更好更快地发展,必须建立和健全促进非公有制经济发展的制度和政策支撑体系。改革开放以来,我国在鼓励和支持非公有制经济发展方面已经出台了许多政策,制定了不少制度,国家促进非公有制经济发展的制度保障体系框架基本形成。但时至今日,制约和影响非公有制经济发展的制度和体制障碍还没有完全消除。适时进行制度创新,建立健全鼓励和支持非公有制发展的制度支撑体系,依然是深化所有制改革、深化经济体制改革实践中迫切需要解决的现实问题。

一、建立健全私有产权保护制度

产权是市场经济有效运作的工具,同时也是所有制有效运作并得以实现的工具。以公有制为主体、多种所有制经济共同发展的基本经济制度要在市场经济运行中得以有效实施,有赖于建立健全具体的、明晰的产权制度。其中不仅仅要建立健全公有产权保护制度,而且要建立健全私有产权保护制度,私有财产权是公民的基本权利,它与生命权、自由权一起被并称为公民的三大基本权利。私有产权保护制度是确保私人和非公有制企业合法权益、充分调动生产经营者从事生产经营的积极性,因而是保证非公有制经济长足发展的基础性制度。财富是由芸芸众生创造的,充分释放个人创造财富的潜力,是搞活经济、迅速提高我国综合国力的基础。古人云,"有恒产者有恒心",如果缺乏对私有财产权平等、充分的保护,则人们对财产权利的实现和利益的享有都将是不确定的,从而也就不会形成所谓的恒产,也很难使人们产生投资的信心、置产的愿望和创业的动力。只有加强对私有产权的保护,才能鼓励亿万人民群众创造财富、爱护财富、合法致富。①

尽管我国在私有产权保护的制度构建方面取得了不少成就,但仍有许多具体制度还需要在实践中不断建立和创新,许多相关的基本法及其

---

① 参见王利明:《平等保护原则:中国物权法的鲜明特色》,《法学家》2007年第1期。

他法律法规还需要进行相应的修改。目前,在法律制度层面上,保护私人产权仍然存在着三个重要问题有待解决。一是宪法保护私人产权的规定缺乏可诉性,宪法司法化问题有待解决。二是尚未建立起完善的法律框架来保护私人产权。《物权法》尽管对国有、集体、私有产权的保护都作了明确规定,但《物权法》对于各种物权的规定并不是十分完满的,也不是十分完备的,换言之,《物权法》对我国的物权规定还没有做到一步到位,留下了很多空间需要立法和司法予以补充和完善,需要一系列相关配套的法律、法规的支持和丰富,将其较为原则性、概括性的法律规划具体落实。[1] 此外,诸多规范市场主体行为、牵涉到私人产权保护的法律法规需要制定或重新修订。即便是《刑法》中对侵犯私人财产权行为的规定也需要重新修订。三是技术性制度手段缺乏,缺少一些技术性的制度来界定不同的产权和解决产权纠纷。建立健全私人产权保护制度需要在以下几方面做出努力。

其一,进一步完善保护私人产权的法律体系。在宪法层面上,要研究制定实现私有财产保护条文规定的具体措施,实现宪法的司法化和可诉性。在具体法律层面,要加快制定和修订《物权法》的下游配套法律法规,诸如《土地征收征用及拆迁法》、《不动产物权登记法》、《物业管理条例》等;要制定或修订有利于保护私人合法产权的《反垄断法》、《税法》、《破产法》、《财产继承法》、《反不正当竞争法》、《合伙企业法》、《个人独资企业法》、《土地管理法》、《证券法》、《票据法》等;要对《刑法》做相应调整,对于侵犯私人产权的行为,要有明确具体的刑罚条文规定;要彻底清理和修改有关法律法规,构建起一个比较完整的保护私人产权的法律体系。

其二,研究制定一系列更加具体的保护私人产权的产权制度。不同地区、不同行业、不同单位要依照法律规定并结合自己的实际状况,制定更加详细、明晰的产权制度和施权细则,明确界定国家、集体、私人不同利益主体的产权边界,进一步规范不同利益主体的施权行为,减少产权纠

---

① 参见杨立新:《落实〈物权法〉的具体路径》,《光明日报》2007 年 6 月 5 日。

纷,最大限度地保护好不同市场主体的产权权益。要通过具体的产权激励和约束制度有效避免侵权行为,充分调动私营企业主生产经营的积极性,充分调动广大科技人员进行科技创新的积极性,充分调动社会成员投资经营和投资创业的积极性。

二、进一步健全和完善非公有制经济的市场准入制度

市场准入制度是落实基本经济制度、发展市场经济的一项具体制度。我们必须按照基本经济制度的要求,建立健全非公有制经济的市场准入制度。近年来我们党和国家在这方面出台了许多政策,进行了一系列改革尝试。早在"十五"规划《纲要》中,我国就已经提出:"要取消一切限制企业和社会投资的不合理规定,在市场准入、土地使用、信贷、税收、上市融资、进出口等各方面,对不同所有制企业实行同等待遇。"这期间政府关于市场准入政策的指导思想是:除少数关系国家安全和必须由国家垄断的领域外,其他领域应允许民间投资进入,必须由国家独资和独家企业经营的只是个别特殊行业。同时,原国家计委制定的《关于促进和引导民间投资的若干意见》规定:新的《外商投资产业指导目录》适用国内的民间投资主体,即凡是鼓励和允许外商投资进入的领域,均鼓励和允许民间投资进入;在实行投资优惠政策的投资领域,其优惠政策对民间投资同样适用。2003 年 10 月,党的十六届三中全会通过的《关于完善社会主义市场经济体制若干问题的决定》明确提出,要大力发展和积极引导非公有制经济,允许非公有制资本进入法律法规未禁入的基础设施、公用事业及其他行业和领域。非公有制经济在投融资、税收、土地使用和对外贸易等方面,与其他企业享受同等待遇。从 2004 年到 2005 年初,政府改革投资体制,制定新的放宽市场准入的文件和修订《外商投资产业指导目录》,进一步履行加入世贸组织后放开市场的承诺。2005 年 2 月国务院颁发《关于鼓励支持和引导个体私营等非公有制经济发展的若干意见》(简称"非公经济 36 条"),进一步明确提出,放宽"非公有制经济市场准入要贯彻平等准入、公平待遇原则,允许非公有资本进入法律法规未禁入的行业和领域。允许外资进入的行业和领域,也允许国内非公有资本进

入,并放宽股权比例限制等方面的条件。在投资核准、融资服务、土地使用、对外贸易和经济技术合作等方面,对非公有制企业与其他所有制企业一视同仁,实行同等待遇。对需要审批、核准和备案的事项,政府部门必须公开相应的制度、条件和程序。""非公经济36条"还就非公经济可进入的行业进行了列举式规定。综观上述规定并结合目前非公有制经济在市场进入中所受到的实际限制或遇到的障碍,建立健全非公经济市场经济准入制度应从两个方面着手。

其一,进一步明确和细化非公有制经济行业准入制度。"非公经济36条"中的第二、三、四、五、六、七、八条对非公有制经济可进入的行业以及进入的方式专门作了规定。然而,允许进入和能否进入是两回事。有专家从客观原因和主观原因两个方面分析了非公有制经济进入垄断行业的障碍。就主观方面看,非公有制经济技术创新不足,人才缺乏,资金实力不强,企业素质不高,这成为非公有制经济进军垄断领域的"瓶颈"。从客观上看,各种隐性的不公平政策和待遇成为制约民营企业发展的政策原因。例如,在公用事业领域,涉及公共交通、环保供水、供气、垃圾污水处理等公用基础设施,目前大多没有实行政企分开,政府没有退出,长期被政府直接经营,民营资本无法投资;在新兴服务领域,目前,金融、保险、旅游、通讯、教育、体育、医疗等新型服务业已经成为新的投资热点与经济增长点,但由于新型服务业投资开放的难度与复杂度远远要超过一般制造业,民间还没有真正开展大规模投资;在非公有制经济参与国有企业改制重组过程中,由于政府的过度干预,制约了其参与改制改组的积极性,甚至使一些本来有望成功的计划胎死腹中;政府虽然允许非公有制经济进入法律、法规没有禁止进入的基础设施、公共事业和其他行业领域,但由于配套政策不到位,目前公有制经济在将近30个产业领域存在不同程度的"限进"情况①。这种情况说明,一方面非公有制企业必须通过多种措施增强自身实力;另一方面,各级政府要进一步转变职能,理顺政企

---

① 参见蔡敏:《破除民企进入垄断领域的瓶颈》,《瞭望新闻周刊》2006年第9期,第64—65页。

关系、政事关系、政社关系,加大对垄断行业的规制改革,要认真检查、清理、修订涉及非公有制经济的法律法规和政策,逐步消除各种阻碍非公经济行业准入的隐性壁垒。

其二,不断改进和创新市场主体准入制度。为充分发挥市场主体设立、投资对经济发展的拉动作用,必须改革创新市场主体准入制度,建立高效、便捷的市场主体准入服务体系。改革创新市场主体准入制度,包括:改革企业前置审批制度;改革企业名称、登记注册制度;改革企业注册资本(金)缴付方式;改革企业注册资本审验办法;改革企业经营范围核定方式;简化企业、个体工商户登记程序、放宽登记条件;下放企业、个体工商户登记管理权限;改革外商投资企业登记制度;改革农村个体工商户、私营企业特别是农业开发类企业、农村村民委员会和专业合作社、行业协会、联合会等农村专业合作组织的登记注册管理制度等等。

三、通过体制和制度创新,健全和完善促进非公有制经济发展的财政、税收、金融服务体系

1. 已有的成就及改革取向

资金短缺、融资难是长期以来制约非公经济发展的一大“瓶颈”。近些年来,根据大力发展非公有制经济的实际需要,我国不断深化财政体制特别是投资体制、税收体制和金融体制改革,在大力构建非公有制企业的金融服务体系方面取得了实际成效,形成了比较完整的政策体系。2002年6月,九届人大第28次会议通过的《中小企业促进法》为中小企业的资金支持设有专章,共有12个条款涉及该问题。其内容包括中央财政预算设立中小企业科目、安排专项资金;国家设立中小企业发展基金;拓宽中小企业的直接融资渠道;鼓励风险投资机构增加对中小企业的投资;鼓励建立中小企业信用担保体系等多个方面。在此前后,为改善对中小企业的金融服务,各级政府相继出台了一系列扶持政策,其主要内容是:信贷支持政策、财政贴息政策、担保政策、风险投资政策。政府还采取了改革措施来推进中小企业金融服务,如建立小额贷款的特殊营销机制;对城

市商业银行实行增资扩股改造,吸收优质私营企业入股;吸引私人资金重组和改造农村信用社,进行组建股份制农村商业银行的改革试验;推进利率市场化改革;支持金融机构开展业务创新。在证券市场方面,在允许私营企业进入"主板市场"之后,于 2004 年又设立了"二板市场"。至 2005年已经有数十家企业在这里上市融资,其中多数是非公有制企业。① 在金融部门方面,中国人民银行要求金融部门要在信贷准入门槛、信贷审查程序、信贷审批决策、信贷责任追究等方面,全面贯彻落实公民待遇的原则,从制度上、机制上消除对非公有制企业的歧视。在税收方面,1994 年税改之后,内资各类型企业的名义税负已经拉平。2004 年 7 月,实施《行政许可法》以后,一些地方政府向私营企业和个体户乱收费的问题,已经在更大程度上受到抑制或被消除。2005 年 2 月国务院颁发的"非公经济36 条",其中就加大对非公有制经济的财税金融支持列出了 5 条意见,这对我们全面构建对非公经济进行金融服务的制度体系很有指导意义。2007 年 3 月,十届全国人大五次会议审议通过了《中华人民共和国企业所得税法》,实施了两税并轨,保障了内外资企业的税负公平。

　　2. 目前存在的问题及改进对策

　　中国工商联非公有制经济研究课题组认为:目前,非公有制中小企业融资难的外部制度因素主要是: (1) 间接融资服务体系存在缺陷。其表现是缺少为中小企业服务的中小型银行和社区银行;商业银行的信贷激励、考核机制不能适应进一步加强向中小企业贷款的要求;担保机制不健全阻碍银行发挥中小企业金融服务的功能。(2) 直接融资体系存在缺陷。其表现是债券市场发展明显滞后,交易品种稀少,长期票据市场则基本没有发育;缺乏为中小企业提供权益性资本融资的专业化服务平台,中小企业板股票市场的容量和功能有限;只有现货市场没有证券期货期权及其他金融衍生商品市场,使得市场投资产品单一,缺乏规避风险的有效手段。另外,风险投资等场外直接投资市场的发展受到很

① 参见全国工商联非公有制经济研究课题组:《关于进一步促进非公有制经济发展的政策建议》,http://www.cmgsl.com.cn/images/119/111122.htm。

大制约。① 要解决上述问题必须在以下几方面进行努力。

其一,建立多层次的银行服务体系。可考虑增设地方性中小金融机构,这既是国有、外资大型银行的有益补充,又可专门针对中小企业提供信贷服务;可考虑组建政策性中小型企业银行,为符合国家产业政策并极有发展前景的中小型企业提供金融支持;要鼓励商业银行扩大对中小企业的信贷支持,改进对企业的评价体系,不断拓展金融业务。

其二,建立多极化的资本市场体系。② 要拓宽非公有制经济的直接融资渠道,就必须推进多极化的股权投资,鼓励政府、国企、外资、民营、个人等多元股权主体相互参股,使中小企业可以得到创业资金和技术支持;进一步改革和创新证券市场,降低中小企业上市标准,支持更多的中小企业上市;要进一步开放搞活产权交易市场,使中小企业能通过产权交易的收购、兼并做大做强。

其三,开拓非公有制经济的多种融资方式。鼓励发展风险投资公司,为非公有制企业的高新技术开发、新产品开发提供服务;建立健全信贷担保体系和机制,可采用政府、金融机构和企业共同出资建立信贷担保机构等形式,发展和创新担保业务,为中小企业提供全方位、多层次的担保服务;鼓励非公有制经济实体自筹资金,自行建设,自行管理,自行获利;充分发挥融资租赁机构的作用,鼓励银行、厂商和独立的投资人开展租赁业务。

其四,强化对非公有制企业的财税支持。加快制定有关公共财政对中小企业发展专项基金支持的实施细则,尽快制定中小企业发展基金设立及相关管理办法。要运用税收优惠、财政贴息等政策,鼓励科技创新型民营企业发展。对于民营企业研究开发新产品、新技术、新工艺以及购买技术和相关的技术服务,可以采取减免所得税的措施,降低其费用。民营

---

① 参见全国工商联非公有制经济研究课题组:《关于进一步促进非公有制经济发展的政策建议》,http://www.cmgsl.com.cn/images/119/111122.htm。

② 参见白林、白建宜:《优化非公有制经济发展的外部环境》,《中共乐山市委党校学报》2006年第2期,第38—39、44页。

企业新上技术含量高,市场前景好的技改项目,地方政府可根据情况给予适当的财政贴息。

四、通过各种制度创新,加强中小企业社会化服务体系建设

"非公经济36条"曾就如何完善对非公有制经济的社会服务提出了6条意见,这6条意见很有指导性和针对性。当前,在为非公经济提供社会服务方面还比较薄弱。诸如:中介(民间)组织不发达,支持中小企业发展的创业辅导、科技培训、投资咨询、管理诊断等中介服务机构数量偏少,功能不强;缺乏完善的技术市场和人才市场;企业发展所必需的人才支撑、科技支撑后劲不足等等。针对这些现象,我们必须依据"非公经济36条"有关加强非公经济社会化服务体系的建议为指导,着力在以下几个方面搞好社会化服务。

其一,搞好人才服务。企业要发展,人才是关键。在市场经济条件下,人才的配置主要靠市场。因此,要进一步发展和规范劳动力市场、经理人市场和高科技人才市场,要充分发挥社会中介组织在推荐人才、培训人才方面的特殊作用。在市场配置人才资源的基础上,国家和政府要通过政策引导搞好人才资源的宏观调控。要通过高校教育制度改革,培养更多的面向企业的科技实用人才;要通过调整国家就业和再就业政策,加大对自主创业的扶持,鼓励下岗失业人员、退役士兵、大学毕业生和归国留学生等各类人员创办小企业;鼓励这些人员到非公有制企业就业和再就业;要通过职称、资格评定制度改革,为非公有制企业的管理人才、科技人才的培养、成长、待遇提高创造条件,提供制度支持。

其二,搞好科研服务。自主创新能力是企业的核心竞争力,而科技水平又是企业自主创新的基础。政府要根据非公有制中小企业的特点,加快建立适合其特点的技术服务平台;政府在重大科技项目招标中,对非公有制企业应一视同仁,积极支持其科技创新活动;政府在中小企业发展基金的分配使用上,以及在由政府主办的风险投资公司的风险投资中,应加大对非公有制企业科技创新活动的支持;要通过大力发展科技市场和科技中介服务机构,促进科研成果转化、技术转让和技术推广;要通过制度

设计,鼓励和支持科研院所、高等院校与非公有制企业开展多种形式的产学研联合;要通过改进政府采购办法,鼓励和支持非公有制企业开展科技公关,生产高科技产品;要通过税收优惠政策,鼓励和支持非公有制高科技企业发展。

其三,搞好信息服务。知识经济时代,信息就是机遇、信息就是资源、信息就是财富。要大力发展为非公有制企业提供各类特殊信息服务的社会中介组织。而作为政府,也必须利用自身独特的组织网络优势,加强信息网络建设,为非公有制经济健康发展及时、准确地提供不可或缺的产业和行业发展信息,有关人才信息、科技信息、政策信息、国内外市场需求信息等各种信息,从而更好地引导企业和个人的投资走向,引导企业的生产经营活动,更好地促进各种资源的优化配置。

五、通过改革和创新行政管理体制和管理制度,改进政府的管理和服务

政府行为对非公有制经济的发展起着至关重要的作用。尽管我国已初步确立了社会主义市场经济体制,但我国的政府职能转变和行政管理体制改革还有所滞后。在市场经济条件下,政府职能的总体定位就是"经济调节、市场监管、公共服务、社会管理"。但在现实中,政府职能还存在着不少缺位、越位和错位现象,政府职能部门之间还存在着职能重叠、权力交叉、多头管理、职责不清现象。就目前对非公有制经济的管理和服务而言,存在的主要问题是:政府的服务功能不完善,履行经济管理职能中依然存在对经济活动的过度干预现象;管理体制不完善,存在多头管理、各自为政现象;依法行政能力和办事效率有待提高,监管不到位和滥用职权现象同时并存。因此,我们必须加快行政管理体制改革,切实转变政府职能,不断创新监管制度,为非公有制经济发展营造良好的政务环境。就改进政府对非公有制经济的管理和服务而言,应着力搞好三方面的体制和制度创新。

其一,要改革和创新行政管理体制,切实转变政府职能,强化服务功能。要深化行政管理体制改革,科学设置政府机构,科学界定各职能部门

的职责权限,着力打造有限型、服务型、法治型、高效型政府。政府不要再直接插手和干预企业的生产经营活动,而是把精力集中到"经济调节、市场监管、公共服务、社会管理"方面来。要履行好政府对非公有制经济的宏观调控功能,把非公经济发展纳入国家经济和社会发展计划,通过加强宏观指导、产业规制和政策协调,引导非公有制企业合理集群、健康发展。

其二,要创新、规范并加强监管制度,强化监管职能。要进一步推进行政审批制度改革,认真清理、减少并科学规范行政审批事项,减少审批环节,完善审批程序,提高审批效率和审批质量。要切实加强工商、税务、环保、质检、安检、劳动、城管、卫生、国土、公安等监管部门的监管机制和能力建设,不断改进和创新监管方式,切实加大对非公有制企业的监管力度,防范和减少非公有制经济组织各种违法生产经营行为的发生。

其三,要改进和创新具体的工作办事制度,提高依法行政能力。各级政府职能部门及公务人员,要通过改革工作制度,完善办事程序,采取切实措施,严格依法行政,依法办事,认真贯彻实施《行政许可法》和《全面推进依法行政纲要》,坚决杜绝"三乱"现象和"寻租"行为。行政执法部门要在合理、清晰界定自己法定权力的前提下,严格履行职责,真正做到有法必依、执法必严、违法必究。

六、改进和完善司法制度,进一步为非公有制经济发展提供司法保障

依法办案,公正司法,是合理解决不同市场主体间产权纠纷、合同纠纷,有效维护市场主体的合法权益,促进各市场经济主体间公平竞争,保证市场经济健康运行的保障,也是促进非公有制经济健康发展的保障。但在司法实践中还存在一些司法不公、司法腐败等现象制约着市场经济和非公有制经济的健康发展。司法中存在的主要问题是:一是对私有产权的保护不力。个人侵占企业财物的情况,发生在国有企业的按照《刑法》论处,最高可判处死刑,而发生在非公有制企业的,即使数额巨大,一般也只能按照民事纠纷处理,最多按照挪用公款判处;在个别地方,私营企业等非公有制企业主的人身或财产权利遭到非法侵害时,得不到及时

的应有保护;司法实践中,对小额标底的经济纠纷案受理和判决不积极、不及时,执行判决结果更困难,以至于在极个别地方出现了当事人雇佣具有黑社会性质的组织和个人追讨债务、化解纠纷的现象。二是地方保护主义严重存在。主要表现是,对本地区发生的个体工商户、私营企业主制假售假、坑蒙诈骗等违法生产经营案件,不能依法办案,坚决惩治;对本地区发生的本地私营企业侵害他地区私营企业和个人合法权益的案件,在司法过程中往往存在偏袒心理,不能作出公正判决。三是存在司法腐败现象。个别司法机关公职人员腐败变质,在办案过程中存在以权谋私、吃拿卡要、徇私枉法行为。

鉴于此,我们必须深化司法制度改革。首先,要从制度设计层面为司法机关独立审判、公正办案提供制度支持。通过建立公平公正的司法审判体系,依法平等保护不论是本地的还是外地的、不论是公有的还是私有的各类市场经济主体的合法权益,高效、公正地审理市场经济主体间的经济纠纷和产权纠纷案件。其次,要加强司法队伍建设。要大力加强司法队伍的思想政治建设和职业道德建设,不断增强"司法为民"的责任感和主动性;要大力加强司法队伍的业务素质建设,不断提高司法工作者的审判能力和办案效率。

第七章　非公有制经济发展中自身 存在的问题及治理对策

自改革开放以来,特别是自党的十五大以来,非公有制经济已在我国获得长足发展。到 2005 年底,我国内资民营经济在 GDP 中的比重约为 50%,外商和港澳台经济比重约为 15%,两者相加占 65% 左右。[①] 非公有制经济业已成为我国社会主义市场经济的重要组成部分,成为国民经济的基本组成部分,成为增加就业的主渠道,成为国家税收的重要来源,成为对外贸易的生力军,对我国国民经济的快速发展起到了重要作用,做出了巨大贡献。特别是在不少地方,非公有制经济税收占地方财政收入的比重已经超过 70%—80%,甚至更多,成为地方财政的主体财源。越是在这种情况下,我们越是要清醒地认识到目前非公有制经济发展中自身存在的不足和问题,并采取有效对策加以解决。否则,这些不足和问题不仅会影响和制约非公有制经济自身的健康发展,也会影响整个国民经济的健康发展。

第一节　非公有制经济发展进程中 自身存在的主要问题

从社会角度看,非公有制经济发展中曾遇到许多问题,诸如市场壁

---

① 参见中华全国工商联合会课题组:《中国民营经济的三大历史性变化》,《经济理论与经济管理》2007 年第 3 期。

垄、融资困难等,笔者在前面已有所论述并提出了对策。在这里,笔者主要从非公有制经济本身的角度,分析一下非公有制经济组织作为市场经营主体,自身在生产经营方面存在的不足和问题。这些不足和问题可以概括为如下几个方面。

一、企业整体素质还不够高

近些年来,我国的非公有制企业整体素质不断提高,企业的经营规模不断扩大,企业的经营管理不断向规范化、科学化方向发展,企业的科技水平、产品附加值、产业优化度不断提高。据统计,规模以上私营工业企业的资产总值从2000年的3874亿元,增加到2005年的28583亿元,5年间增长了6.38倍,年均增长49.1%。私营工业企业资产总值占全部工业的比重从2000年的5.7%,提高到2005年的18%。① 2005年,注册私营企业有430万户,比2000年增加了254万户,年均增长19.6%;注册资金总额61331亿元,比2000年增加了48023亿元,年均增长35.7%。根据2004年全国经济普查数据,2004年个体经营户户均资产总额为4.2万元,私营企业户均资产总额为439万元。至2005年5年中,个体工商户和私营企业的户均注册资金规模均扩大了近1倍。2000年,在规模以上工业企业中,民营企业和私营企业户均资产规模为2036万元和1751万元,2005年提高到3259万元和2420万元,增长了60%和38%。根据国家工商总局的统计,截至2005年底,全国私营企业注册资金在1000万元以上的私营企业达10.5万户,占私营企业总户数的2.4%;注册资金在1亿元以上的大型私营企业3049户,占私营企业总户数的0.07%;全国私营企业集团有5046户。② 随着私营企业资产规模的扩大,私营企业产权结构日益多元化,从以个人、家族企业为主,向股权多元化的公司制

---

① 参见中华全国工商联合会课题组:《中国民营经济的三大历史性变化》,《经济理论与经济管理》2007年第3期。
② 中国工商联行政管理年鉴编辑部:《中国工商行政管理年鉴(2005)》,中国工商出版社,2005年版。

发展。根据全国工商联 2004 年中国私营企业调查中的数据显示:1992—2003 年的 10 年间,私营企业中独资企业比例由 63.8% 下降为 22.5%,有限责任公司比例由 16.5% 上升至 62.9%。管理人员的素质有所提升,拥有大专以上学历的私营企业主 1993 年为 17.2%,2000 年为 38.4%,2004 年达到 51.8%。私营企业主的管理素质、政治素质、领导素质也有所加强。2004 年私营企业主中为共产党员的比例上升到 33.9%。[①]"十五"期间,私营企业治理结构逐渐走向规范。许多私营企业进行了股份制改造,建立了股东大会、董事会和监事会,股权结构和管理模式向现代企业制度靠拢。根据 2004 年中国私营企业调查的数据,私营企业中 74.3% 的企业设有董事会,56.7% 的企业设有股东大会,50.5% 的企业设有工会,均比 2000 年有大幅度提高。[②]

在看到私营企业的素质获得巨大提高的同时,我们还必须看到私营企业在素质方面存在的不足。这些不足主要表现在以下两方面。

其一,企业的规模化经营程度依然较低。我国的私营企业分布广、数量多,但整体素质还不够高。我国私营企业规模小、资金少、技术层次低,粗放经营项目多,高科技含量、高附加值产品少。从总体上看,私营企业选择的多为技术门槛和资金门槛及相应的管理门槛均较低的领域。大多数私营企业经营的项目集中于餐饮、零售、服装、机械加工制造等劳动密集型的传统行业,产业结构层次落后。一些企业业主素质低、职工素质低,科技人才、管理人才缺乏,不少地方私营企业仍然处于家庭作坊式的"低、小、散"状态,不少企业粗放经营的现象严重存在。特别是一些私营企业违规经营的小造纸、小化工、小水泥、小家电、小煤矿等项目,带来了能源、资源浪费和环境污染等严重社会问题。

其二,企业产权制度和管理制度面临挑战。随着社会主义市场经济

---

① 引自中华全国工商联合会、中国民(私)营经济研究会:《中国私营经济年鉴(2004)》,中国致公出版社,2005 年版。

② 参见中华全国工商联合会课题组:《中国民营经济的三大历史性变化》,《经济理论与经济管理》2007 年第 3 期。

体制初步确立，随着国内外市场竞争的加剧和知识经济时代的到来，曾经让一些私营企业主引以为是的家族企业制度面临十分严峻的挑战。（1）产权制度面临挑战。一是产权需要清晰。许多私营企业的股权在家庭成员间分配混乱，往往引起家庭成员间的内讧。这方面的案例很多，如安徽有名的"傻子瓜子公司"的产权纠纷导致了公司的经营困境。产权需要清晰，即使是在家族制企业产权也需要清晰，这是现代市场经济的必然要求。二是产权需要多元。当前不少私营企业仍采取高度封闭单一的一元化产权结构，即企业的财产权基本上归某一个人或某个家庭所有。这种产权结构在创业初期曾发挥过积极作用，但随着企业规模扩大，管理层次增加，这种产权结构对企业发展的障碍便显现出来，它阻碍了人力资本和货币资本、自有资本和外来资本的结合。生产社会化、资本社会化是现代市场经济的必然要求。为了更好地生存和发展壮大家族企业，需要超越狭隘的家族产权限制，吸纳多元产权，诸如企业法人产权，个人知识产权，职工劳动产权，形成多元产权结构，只有这样，企业才能实现资本集中和扩张，适应社会化大生产要求，才能形成更大的合力、更强的活力以适应更激烈的市场竞争。（2）管理制度面临挑战。与封闭的产权制度相对应，不少私营企业盛行家族管理制度。家族管理制度的基本特征是：企业中重要事务均由家庭成员或亲戚担任，有强烈的排外性；企业员工以家族成员为主，对外人有选择地加以录用，主要标准是视其与家族的亲疏程度；企业的经营决策大权由"家长"垄断，权力集中，实行"一言堂"；企业的生产经营活动常以经理规范取代经济规范。据调查，我国绝大多数的私营企业主同时又是企业管理者，主要经营决策由业主本人制定。家族管理体制在企业规模小、经营内容单一、技术要求低且产品处于卖方市场的情况下具有巨大的灵活性，诸如有利于成本最小化、有利于提高决策效率、有利于资产安全等，然而，随着买方市场到来和竞争加剧，随着知识经济时代到来，随着企业生产经营规模扩大，越来越要求广纳天下英才，实行规范化管理，需要依据大量市场信息，适时进行科学决策。家族管理体制那种决策随意性大、管理不规范，制约外来人才的弊端便日见显露。一是不利于企业科学决策。当企业发展到一定规模，市场竞争加剧，家长受个人知识、经验的限制,很难做到科学决策,从而可能造成投资及经营方针的重大失误。二是不利于融资,无法提供私营企业进一步发展所需的巨额资本。家族企业再庞大,资金与借贷能力也是有限的。家族制企业的产权通常是封闭的,其投资主体通常只包括家族成员以及与家族成员有密切关系的朋友。虽然有的民营企业也办成了有限责任公司,股东在两人以上,但持股者不是配偶子女,就是亲戚朋友,董事会形同虚设。在封闭型产权条件下,企业的发展主要靠自身的积累和原有股东的投入,这就会阻碍企业对社会资本的吸纳,制约企业的大规模发展。三是不利于吸引人才并充分调动人才的积极性。家族制管理往往遵循"用人唯亲"的原则,主要管理岗位和技术岗位都被家族成员把持。其造成的严重后果是,一方面,非家族成员中的优秀人才得不到提拔重用;另一方面,企业也很难吸引并留住懂经营、善管理的优秀人才。企业一旦失去人才的支撑,其发展的前景可想而知。四是不利于提高企业的社会信用度。缺乏规范的现代企业管理制度的私营企业,在其内部成员之间也可能信用度很高,但往往社会信用度很低,这会无形中影响企业的生产经营业务。(3)分配制度面临挑战。我国私营企业在发展中明显遵循着按资分配原则,企业主为积累个人财富和发展企业,往往挤压职工工资。随着知识经济时代的到来,随着个人产权的介入,随着企业长远发展对知识、科技、管理等的依赖,企业的分配制度也面临着挑战和创新。

二、私营企业中劳资关系不协调现象严重存在

毫无疑问,非公有制企业已经成为广大劳动者就业的主渠道。目前在非公有制企业就业的职工数量已经超过了在公有制企业就业的职工数量。也正因为如此,非公有制企业的劳资关系问题已不再是个别企业的个别问题,而是牵涉到整个国民经济能否健康发展,整个社会能否和谐发展的大问题。不可否认,近年来,随着国家对劳动执法监督不断加大力度,政府和社会舆论对和谐劳动关系的大力倡导,私营企业的劳资关系正在向规范化、和谐化方向发展,但同样也不可否认,近些年来,随着私营企业的迅猛发展,一些私营企业劳资关系不协调和劳资冲突问题已经成为

当今社会的一个突出问题,已经成为影响私营企业可持续发展、国民经济协调健康发展与和谐社会构建的一个重要问题。当前劳资关系不协调现象主要表现在以下几个方面。

1. 劳动合同签订率低,流于形式多。劳动合同的签订率和劳动争议的发生率是民营企业守法经营和劳动关系规范调整的重要反映。劳动合同是员工唯一的护身符,但是这道护身符很多"打工仔"却得不到享用。据调查表明,2005年底,浙江省私营企业合同签订率还不足60%。截至2003年上半年,浙江省私营企业的劳动合同签订率平均在40%左右,有的市县还不到30%,个别市县还不到5%。① 浙江是全国私营经济最发达的省区之一,浙江尚且如此,其他省市可想而知。在签合同的企业中,一些企业只与管理、技术人员签订合同,不与一线工人签订合同。另外,私营企业的劳动合同质量不高,合同条款中普遍存在不平等的内容,一些企业还制定了"生死协议"和歧视妇女等违法条款。业主强迫雇员签订的合同却不让员工自己保留,甚至连合同上写的是什么也不让员工知道,是明显的霸王条款。由于相当部分员工没有签订劳动合同,导致老板拖欠工资、员工随意跳槽现象普遍存在,给整个劳动力市场带来混乱。

集体合同是市场经济条件下协调劳资关系的有效形式。但集体合同流于形式的问题十分突出。许多已签订集体合同的私营企业,大多数工人甚至都不知道他们与企业签订了集体合同;多数地方私营企业的集体合同根本就没有经过谈判,私营企业主往往是在上面的督促和压力下,应付差事而已。集体合同文本和格式是统一印制好的,内容也是照抄样本合同的,然后经过企业主(或其代表)和工会领导人——(工会领导大多也是老板指定的)——的签字,交上去了事。这样的集体合同其实际效果如何可想而知。

2. 劳动时间长,劳动强度大。员工超时劳动,这在私营企业是个极为普遍的问题。据劳动和社会保障部劳动科学研究所课题组2005年的

---

① 转引自夏小林:《私营部门:劳资关系及协调机制》,《经济管理文摘》2004年第15期。

报道,私营企业员工每天工作 12—13 小时的情况很平常,个别企业里甚至更长。私营企业工人的工资水平与国有企业差不多,但工人的劳动时间平均而言是国有企业的 1 倍多。也有专家调查认为,如按现行劳动法规规定,每星期 5 个工作日,每个工作日 8 个小时,再加上各种节假日,私营企业员工的劳动时间大体相当于国家法定劳动时间的 2 倍。调查结果表明,员工平均每天劳动 8.3 小时,每周平均工作 6.15 天,休息 0.85 天,15% 的员工需要经常加班,一般加班在 2 小时以内的占 48.3%,2—4 小时的占 44.9%。① 私营企业一般都实行计件工资,但计件定额使多数员工无法在 8 小时内完成,只得加班加点,定额的制定完全由老板说了算,有的甚至不向工人公布定额规定,结算工资时才向工人宣布定额规定。同时私营企业的劳动强度普遍要大于相同行业的国有企业,企业严格的管理制度需要工人时刻高度集中注意力,完成生产任务,从而使工人长期处于超负荷工作的疲劳状态。

3. 劳动条件差,工伤事故严重。一般来说,私营企业的劳动保护工作远不及国有企业。劳动保护资金投入不足,生产设备简陋,工艺落后,缺乏防护设施,尤其是采掘业、纺织工业、机械加工业、化学工业中的一些企业,工作环境恶劣,工人常年在高温、粉尘、噪音、有毒、有害的环境中工作,给他们的身心健康造成严重危害。据统计,截至 2005 年底,我国有毒有害企业超过 1600 万家,受到职业危害的人数超过 2 亿。一些危害十分惊人的职业病,20 世纪 50 年代已基本杜绝或发病率大大降低,但近年在私营企业中又泛滥开来。② 一些企业工场、仓库、宿舍三地合一,构成严重的事故隐患。生产上野蛮操作现象也较严重,缺乏安全措施,一些采石场、烟花厂因违章操作更成为事故的高发地。近几年因漠视员工安全与权益而导致的矿难事故也屡有发生。长期发生在沿海一些地区的因企业污染严重、劳动者基本卫生条件缺失而导致的伤残事故,与矿难一样,至今仍未见有减弱的趋势。经常发生的工伤事故,严重损害着员工的身体

①② 转引自姜作培、陈峰燕:《论构建和谐的私营企业劳资关系》,《中州学刊》2006 年第 1 期。

健康。

4. 劳动工资低,增长幅度慢。私营企业员工工资水平和支付方式问题是劳资关系中最为敏感的问题,也是当前劳资关系中出现矛盾和纠纷最多的领域之一。根据国家工商局调查数据,2003 年私企员工全年平均工资加奖金加部分分红,总额是 8033 元,而国有单位在岗职工年平均工资是 14577 元,集体单位在岗职工为 8678 元。以往私企员工工资虽然比国有企业低,但二者相差不超过 1.2 倍,而 2003 年则超过了 1.8 倍。① 2004 年私营工业企业从业人员的年平均劳动报酬为 9310 元,相当于全国工业企业的年平均劳动报酬 12910 元的 72%。② 又据广东省劳动部门调查,在截至 2005 年的近十年中,珠三角地区的 GDP 每年都以两位数速度增长,而外来民工的月工资仅仅增长了 68 元,每年仅增长 6 元多,考虑物价上涨因素,实际工资呈下降趋势。又据来自河南 2005 年的调查,虽然少数私营企业工资较高,但多数私营企业职工的月工资大多维持在 650 元上下,远远低于河南省 2005 年在岗职工月平均 1110 元的工资水平。不少私营企业,往往以各省市最低工资标准为参考来确定职工的劳动报酬,想尽办法压低劳动者的工资水平。即使不高的工资,工人们还往往不能及时拿到。业主以各种名义克扣和拖欠职工的工资,或以低于当初承诺的标准支付工资,已成为近年来一个全社会关注的问题。有的企业甚至以逃避、搬迁等方式逃废员工工资。2005 年左右,东部沿海一些城市出现了"技工荒"甚至是"民工荒",这与企业工资低或长期不涨工资密切相关。

5. 劳动保障水平低,福利待遇差。私营企业员工的劳动保障、社会福利待遇与公有制企业职工存在较大差距。一些私营企业遵守国家劳动保障法律法规的意识相对滞后,想方设法逃避劳动保险责任。很多企业

①　中国私营企业研究课题组:《2005 年中国私营企业调查报告》,http://www.southen.com/finance/gdmgge/gdmgyyrl/200502030218.htm,南方网。

②　转引自中华全国工商业联合课题组:《中国民营经济的三大历史性变化》,《经济理论与经济管理》2007 年第 3 期。

不依法为员工办理社会保险,雇员伤残、疾病、失业以及养老都难有稳定的保障。当员工遭遇医疗、工伤事故时,极易导致劳资关系的恶化。调查表明,私营企业参加医疗保险的仅为被调查企业的33.4%,参加养老保险的仅8.7%,参加失业保险的仅16.6%,而且这些企业并不是为全部长年雇佣的员工投保,仅仅是为很少的员工投保。参加医疗保险的员工仅占被调查企业全年雇佣工人总数的14.5%,参加养老保险的仅为22.7%,参加失业保险的仅为6%,比例相当低。[①] 即使参保的企业,在社会五大保险中,其保险范围也仅集中在养老保险,生育、医疗、失业、工伤保险几乎没有。私营企业不参加社会保险,使一些规定的强制性社会保险无法实现,严重损害了职工的合法利益。不仅如此,一些私营企业还存在着侵犯职工人身自由和人格尊严、危害职工身心健康和生命安全、侵犯职工继续受教育和自由择业权利等问题。

　　6. 工会组织设置率不高,职能未充分履行。工会是工人阶级的群众组织,是平衡劳资实力,使劳资关系的处理成为一种组织化行为的基础,也是集体谈判、处理关系企业职工切实利益问题、化解劳资矛盾的重要主体之一。目前,我国私营企业在工会组织建设上的主要问题:一是设置率不高。根据2004年中国私营企业调查的数据:私营企业中有50.5%的企业设有工会,这也就是说尚有将近一半企业没有设立工会。二是工会职能未能正确且充分发挥。尽管有的私营企业也建立了工会,但有不少是"一张纸"的挂牌工会,还有的是"四无"(无牌子、无办公室、无活动、无经费账号)工会。由于缺乏宏观社会制度的保障,私营企业建立的工会多由业主控制和操纵,工会领导人多由业主亲信担任,根本代表不了职工的利益,工会缺少独立性,其活动内容、时间、场地往往听命或受制于业主,其维权职能很难发挥,大多数工会沦为"花瓶",流于形式,很少具有集体协商的"对等的能力"。目前,在一些严重侵害职工权益的事件中,如煤矿爆炸、随意解雇工人、超时加班、拖欠和克扣工资等事件中,很少看

　　① 转引自姜作培、陈峰燕:《论构建和谐的私营企业劳资关系》,《中州学刊》2006年第1期。

到工会在维权方面的作为。

总之,私营企业劳资关系中的矛盾与争议不断增多,甚至有的已演变成严重的劳资冲突。近年来,劳动争议案件数量逐年增加,且表现方式亦有上升趋势,从劳动纠纷、罢工对峙直至轻生抗议。2007年发生的广东某私营企业老板雇佣保安等人殴打讨要工资款职工的恶性案件、发生在山西临汾和运城地区的"黑砖窑"事件等,都折射出私营企业劳资关系的极不协调。

三、违法违规经营现象仍然严重存在

随着我国社会主义市场经济体制的逐步健全,各种法律法规的逐步完善,以及政府调控和监管力度的加大,我国的市场经济秩序已经越来越规范,不少私营企业违法违规生产经营的现象已经得到有效扼制,但由于个别私营企业"利欲熏心",也由于政府职能转变还不到位、监管力度还不够强,一些私营企业违法违规从事生产经营活动的现象还严重存在着。这主要表现在以下几方面。

(1)生产经营禁营项目。有些私营企业置国家法律法规于不顾,经营一些国家明令禁止的、严重浪费资源、破坏生态环境、污染严重的小造纸、小化工、小水泥、小火电等项目;有些私营企业无证开采国家的矿产资源;有些私营企业从事走私贩私、宗教迷信、非法渔猎、非法融资等违法经营活动。

(2)制售假冒伪劣产品。有些私营企业唯利是图,见利忘义,肆意制售假烟、假酒、假药、假保健食品等假冒伪劣产品,严重影响了人们的生命健康,也影响了市场竞争秩序。

(3)合同欺诈,非法营销。有些私营企业不讲商业信誉,利用合同、协议进行诈骗活动;有些私营企业利用虚假广告、虚假宣传、虚假事例进行不正当竞争,欺骗和坑害消费者。

(4)欺行霸市、垄断经营。有些私营企业主通过官商勾结,寻找保护伞,蓄意培植黑社会势力或者利用黑社会势力,欺行霸市,巧取豪夺,破坏公平竞争的市场环境。

（5）偷税漏税。合理纳税是每个公民、每个企业应尽的义务。但有个别私营企业为了"偷国家的钱",采取虚报成本开支、虚报人员费用、做假账、利用税收减免政策、搞假合资合作、腐蚀拉拢税管人员等多种手段和措施,偷税漏税。

（6）使用"吃回扣"、行贿等非法手段进行"关系营销"。政府有关部门和官员存在"设租"、"寻租"现象,而一些私营企业则存在大量的"商业贿赂"行为。一些私营企业为借贷资金、承租土地、承揽有关项目、销售有关产品,采取不正当手段向党政有关部门和干部大肆行贿,千方百计拉拢腐蚀有关干部,打政策和法律的"擦边球",从而达到变相侵占国家和集体利益之目的。对个别利欲熏心的私营企业主而言,拉拢腐蚀官员、搞钱权交易是其发家暴富的最快捷途径,而出于理想信念、价值取向、道德观念等多方面的畸变,一些官员或者与对其拉拢腐蚀的私营企业主一拍即合,或者主动寻求与私营企业主"联姻",由此形成了官员与私营企业主的相互利用、相互勾结。从纪检监察机关近些年来查办的大量案件来看,揭露出来的相当一批官员的腐化堕落背后,都有数量不等的私营企业从中推波助澜。可以说,当前的腐败案件,特别是严重的经济犯罪案件中,官员与私营企业主的相互利用和勾结,已经成为经济类案件特别是经济犯罪案件的突出特征。

四、私营企业主存在无序政治参与现象

1. 私营企业主阶层政治参与的主要形式

近些年来,私营企业主阶层的政治参与热情明显高涨,不少私营企业主以各种不同的方式参与政治活动。如当选人大代表;担任政协委员;加入中国共产党组织;加入其他民主党派;加入工商联和青联、妇联、私营企业主协会等群体性团体。随着私营经济地位的不断提升,私营企业主的政治地位得到了提高,其介入政治的程度在持续加大。1993 年全国八届人大一次会议和政协八届一次会议时,私营企业主代表和委员仅有 31 人,而时隔短短的 5 年时间,到 1998 年的九届"两会"之时,这类"国家级"老板已达 80 余位;至于当选县以上人大代表和政协委员的就更多

了,据不完全统计,截至 2004 年,前者人数至少有 6000 多人,而后者则有万人左右。关于私营企业主加入中国共产党及其他民主党派的现象也屡见不鲜,加入私企协会和其他群众团体的现象则非常普遍。

2. 私营企业主的政治参与动机

政治是经济的集中表现。经济利益的积聚发展,必将上升形成为政治利益。经济利益群体的利益要求,最终会以政治利益要求的形式表现出来,在政治领域以不同政治利益群体的身份进行政治参与。尽管从总体上讲,私营企业主的政治参与在不断扩大,水平在不断提高,但由于私营企业主生产经营情况差别很大,个人素质参差不齐,因而仔细分析起来,他们的政治参与动机存在着一定差别。私营企业主的参与动机大体可分为三大类。

一是为实现自身社会价值的公益型政治参与。所谓公益型政治参与,主要是指这些私营企业主已超越狭隘的自身经济利益的限制,政治参与的主要目的不是为了自身经济利益,而是为了社会公益事业,为了实现自己更高层次的人生价值。这类私营企业主虽然人数不多,但他们是该阶层里的佼佼者,或曰精英。

他们之所以有这样的参与动机,从客观条件看,这些企业主经济基础已较雄厚且稳定,其企业多为成长型企业,经营机制也已基本摆脱家族管理模式,现代企业机制已开始运行并发挥实际功效。此为最根本的物质基础,经济水准高低在很大程度上是一个人能提出并达到相应政治利益的物质基础。由于其经济基础的坚实,一方面他们的成就感和自信心必然随之提升,另一方面使他们有可能摆脱经济利益的限制而追求更高的人生价值实现。同时,由于其企业实力的强大,往往对其所在地区的贡献也较大,因而一般易于得到当地政府和民众更多的认同与支持,从而使他们在更大程度上能够认同现实并乐于立足现实、服务现实。从主观因素看,主要有两种原因:其一是他们具有较高的道德知识修养,具有高尚的人生价值追求。他们具有较强烈的社会责任感,他们不因自己率先致富而满足,而是更乐意通过参政议政的形式为地区、为社会、为国家多做贡献。其二是对所处的社会制度有基本的认同感。他们从心底感谢党和国家的改革开放政策,感谢当地政府和社区居民的理解支持,因而更乐意与当地政府和社区居民建立良好的社会关系。

正是这些主客观的因素,使私营企业主能对政治采取一种开放的、积极进取的心态。他们乐于参选各级人大和政协的代表或常委、委员,乐于加入中国共产党或其他民主党派,乐于参政议政,乐于参加社会各类公益活动,勤于同政府及社会的联系。在现实社会中,我们曾看到有这样的例子,有的农村私营企业主主动把自己的企业捐献给村集体,勇敢地挑起了村委主任或村支部书记的重担,乐意带领群众共同致富,乐意为村集体办事。这种私营企业主确实已超越了狭隘的个人经济利益束缚,其精神境界已经达到了很高层次。

二是为保护和实现自身经济利益的功利型政治参与。所谓功利型政治参与,是指一些私营企业主参与政治的目的主要是为了保护和实现自己的经济利益,这是目前大多数私营企业主政治参与的最主要动机。其政治参与的功利性主要表现在:

第一,通过政治参与使政府注意到他们的利益和要求。他们之所以对政治感兴趣,其最具激发力量的一个因素正是利益,想通过政治参与使政府注意到他们身上负载的经济利益和要求。大量有关的社会现象均显示,无论在城镇还是在农村,私营企业主的社会关系中,党政干部都占有相当高的比例。这足以看出,私营企业的发展在很大程度上与政治之间的某种互动关系。在中国办企业很难远离政治,企业办得再纯粹也不能无视政治的存在,做得越大越成功的企业家越懂得政治。如若与政府的沟通不够,不能得到政府的理解和支持,政府对企业的反弹力是不难相见的。第二,正因为这些私营企业主参与政治的主要动机是为了自身的经济利益,因而他们参与政治的具体内容必然主要集中在经济领域。诸如为私营经济发展创设公平的竞争环境、改善私营企业投融资环境、完善政府的配套制度化管理、要求政府树立为企业服务的观念等等。第三,通过参政议政提高自身社会地位,从而提高企业知名度以利于企业进一步发展,此为私营企业主参与政治的更进一层目的。

三是对政治不感兴趣的被动型政治参与。所谓被动型政治参与,是指这些私营企业主对政治存在极大戒心,没有热情,没有精神寄托,尽量避免或躲开政治活动,迫不得已才非常被动地应付一下。他们的座右铭通常是:"资本和财富就是安全","赚钱才是最实惠的"。此类私营企业主之所以会产生这样的动机,从客观原因来看,这类企业主的企业实力总体上不够强大,多数属于小企业主,正处于艰难爬坡阶段,从而使他们对于政治无暇顾及,他们几乎把全部精力都投注于企业的生产经营上。从主观原因看,这类企业主本身就是纯粹为了发财致富,视政治为政客所为。认为不参与政治,不仅能减少应酬,节约时间,还能回避不少摊派。这类企业主不仅不关心政治,不乐意当选人大代表、政协委员,个别曾是中共党员的业主还长期不过组织生活,甚至还想退党。

3. 私营企业主政治参与中存在的主要问题

当前,尽管一些私营企业主能通过法定程序表达自己的政治诉求,实现政治参与,但也有不少私营企业主存在不规范政治参与现象。其政治诉求途径存在的主要问题是:

(1)通过不正当途径谋求人大代表、政协委员等职务。按照法定程序,人大代表、政协委员的选举、产生,需要一系列严格的程序,特别是人大代表的产生,要获得人民群众的支持、认可。然而,个别私营企业主却未通过正常渠道谋得人大代表或政协委员之职,以至于这种职务更多地成为一种政治待遇和政治荣誉,不能充分发挥反映人民群众利益要求和愿望、有效参政议政等应有作用,甚至有个别私营企业主把这种职务当作谋求不正当私利的挡箭牌、遮羞布。

(2)通过经济手段非法干预政治生活。其一,干扰地方党政干部的任免和农村基层干部选举。个别私营企业主利用自己所拥有的经济实力,通过贿赂等手段,腐蚀拉拢地方党政干部和人大代表,干预地方的党政干部选举活动。特别是在农村的基层民主政治实践中,一些"经济乡绅"通过贿赂、拉拢、威胁等不法手段,干预村民的民主选举,打击报复村干部,争夺农村权力,在乡村干部中培植亲信,左右农村重大事项决策;一些私营企业主通过当选村支部书记、村委主任或委员,获取乡村公共权力,并利用农村公共资源谋求自己更大的经济利益。其二,干扰地方公共投资。有些利益集团总是想方设法要求建设对自己有利的政府公共投资项目,或使这些项目的规划更符合自己的利益。如在一些大中城市,均有某些房地产商群体先用较低价格购得城市较偏地段某块土地的开发权,然后再运用各种方式影响政府所订城市规划,特别是政府对公共产品的投入,以使其开发的区域和物业迅速升值,等等。① 其三,干扰地方政府政策法规的制定。政策与法规(地方税收政策、地方国民经济和社会发展规划、城市规划、产业扶持政策等)是地方政府利益调控和分配的重要手段,也是某些特定利益诉求合法化的重要途径。对地方政策法规的制定施加影响,是利益集团实现自己利益目标的"高级"手段。但一些掌握着重要社会资源和经济资源的私营企业主,往往通过不正当的途径和手段试图干扰地方政策法规的制定。其四,干扰地方国家机关的具体施权行为。有些私营企业主利用各种方式影响政府审批、行政规划、行政执法等具体行政行为,影响人民法院和人民检察院的正常司法行为。

(3)通过钱权交易,与官员相互勾结,谋取不正当利益。当前的腐败案件,特别是严重的经济犯罪案件中,官员与私营企业主的相互利用和勾结,已经成为经济类案件特别是经济犯罪案件的突出特征。最新的一些案例还表明,在私营企业主与官员之间的关系上,已经不再是私营企业主单向寻求官员办事,个别私营企业主还开始出钱出力为官员拉关系,帮助其获得荣誉、晋升职务,这表明私营企业主与官员的相互利用、钱权联合进一步加深。尽管私营企业主与官员相互利用、相互勾结,涉及的只是极少数私营企业主,尽管这些私营企业主的直接目的并非是参与政治,而是为了经济利益,但其产生的严重后果不容忽视。在经济层面上,它破坏了市场经济正常的运行环境,导致市场混乱,危及国民经济的健康持续发展;在政治层面上,它不仅腐蚀仕风,败坏官德,而且权钱结合将破坏政治结构,损害政权的合法性,危及党和政府的执政基础。

---

① 参见汪永战、黄卫平、程浩:《直面社会利益主体政治化》,《社会科学报》2007年2月1日。

第二节　治理对策

非公有制经济发展中自身存在的问题,既有客观原因,如市场经济体制还不健全、政府职能转变不到位、政府监管职能发挥不到位等,也有主观原因,如一些私营企业主人生观扭曲,存在极端的自私自利观念,依法经营观念淡薄,社会责任感缺失,不择手段地牟取私人利益;一些私营企业主经营理念落后,小富即安,满足于现状,不思进取等。要治理和解决非公有制企业自身存在的问题,必须从以下几个方面做出努力。

一、非公有制企业必须采取切实措施增强素质

要使非公有制经济总量上规模、结构上层次、质量上水平、管理上台阶,有大发展、大突破,在国民经济发展中发挥更大作用、做出更大贡献,诚然需要各级党委和政府进一步加大改革力度,转变政府职能,加强和改进对非公有制经济的监管服务,着力为非公有制经济发展创造良好的软硬社会环境,同时,也需要非公企业大胆改革自身,超越自己。民营企业和企业家一定要按照科学发展观的要求,内强素质,外树形象,做到“两个提升”、“三个创新”。

1. 要着力进行“两个提升”

一要提升企业规模。要提高我国非公企业在国内外市场的竞争力,就必须注意提升企业规模,把企业做大做强做优,形成一批大的企业集团和“航空母舰”。一般加工制造型企业,应该向专业化协作和社会化大生产方向发展。有基础和实力的企业,要善于利用各种有效的资本运营手段,善于把产品经营和资本运营相结合,组建企业集团,向产业化、规模化方向发展;要积极参与国有企业的改组改造,积极开展企业间的合作合营乃至合并改组;更有效地利用资本市场,提高投融资能力;更有效地利用企业的存量资源,开发企业的增量资源;更有效地开展品牌经营,通过品牌收购、品牌延伸、品牌授权等,开拓企业市场。非公有制企业要通过扩张企业规模,形成规模经济效益,提高企业的核心竞争力和抗风险能力。要善于利用国内国外两个市场、两种资源来发展壮大自己：发挥比较优势，积极开展与外商的合资合作，特别是注意与世界著名品牌的配套协作，努力扩大产品出口；有优势、有实力的企业要大胆"走出去"，开展境外投资，开拓国际市场，积极参与和推进外向型经济发展。

二要提升产业层次。多数私营企业主要分布在传统制造业、商业餐饮业、建筑业、社会服务业、文化教育、农林牧渔业等六大传统行业,涉及电子、医药、仪器仪表等技术含量和附加值高的行业的私营企业相对较少。近半数私营工业集中在传统的劳动密集型行业,不仅企业规模小、资金少,而且技术层次低,粗放经营项目多,高科技含量、高附加值产品少,产业层次偏低。鉴于此,非公有制企业必须大力提升其产业层次。要努力摆脱家庭作坊式的低、小、散状态,适应市场需求变化和市场竞争的需要,从单纯的劳动密集型向技术密集型和劳动密集型相结合转变,从粗放经营型向集约经营型转变,从资源浪费和环境污染现象较严重的不利于可持续发展型,向有利于节约资源和环境治理的可持续发展型转变。要注重发展高新技术产业,要积极运用高新技术和先进实用技术改造和装备企业,不断提升产品档次,改进产品结构,大力发展高端产品和终端产品,形成高技术、高质量、高附加值、高效益的发展局面,实现产业升级。私营中小企业要向精、细、专、深、特发展,特别要注意提高与大企业的配套协作水平,逐步形成以大企业为主导、大中小型企业分工协作、相互配套的产业组织体系。

2. 要不断推进"三个创新"

"三个创新"即机制、技术和管理创新。这是提升非公企业规模和层次、提高其竞争力的根本着力点。

（1）推进机制创新。机制创新就是要不断探索适合增强企业发展活力的机制。非公有制企业从无到有、从小到大地发展壮大,很大程度上得益于其经营灵活、反应迅速的营运机制。然而,随着国内外市场竞争的加剧和知识经济时代的到来,曾经让一些私营企业引以为是的经营机制面临严峻挑战。进行机制创新,成为企业谋求生存和发展、谋求"二次创业"、"三次创业"的必然选择。要创新机制,主要应在以下三个方面做出努力:其一,要创新企业的产权制度。高度封闭、单一的一元化产权结构在私营企业创业初期曾经发挥过积极作用,但随着企业规模扩大、管理层次增多以及生产社会化要求,这种产权结构对企业发展的阻碍便显现出来。它无法摆脱血缘关系的干预,阻碍自有资本与外来资本、人力资本与货币资本的结合,阻碍产权的有效流动和优化组合,既无法解决所有者经营能力与企业发展之间的矛盾,也难以分散经营风险,这将制约非公有制企业的规模发展。非公有制企业要适应生产社会化要求,实现资本快速集中和扩张,要更好更快地发展壮大,就需要超越狭隘的家族产权限制,吸纳多元产权,建立多元的、开放的产权结构。如果说在市场经济条件下,公有制应该而且必须有多种多样的实现形式,那么,在市场经济条件下,私有制也应该而且必须有多种多样的实现形式。私营企业也要按照"产权清晰、权责明确、交易规范、运作灵活"的现代产权制度要求,适应生产社会化的需要,采取合伙制、股份制等多种形式,不断创新企业的组织形式。其二,要创新经营决策机制。在市场竞争加剧和企业规模扩大的情况下,私营企业中曾盛行的"家长制"、"一言堂"、"凭经验、拍脑袋"的决策机制已不能适应现代社会科学决策的要求。必须改革企业领导体制,创新企业的决策机制。其三,要创新激励约束机制,特别是要创新分配制度和用人用工机制。要通过有效的激励约束机制,努力创造培养、引进、用好、留住高素质管理人才和技术人才的环境,最大限度地调动广大职工的积极性。

（2）推进技术创新。科学技术是第一生产力。不断进行技术创新是企业在竞争中制胜的法宝。一些非公有制企业在发展中存在的一个普遍问题就是技术落后,拥有独特的专利技术不多,企业缺乏活力与后劲。因此,非公有制企业必须持续不断地进行技术创新,提高企业的研发能力,不断开发适合市场需求、科技含量高、经济效益好的新产品。要坚持先进技术引进和消化、吸收、创新相结合,开发具有企业自主知识产权的核心技术和特色产品;要加强与高等院校、科研院所的"联姻"和协作,"借脑发展";有条件的企业要建立技术创新中心,努力提高自主创新能力,增强可持续发展能力。

（3）推进管理创新。管理也是生产力。管理出效益。随着私营企业规模的扩大，必须建立科学、规范、现代化的管理体制。要改变家族式管理模式，建立现代企业管理制度，完善法人治理结构；要加强人本管理，将人力资源作为企业的第一资源，建立新型的人事管理制度，充分调动企业管理层和普通职工的积极性能动性，特别是要打破家族制的狭隘眼界，面向社会广纳人才，充实企业的管理和技术岗位；要引入先进的管理理念和管理办法，不断完善生产管理、技术管理、质量管理、营销管理、安全管理、财务管理等各项内部管理制度，推进管理的规范化、制度化，以制度创新带动管理创新。

3. 要增强社会责任感，树立良好的社会形象

从社会角度看，企业的发展离不开社会。虽然企业主要是谋求经济效益的"经济人"，但同时它也是"社会人"，企业在谋取经济利益的同时有义务承担一定的社会责任，兼顾社会利益。从企业角度看，企业形象也是生产力、竞争力，是企业的无形财富。无可否认，私营企业在促进地区经济增长、增加财政税收、增加社会就业等方面做出了重要贡献，但同样也无需否认，在私营企业的大发展过程中，有少数私营企业在生产经营方面存在一些不良现象，诸如偷漏税、制售假冒伪劣产品、违法违规经营国家明令禁止的经营项目、侵犯职工合法权益等，严重影响了私营企业的整体社会形象，也严重影响了私营企业自身的长远发展。有鉴于此，在加大政府对非公企业的监管力度的同时，作为私营企业自身，必须自觉树立正确的经营理念，增强社会责任感，努力塑造"诚信、守法、贡献"的良好社会形象。要坚持诚信为本，重信誉，守合同，按期还贷，按期支付职工报酬，按期交付货款，决不能弄虚作假去做坑害社会、坑害消费者、坑害投资者利益的事情。要坚持依法经营，严格遵守国家的有关法律法规，文明生产，照章纳税，主动维护职工的合法权益，坚决杜绝违法违规生产经营行为和各种扰乱市场秩序的行为。要热情关注、关心、支持社会公益事业，积极回社会，为构建和谐社会做出应有贡献。

二、必须通过建立和完善法律、制度和体制,着力构建和谐的私营企业劳资关系

构建和谐的私营企业劳资关系,首先需要国家从法律层面建立健全协调劳资关系、保障劳动者合法权益的法律法规,需要建立健全政府、企业、工会三大主体共同参与的集体谈判机制,需要综合运用多种手段,促使私营企业劳资关系调整走向法制化、制度化、规范化和民主化的轨道。

1. 要建立健全协调劳资关系、保障劳动者合法权益的法律法规

要进一步建立和完善劳动监察和劳动争议处理的法规制度,用法规制度保护劳工权益,这对协调劳资关系至关重要。西方国家在这方面已经建立了完备的法律体系,与劳资相关的法律有《劳资关系法》、《劳动合同法》、《集体合同法》、《社会保障法》、《劳动安全卫生法》等,对调节劳资关系起到了多方面的作用。我国在这些方面的立法仍然滞后,需要立足国情,借鉴国外经验,加紧研究立法。对已颁布的法律,如《劳动法》在很多问题上只是作了原则性的规定,缺乏具体操作性,急需结合实际情况和各地的实践制定相应的实施细则。《工会法》由于缺少"法律责任"的条款以及由于监督主体的缺位,致使实施过程中遇到一定难度。必须赋予《工会法》更大的权力,使之真正拥有维护工人权益的职能。可通过制定《劳动合同法》、《最低工资法》、《欠薪保障金制度条例》等法规,以切实保障员工的劳动收入和正当权益,改善员工的劳动条件和福利待遇。①2007 年 7 月,我国已经通过了《劳动合同法》并已于 2008 年 1 月 1 日起实施。《劳动合同法》,就企业职工的工资待遇、工作时间、劳动卫生安全、保险福利等方面事项如何进行协商决定,作出了明确的法律规定,这对协调劳资关系、保障职工合法权益必将产生重大影响。

2. 要建立并完善三方协调的集体谈判机制

集体谈判是指由政府(通常以劳动部门为代表)、雇主组织和工会通

---

① 参见姜作培、陈峰燕:《论构建和谐的私营企业劳资关系》,《中州学刊》2006年第 1 期。

过一定的组织机构和运作机制共同处理所有涉及劳资关系问题,主要围绕工资、就业保障、其他待遇(如加班费标准、带薪休假、医疗补助、失业津贴、退休金等)、工作条件（如工作日长度、劳动强度、工作环境、安全保障）等展开集体讨价还价,通过三方协调、集体谈判解决相关问题。建立由政府、雇主和工会组成的三方谈判机制协调劳资关系,可以使员工个人意志通过员工团体表现出来,由团体代表员工个人交涉劳动过程中的事宜,这有助于克服劳资关系的内在不平衡,增强员工一方的力量,有效地促使双方互相让步,达成妥协,签订协议,有助于大大降低诸如怠工、罢工等冲突产生的负作用。集体谈判被认为是使劳资冲突规范化的一项伟大的"社会发明",是市场经济条件下协调劳资关系的有效形式。①

我国从 1994 年《劳动法》颁布至今,已初步形成了实行集体谈判和集体合同的法律和制度雏形,1996 年,劳动部、全国总工会、国家经贸委和企业家协会共同发布了《关于逐步实行集体协商和集体合同的通知》,之后,全国总工会将推行集体谈判和集体合同制度作为维护职工权益的一项关键工作和突破口来抓,劳动保障部、全国总工会、中国企业联合会及企业家协会业已建立了国家级协调劳动关系三方会议制度。② 但目前我国的集体谈判的三方协调机制仍处于试行阶段,集体谈判的机制还没有真正形成,没有发挥应有的作用。主要表现为:一是谈判主体存在缺位现象。集体谈判机制对劳动者的覆盖范围还偏小,仍有许多劳动者游离于集体谈判之外。二是集体谈判流于形式。众所周知,集体谈判与集体合同制度的关键和核心是"谈判"。在西方市场经济国家,这是一个非常艰难、充满斗争和讨价还价的过程。对比之下,我国的集体合同基本上没看到有什么"谈判"过程,缺少能够真正代表工人的工会组织的参与,谈判和集体合同的签订往往变成一种形式,甚至成为政府包办的一种单方

---

① 参见姜作培、陈峰燕:《论构建和谐的私营企业劳资关系》,《中州学刊》2006
年第 1 期。

② 郭锐:《进一步推进集体谈判制度》,《工人时报》2005 年 1 月 28 日。

面行为。① 市场经济国家的集体谈判制度各有特点,没有统一的模式。各国的集体谈判制度都是根据各自不同的情况形成和建立起来的,从而形成了各具特色的模式。我国如何建立真正的三方协调的集体谈判机制,应广泛吸收和借鉴市场经济国家的经验,但更重要的是应从实际出发,根据我国的国情来设计我国集体谈判的制度。目前,我国在建立集体协商谈判制度过程中应注重解决以下三方面问题。

第一,要着力加强私营企业工会组织建设。在私营企业,构建一种劳资双方相互制约的平衡结构和机制,重要的是必须建立真正能够代表工人自己利益的工会。从西方发达国家劳资关系的发展历程看,工会组织在调节员工与业主的关系中起的作用越来越大,确已成为调节劳资关系的有效中介。如果没有这样的组织,劳资双方的力量就会大大失衡,资方就会失去制约,员工的权益受损自不必说,而且会造成社会的失衡和分裂,会导致社会的动荡和不安定。同时,保持工会一定的独立性也是建立集体谈判机制的关键。集体谈判机制有效运作的前提是劳资双方彼此独立,只有当工会组织能相对独立于政府而与资方及其组织进行平等谈判时,集体谈判机制才能有效建立,员工的利益才可以得到最大化的保护。据《人民日报》2004年10月15日报道:自2002年起,承德市建立了"以党建带工建,以党建促工建"的工作机制,大力加强工会建设。截至2004年10月,承德市95%以上的"非公"企业都建立了工会,推进了职代会、厂(店)务公开、工资集体协商、职工董事、职工监事等民主管理制度,有效地保护了职工合法权益,促进了"非公"企业健康发展。很显然,如何建立能够真正代表职工利益并且具有与资方谈判、博弈能力的工会组织,是构建和谐劳资关系、建立集体协商机制的关键也是难点。在加强私营企业工会组织建设中,必须突出解决三个方面问题。一是职工加入工会组织的广泛性问题。凡是符合条件的私营企业都必须设立工会组织。应按照《工会法》和《工会章程》的规定和要求,坚持哪里有职工哪里就要建

---

① 参见姜作培、陈峰燕:《论构建和谐的私营企业劳资关系》,《中州学刊》2006年第1期。

立工会组织的原则,督促私营企业建立和发展工会组织。目前,一些私营企业主不愿或反对设立工会组织,对此,政府必须采取有效措施迫使私营企业组建工会。诸如:可把是否建立工会作为私营企业信用等级的重要依据之一;可通过工商年审、税务登记部门随时掌握私营企业工会建设情况;劳动保障部门和上级工会要把工会建设作为劳动检查的重要内容,对符合条件而拒不建立工会组织的企业,可联合工商、税务等部门采取必要的行政处罚措施。对于一些经营规模小、工人人数少或工人流动性大的企业,可通过组建行业性工会来保障职工参会的权利。总之,要通过工会组织建设,最大限度地把广大职工纳入到工会之中。二是私营企业工会的独立性问题。一些私营企业迫于某种形势或出于某种需要也建立了工会,但不是把工会变成装点门面的花瓶,就是把工会变成私营企业主手中御用的工具,从而使工会失去了应有的独立性和维权职能。要落实私营企业工会的独立性,必须首先从法律法规和制度构建局面,规范和落实私营企业职工依法组建工会、参加工会的权利,规范和落实私营企业工会依法参与企业治理活动、维护职工合法权益的权力和程序。如承德市要求非公有制企业必须通过职代会制度落实好职工的知情权、协商共决权、监督评议权等,①山西晋中市明确规定了非公有制企业职代会的五项职权:知情参与权、审议通过权、审议否决权、选举评议权和依法监督权。② 其做法值得借鉴。要通过更加具体的制度构建,切实解决工会活动的经费、场地、时间等问题,比如,可通过硬性规定,规定符合条件的私营企业必须根据企业的状况按照一定比例拨给工会活动经费,规定符合条件的私营企业必须根据企业规模和企业生产经营活动状况设置工会活动的场地和时间,规定私营企业主不得借故干预工会的正常活动,不得借故打击报复、解雇工会领导人和骨干成员;要从制度层面为工会领导人大胆开展工

---

① 参见施维等:《维护职工权益　巩固执政基础——承德市推行"非公"企业民主管理纪实》,《人民日报》2004 年 10 月 15 日。

② 参见耿彦军、王丽峰:《晋中非公有制企业推行民主管理》,《人民日报》2004 年 11 月 29 日。

作提供保障；对那些拒不执行规定或蓄意违反规定的私营企业，政府主管部门可采取必要行政处罚措施，进行纠治，情形严重的，可进入诉讼程序，通过司法途径予以惩治。三是工会的民主性问题。工会是工人阶级自己的组织，在工会活动中，必须落实民主选举和民主决策制度及内部民主治理制度，工会的领导必须由工人经严格的民主程序选举产生。选举要民主化、公开化，充分体现选举人的意志。同时要拓宽选拔工会干部的渠道，探索和推行工会干部直选制，尽量让全体会员参与企业工会主席的直选，使工会真正反映员工的利益和愿望，切实为员工和群众服务。

　　第二，建立和完善与集体谈判相关方面的制度。要切实加强不同层次、不同形式三方协调机制的组织制度建设，建立和完善工作规则，规范协商程序和办法，保证三方协调机制规范、有序、顺畅、高效地运作。要明确集体谈判的内容。《集体合同规定》规定了集体谈判的15个方面的内容，当前最紧迫的问题是解决业主单方面规定工资特别是定额工资的问题。应明确规定：有关生产定额、加班时间和报酬、工作时间等问题的决定，必须与工会或工人代表进行谈判和协商决定；针对突出问题进行单项谈判和签订单项合同；落实集体谈判各方的责任。资方在谈判过程中必须向工会或工人代表提供有关企业经营情况的真实信息，工会有义务对谈判中的重大问题向员工报告，员工享有投票决定的权利，工会谈判所形成的协议要经过劳动者批准后才能生效。[①]

　　所谓工资集体协商，也称公司集体谈判，它是由雇主代表组织的一方同劳动者代表组织的一方，就劳动者的年度工资增长水平及其他工资福利问题进行平等协商、谈判，最后达成一致意见，就此签订专门的工资契约或集体合同，作为约定期限内签约双方处理工资的行为准则。随着《劳动合同法》的颁布，我国不少地方开始了建立职工工资集体协商制度的实践。2007年7月，《上海市集体合同条例（草案）》修改稿提交该市十二届人大常委会第36次会议审议。该草案明确规定，用人单位在制

---

① 参见姜作培、陈峰燕：《论构建私营企业和谐的劳资关系》，《中州学刊》2006年第1期。

定、修改或决定直接涉及职工切身利益的规章制度或重大事项时,应与本单位职工一方的代表进行集体协商后确定。协商内容包括:劳动报酬、工作时间、休息休假、劳动安全卫生、保险福利、职工培训、劳动纪律、劳动定额及法律法规规定的其他内容等。草案规定,职工一方的协商代表,由单位工会选派,建立女职工委员会的,应有女性协商代表,首席代表由工会主要负责人担任。尚未建立工会的用人单位,可由上级工会指导职工民主推荐,并经本单位半数以上职工同意。用人单位的协商代表由单位法定代表人指派。①

　　另据 2007 年 7 月 18 日《辽宁日报》报导,辽宁省委办公厅、省政府办公厅联合下发了《关于进一步推进企业工资集体协商工作的通知》,《通知》指出,将推动所有具备条件的企业依法、适时、有效开展工资集体协商。对小型企业比较集中或同行业相对集中的,积极推行区域性、行业性工资集体协商,签订区域性或行业性工资集体协议。已建工会的企业应当全面实行工资集体协商制度;未建工会的企业应当通过区域、行业工资集体协商制度进行覆盖。

　　2007 年 7 月 18 日,福建省总工会、省劳动和社会保障厅、省企业和企业家联合会联合下发了通知,要求力争通过 3 年的努力,使全省规模以上生产经营正常、建立工会的企业,均建立工资集体协商制度,协商企业内部工资分配制度及工资分配形式。从 2007 年开始,全省规模以上企业要开展工资集体协商"要约行动"。"要约行动"的重点将放在规模以上企业。国有企业的工资集体协商,在国家允许的工资总额范围内进行,重在协商企业内部工资分配制度、工资分配形式。凡未建立集体协商、集体合同制度,未开展工资集体协商并签订工资专项集体合同的用人单位,各基层工会应代表职工向企业行政提出开展集体协商的要约。各级企业家组织也要积极引导企业提出或响应协商要约,无正当理由不得拒绝工会方的协商要求。各级三方会议有关单位和部门要做好协商主体的培育工作,积极解决"不愿谈"、"不敢谈"、"不会谈"的问题。同时,要充分关注

---

① 参见《大河报》2007 年 7 月 20 日。

集体协商代表的保护问题,严肃查处对协商代表尤其是职工方协商代表的打击报复行为。为确保"要约行动"取得实效,各级工会组织要加强对基层工会开展"要约行动"的情况进行督促、检查,对于无正当理由拒绝工会方协商要约的,由地方工会提请当地劳动保障部门依法责令其整改。另外,企业与企业家联合会要引导企业积极响应职工的协商要约,无正当理由不得拒绝工会方的协商要求。各级劳动保障行政部门要认真审查工资协议条款,为企业提供服务,对开展工资集体协商产生的争议,要及时组织协调处理。①

很显然,通过各地建立集体协商制度的实践和探索,我国必将建立起健全、完善并具有中国特色的集体协商制度。

3. 要切实搞好私营企业职工的社会保险工作

如何把私营企业职工的社会保障工作纳入整个社会保障体系建设是我国社会保障制度建设的一个难点。目前,我国已初步建立了政府主导、企业和职工共同参与的社会保障制度,然而,在一些私营企业中,拒交、拖欠职工社会保障金的现象非常普遍。搞好私营企业职工的社会保障工作,既是搞好整个社会保障工作的重要内容,是健全社会主义市场体制的必由之路,也是保障私营企业职工合法权益、构建和谐劳资关系的重要举措。非公有制企业及其职工要按照国家有关规定,参加养老、失业、医疗、工伤等社会保险,缴纳社会保险费;要按照国家规定建立住房公积金制度。我们要根据非公有制企业量大面广、用工灵活、员工流动性大等特点,积极探索并建立健全非公有制企业职工社会保障制度。

4. 要切实加强政府的组织协调和监管

构建和谐劳资关系,政府责无旁贷。政府是社会公正的代表者和仲裁者,必须对私营企业劳资关系的发展态势予以高度关注,积极促进劳资关系的协调、和谐。政府有责任严格监督私营企业的用工行为,有责任制止和打击私营企业主侵害劳动者权益的行为。政府调控有力是构建和谐

---

① 参见《东方快报》2007 年 7 月 19 日。

劳资关系的核心,是实现劳资关系和谐发展的根本保证。① 市场经济条件下,劳资关系的处理主要是双方通过自行协商来解决,但政府一方面必须对劳资关系加以宏观调控,如制定劳动标准、贯彻落实最低工资制度、搞好劳动仲裁等,另一方面,必须积极组织和推动集体协商并监督、促进集体协商决议的有效执行。各级政府劳动管理部门要切实转变职能、加强监察力量、加大执法力度;要进一步完善劳动争议仲裁制度,提高仲裁的权威与效率;要联合有关部门,建立劳动争议预警制度,加强劳资冲突预防工作。

三、政府要切实加强对私营企业的监管

放手发展非公有制经济,并不等于放任自流,并不是不要对非公有制经济进行监管。相反,由于市场经济固有的"失灵"现象,由于资本的天然逐利本性、由于私营企业的"经济人"特性,私人资本往往会不择手段地追逐利润、追逐金钱。因此,在我们放手发展非公有制经济的同时,我们必须更加重视对非公有制经济的监管,尤其是要加强对私营企业的监管。在任何时代、任何社会,经济监管从来都是政府的一项重要职能。在社会主义市场经济条件下,政府更应该履行好"经济调节、市场监管、社会管理和公共服务"的职能。要加强对非公有制经济的监管,必须在建立健全规范和约束市场经济主体的法律法规体系的同时,切实转变政府职能,构建起政府相关部门间分工合理、职责明确、运作高效的监管机制。要重点做好以下几方面工作。

1. 从监管主体的角度讲,要加强政府的监管职能建设

为了避免或减轻企业行为"负外部性"和"市场失灵"的影响,监管是政府公共服务中的天然组成部分。这种政府行为既是政府公共目标的体现,也是政府引导企业健康发展、为企业利益服务的表现。我国政府早已建立了监管体制,设置了工商、税收、环保、质检、劳动、城管、卫生等诸多

① 见姜作培、陈峰燕:《论构建私营企业和谐的劳资关系》,《中州学刊》2006 年第 1 期。

部门,并制定了相应的法律法规。但是,由于监管机制的建设还存在各种弱点,这些年来,非公有制企业在牟利中违法违规、违反市场秩序等现象有增无减。要加强政府的监管职能建设:其一,要进一步健全和完善激励、约束和规范市场主体活动的法律法规,健全和完善规范政府行为的法律法规,使政府真正做到有法可依、依法行政;其二,要加强职能部门的力量建设。在政府职能转变中,有些职能要取消或弱化,有些职能要加强。监管是政府重要职能,理应在强化之列。要加强政府监管职能建设,必须加强职能部门力量建设,配备必要的人力物力,特别是要注意职能部门之间的职能划分、职能部门内部的权责分配,要注意加强监管部门的建设,不断提高监管人员的素质,从而有效解决过去管理中存在的多头管理、权责不清、缺乏合力、执法力量不足、责任难追究等问题。其三,要不断改进管理方式。政府要根据相关法律和非公有制企业生产经营的特点,制定和完善相关监管制度,特别是一些地方政府,要根据本地的非公有制经济行业分布、产业结构层次、规模大小等特点,制定更加具有现实针对性的监管制度。同时,各职能监管部门要制定并公开更加详细、明确的监管制度,规范管理行为,改进监管办法,提高监管水平。

2. 从监管客体的角度讲,要重点加强对私营企业违法违规生产经营活动的监管

其一,要加强对私营企业的税收监管。非公有制经济已是我国市场经济的重要组成部分,是我国国民经济的重要支撑力量。非公有制经济的税收,是我国财政的重要税源,是一些地方政府的主要税源。合理纳税,是企业应尽的社会义务。私营企业偷税漏税无疑就是偷国家的钱、偷广大人民群众的钱,而且会破坏公平竞争的市场环境,导致严重的分配不公。因此,依法纳税、从严治税,依法惩治私营企业的偷漏税行为,是人心所向,势所必然。

税收监管部门要做好三方面工作:一要严格依法征税。要继续坚持严格按照税收征管法规定的权限、程序和条件,严格审批减免缓税。深化税收分析,加强重点税源、税种和行业的管理;加强个体集贸市场税收管理;加大税务稽查力度。各级地税稽查部门要密切关注涉税违法活动的

发案规律、特点和新的动向,重点查处长亏不倒、低零申报和利用做假账、两套账、账外经营等手段偷逃税的案件。在一些发达国家,税务部门一旦查出谁有故意偷漏行为,那是一件很严重的事情,轻则罚款补税,重则入狱。而我国现行税收征管法规定,对偷税等税收违法行为给予不缴或少缴税款的五倍以下的罚款。由于注重税款查补,而轻于处罚,致使一些偷税人认为有利可图。要对查出的私营企业偷漏税行为加大处罚力度,依法严惩不贷。要通过严惩的威慑和正面的教育使广大私营企业主树立起强烈的"主动纳税"、"纳税光荣"意识。

二要强化管理基础,提高征管质量和效率。要加快税收征管基础建设,运用现代科技手段,优化流程,减轻负担,加强征管,提高质量,努力达到"执法规范、成本降低、社会满意"的标准,提高税收科学化、精细化管理水平。具体要做好加快税收信息化应用步伐、加强税收征管基础建设、完善税收征管良性互动机制、构建社会综合治税机制等工作。

三要加强队伍建设,提高整体素质和执法水平。要持续开展权利观教育、党政纪条规教育、正反典型教育,使广大税管人员牢固树立正确的权利观,并不断提高依法行政的业务素质。要加强职能部门的各项规章制度建设,廉洁从政,高效执法。要严防极少数税管人员与私营企业主相互勾结、合谋偷税骗税行为。这种行为一经发现,必须彻查严处。

其二,要加强对私营企业进行安全监管。许多私营企业从事着煤炭开采、机械制造、楼宇建筑等传统工业项目的生产经营,这些项目本身就对安全生产的条件有较高要求。然而,一些私营企业主为降低成本、牟取暴利,往往不注意生产经营中的安全设施建设,存在许多安全隐患,从而经常引发安全事故,给劳动者也给企业主自身的生命财产带来许多损失。针对此,各级政府一定要依据《安全生产法》,制定更加具体的安全生产制度,并通过监管认真加以落实。

其三,要加强对私营企业进行产品质量和卫生监管。要通过制定严格而可行的产品质量和卫生标准,建立健全各种质检认证体系,加强对私营企业产品质量和卫生的监管。要在鼓励、支持其生产销售高质量的绿色环保产品的同时,坚决扼制和查处那些制售假农药、假化肥、假种子、假保健品等各种假冒伪劣产品、严重侵害消费者权益的行为和现象。

其四,要加强对私营企业进行环保和资源监管。为建设资源节约型、环境友好型社会,为实现"十一五"时期我国节能降耗的指标,我们必须转变经济增长方式。为此,我们必须控制并监管"三高一低"企业的生产经营活动,坚决淘汰落后的粗放式生产工艺。政府一方面要通过制度设计,调动私营企业从事节约生产、清洁生产的积极性和能动性,另一方面,也要在企业能耗、排放方面设置相应的标准,对企业的经营活动和项目进行审批限制。政府环保部门、资源监管部门必须加强对私营企业的监管。对不符合产业发展政策的企业投资项目,该限制的必须限制;对节能减排不达标的企业该限期整顿的要限期整顿;对严重浪费资源、污染环境的企业该取缔的必须坚决取缔。

其五,要采取切实措施,坚决打击私营企业的非法经营和营销行为。一方面,要健全和创新有关法律制度,有效堵塞在土地征用、土地批租转让、政府采购、工程招投标、金融信贷、行政审批等方面存在的体制和制度方面的漏洞,从体制和制度层面有效制约公共权力,规范政府经济行为,预防个别政府官员"傍大款",搞"寻租"腐败。另一方面,对个别私营企业主通过金钱、美色拉拢腐蚀政府官员搞不正当竞争、不正常营销的非法营销行为也必须严加惩治。政府监管部门要通过经济、法律等多种手段,严厉打击商业贿赂、虚假广告、欺诈销售、非法传销、欺行霸市、强买强卖等各种不法经营活动,从而为广大生产经营者的守法经营、公平竞争,为广大消费者的健康消费、合理消费,提供良好的行政保障,创造一个良好的经济和社会环境。

四、要规范和完善私营企业主和私营企业职工的政治参与

1. 创新政治参与途径,为私营企业主开辟畅通的利益表达渠道。私营企业主是中国特色社会主义的建设者,是我国社会合法的公民,其所支撑的经济组织业已成为我国经济社会的重要组成部分,为他们提供与别的阶层平等的政治权利应是政治机制创设中的必要任务。无论从现时我国对稳定的客观要求看,还是从建设民主政治的长远目标出发,给私营企

业主们以正常的、与其他公民无二致的、完全平等的政治参与途径乃是符合政治自由原则的、明智的、合理的必然选择。因此，要允许私营业主当选人大代表，允许他们参加政协，允许他们加入中国共产党及其他民主党派，允许他们加入合法的群众团体，允许他们参加一些地方干部的竞聘，从而使他们可以通过多种途径表达他们的利益愿望和诉求，通过多种途径有序地参与政治。

2. 要严格程序，严格把关，严格监督，保证私营企业主规范地参与政治。在参与政治的资格方面，我们要向私营企业主敞开大门；在政治参与的程序和条件方面，我们必须严格把关。譬如，我们要严格标准、条件，通过合法程序，从而能使真正具有政治才能、具有较高道德修养的私营企业主当选人大代表、政协委员，使不符合条件的私营企业主难以滥竽充数；我们要严格依照入党标准和条件，把真正具备入党条件的优秀私营企业主吸收入党，以保持党员队伍的纯洁性和先进性，而决不能降低标准，降格以求。特别是在当前的一些农村地区，一定要警惕片面强调富者"入党"、"为官"可能带来的政治危害。

3. 要标本兼治，有效惩治个别私营企业主的违法政治行为。一方面要加强制度建设，健全民主政治制度，切实转变政府职能，从制度上禁止私营企业主以钱买权、以钱贿官、以钱干政的非法政治行为；另一方面，要加大惩治力度，对那些以不法手段破坏民主政治、干扰或操纵地方选举、干扰和操纵地方党政部门正确决策的私营企业主，要依法进行制裁。

4. 规范和健全私营企业职工的政治参与渠道。私营企业职工是一个十分特殊的群体，多数为流动性很强的农民工。同时，他们与雇主之间是完全按市场游戏规则形成的纯粹雇佣关系。目前，由于一些私营企业缺乏党组织，缺乏工会组织和其他群体组织，私营企业职工缺乏必要的政治参与渠道；在一些农民工聚集比较集中的地方，"老乡帮"、"老乡会"甚至带有一些黑社会性质的非法组织在农民工中颇有市场，甚至成为调节农民工之间纠纷的"第二政府"。这种现象必须引起我们的高度重视。私企职工有序的政治参与，不仅是构建和谐劳资关系的需要，是作为公民应有的政治权利，而且是构建和谐社会、发展社会主义民主政治的需要，因而,必须加强制度安排和建设,拓展私营企业职工的政治诉求途径。(1)要通过私营企业工会建设、行业工会和街区工会建设,最广泛地吸纳私营企业职工进入工会组织。把他们纳入到工会组织,这既有助于疏通他们表达利益愿望与政治诉求的渠道,有助于他们借助组织的力量维护自己的合法权益,又可以使私营企业职工受到有效的管理与教育,丰富业余生活。(2)要在私营企业中加强党组织建设,加强对职工的教育管理,并搞好为党员与群众的服务。

第八章　劳动论、劳动价值新论
与按劳分配

　　分配制度是基本经济制度得以实现的基本制度工具和重要实现形式，是经济制度中极为重要的制度。分配制度主要由所有制制度决定，但它同时也存在一个价值取向及其合理性问题。党的十五大明确提出了在我国社会主义初级阶段要实行以按劳分配为主体、多种分配方式并存的分配制度。但时至今日，人们对为什么要实行以按劳分配为主体、多种分配方式并存的分配制度的合理性、必要性并未完全搞清楚。为了鼓励和支持非公有制经济发展，为了大力发展市场经济，有个别人甚至提出了应该取消按劳分配为主体，全面确立按要素分配原则的观点。看来，要搞清楚这一问题，必须深入研究劳动问题，不断发展和创新马克思主义的劳动论和劳动价值论，只有这样，才能更好地认识并坚持以按劳分配为主体、多种分配方式并存的分配制度。

第一节　劳动论

　　近些年来，特别是自 2001 年江泽民同志在"七一"讲话中提出要深化对社会主义社会劳动和劳动价值理论的研究和认识以来，学术理论界对劳动论、劳动价值论、价值决定论、价值分配论以及按劳分配论与按要素分配论进行了深入探讨，提出了不少卓有建树的新观点、新见解。然而，由于对劳动范畴认识不清或存在歧义，也使一些理论探讨步入无谓争议误区。劳动理论是马克思劳动价值论的逻辑基础与逻辑起点。要深化认识和发展马克思的劳动价值论，首先要构建和创新劳动理论。目前学术界讨论比较多的，是与价值创造和价值形成有关的劳动，而对于作为价值理论基础的整体的劳动理论涉及不多，这样就出现了将现实的劳动、创造价值的劳动以及具有价值意义的劳动混淆起来的学理偏颇。因此，正确认识和看待劳动范畴，更新劳动观念，是正确发展和创新马克思主义劳动论和劳动价值论，正确实施以按劳分配为主体、按劳分配与按要素分配相结合的分配制度的理论基础。

一、关于劳动的定义

劳动，这是一个众人皆知的词汇，但要从哲学的高度给劳动下一个确切的具有普遍意义的定义却并非易事。但如果没有一个确切的具有普遍意义的定义，我们就无法更深入地去研究劳动价值、按劳分配以及其他与劳动相关的理论问题。涉及劳动的定义，经典导师的著作中并没有专门章节进行论述，而是散见于其不同著作与章节之中。诸如：劳动是人类"有目的的活动"。不包括一般动物的"本能"活动，如蜜蜂筑巢，蜘蛛结网等。① "劳动首先是人和自然之间的过程，是人以自身的活动来引起、调整和控制人和自然之间的物质变换的过程。"②劳动是人类社会存在和发展的基础。"劳动创造了人本身"（恩格斯）。"劳动是生产真正的灵魂"（马克思）。"整个所谓世界历史不外是人通过人的劳动而诞生的过程，是自然界对人说来的生成过程。"③"在劳动发展史中找到了理解社会史的锁钥。"④马克思恩格斯有关劳动的理论强调了劳动对人类社会的重要性，强调了劳动和自然的关系，强调了生产劳动，强调了资本主义劳动的特殊性，但并没有从严格意义上给劳动下一个比较普遍而抽象的定义。

---

① 参见《马克思恩格斯全集》第 23 卷，人民出版社 1972 年版，第 202 页。
② 《马克思恩格斯全集》第 23 卷，人民出版社 1972 年版，第 201—202 页。
③ 《1844 年经济学哲学手稿》，人民出版社 1985 年版，第 88 页。
④ 《马克思恩格斯选集》第 4 卷，人民出版社 1995 年版，第 258 页。

这就需要我们在继承马克思主义劳动论的基础上结合人类社会发展史和当代社会实践,对劳动论有所创新。

关于劳动的定义,《辞海》上是这样解释的:"劳动是人们改变劳动对象使之适合自己需要的有目的的活动。即劳动力的支出或使用。在人类形成过程中起了决定性作用。人类的祖先类人猿经长期劳动实践,才变成为能制造工具的人。劳动在不同的社会制度下具有不同的社会属性。在奴隶制度、封建制度和资本主义制度下,劳动者的劳动表现为奴隶劳动、农奴劳动和雇佣劳动,是不同性质的受剥削的劳动。在社会主义公有制下,劳动者成了国家和企业的主人,不再受剥削。进入共产主义后,劳动不仅是谋生的手段,而且将成为人们生活的第一需要。"①《辞海》中的解释偏重于劳动的作用,而忽略劳动过程中人与人的一般关系,偏重于解释劳动在不同社会制度下的不同社会属性,而忽略了劳动在不同社会制度下相同的社会属性,因而其解释需要进一步完善。

根据笔者对马克思恩格斯劳动论的认识和对劳动的研究,笔者认为,劳动是人类"有目的的活动",劳动首先是人类为满足其生存、发展的本能需要而进行的有目的的活动,因而劳动首先是人和自然之间的物质变换过程,同时,劳动也是为了满足人类不断增长的物质生活、精神生活等多层次需要的有目的活动,因此,劳动还有人与人、人与社会之间的精神变换过程;劳动既有体力劳动,也有脑力劳动,而且随着人类智力的发展,脑力劳动的作用将会越来越大;劳动既要改造和利用自然条件,也要改造和利用社会条件,劳动首先以自然界为劳动对象,以物质生产为主要劳动方式,但同时也以自身组成的社会为劳动对象,以精神生产为劳动方式;劳动首先是人与自然之间的物质变换过程,因此劳动具有自然属性;劳动必须在人的类活动也就是在社会中进行,并在类活动中不断创造劳动,因而劳动具有社会属性;劳动在不同的社会制度下会有不同的社会属性,但作为类活动,在不同社会制度下的劳动又会有某些共同的社会属性。因此,要给劳动下一个具有普遍意义的定义必须要考虑到诸多因素,否则,

---

① 《辞海》,上海辞书出版社 1999 年版,第 1966 页。

就无法更好地反映劳动的本质及其发展变化。据此,笔者对劳动简单定义如下:劳动是人类通过改变外在于劳动主体的客观条件以满足人类生存、发展、享受等多层次消费需要的有目的的体力和脑力活动。为了更深入更正确地理解劳动定义,我们必须对劳动范畴进行更深入的探讨。

二、劳动是一个历史范畴

马克思主义认为,劳动是一个永恒范畴,之所以是一个永恒范畴,是因为人类的生存和发展一刻也离不开劳动,劳动是人类社会诞生、生存、发展的基础,而且将随着人类社会的延续永远存在下去。然而笔者认为,劳动既是一个永恒范畴,同时也是一个历史范畴。说劳动是一个历史范畴,并不是说劳动是一种历史现象,在人类社会发展的某个阶段才出现或在某个阶段会消失,而是说,劳动的内容、劳动的形式会随着人类历史的进步而不断发生变化。

1. 劳动内容的发展变化

人类作为自然界的有机组成部分,本能的需要始终伴随着人类。为了满足人类吃、穿、住、行、用等基本的生存、发展需要,人们必须首先同自然界发生物质变换关系,通过改造和利用大自然以获取满足本能需要的生活资料,因而,不管是从历史的角度还是从现实的角度看,人与自然的矛盾始终是人类社会存在发展的主要矛盾,劳动首先表现为人与自然的物质变换过程。然而,社会的发展和科技的进步会使人类劳动的内容不断发生变化:一方面,随着劳动工具和劳动手段的不断变化,随着劳动对象的不断扩大和变化,人们劳动的内容将不断丰富和变化;另一方面,人类的消费需求不断由低层次向高层次递进,而且没有止境,因而用以满足人类消费需求的劳动内容也就不断由低层次向高层次递进。

在生产力极其低下的原始社会,人们的主要劳动内容就是以土地、山林作为最主要的劳动对象(笔者所说的劳动对象与传统政治经济学教科书中所讲的劳动对象含义并不完全一致,是指劳动加于其上的一切东西),以石器为主要劳动工具,通过刀耕火种,通过捕猎,获取人类生存所需的基本生活资料。在奴隶社会、封建社会,随着生产力发展,劳动对象虽然有所扩大,但最重要的劳动对象依然是土地,生产工具虽有所进步,但人的体力劳动依然是从土地上获取生活资料的主要途径。而到近现代工业社会,随着科技的进步和生产工具的变化,自然界许多物体的新的有用属性不断被发现,劳动对象的范围惊人地扩大了。尽管从土地上获取食物依然是重要的劳动对象,但从其他自然资源中获取人类有用的东西成为更重要的劳动对象,从事有机分工协作的机器化生产的劳动越来越成为劳动的主要内容。机器的广泛使用,不仅代替了人们繁重的体力劳动,也代替了人脑的一部分功能,使劳动生产率大幅度提高。而在当代,随着科学技术是第一生产力的作用越来越明显,随着社会化生产越来越发展,随着知识经济时代、网络时代、信息时代的到来,人们的生产工具、生产手段变得异常先进,电子技术、生物工程、信息工程、航天技术被广泛运用于社会生产和人类生活之中,人类的劳动对象变得异常广阔、多样、复杂,从地下资源到海洋资源、从地球上的资源到太空中的资源、从自然资源到社会资源,都可以成为人类的劳动对象,人类社会生产的进行和发展越来越依赖于科技的进步、知识的传播和应用、全社会劳动者的有机分工和密切协作。因此,在当代社会,从事科技研究和发明创造、从事经营管理和社会管理、从事知识和信息开发和传递工作的劳动就越来越成为劳动的主要内容,在推动社会经济发展进步中发挥着极为重要的作用。

消费引导生产,生产决定消费。在生产力的发展水平已经使人类的基本生存需要很容易得到满足的前提下,人类不断演变着新的、更高层次的消费需要。诸如:健康的需要,舒适的需要,爱、友谊、荣誉、认知自然和社会、文化艺术、娱乐休闲等各种精神消费的需要等等,这些消费需要引导着人类劳动的内容不断扩大和丰富。当代社会,精神产品和服务在劳动产品中的比重越来越大。所谓精神产品是指那些主要以精神内容而不是物质形式来满足消费需要的产品。无论是书籍、报刊、影碟、雕塑等具备物质载体的有形的精神产品,还是影视、演出、讲学、咨询等即时消失的无形的精神产品,它们的质量在不断提高,数量在不断增加。所谓服务是以劳动活动本身而不是以它的结果来满足消费需要的产品。无形的精神产品是一种服务,但服务又包括那些只以体力消耗来满足消费的劳动活动,比如交通、运输、保安、清洁等第三产业。在知识经济条件下,信息、知识和智力的生产、分配与消费将成为经济运作的核心运动,精神产品和服务在劳动产品中的比重将越来越大。社会财富的内涵和外延也在发生着变化,精神产品和服务等非物质性财富日益成为财富的重要类别,且比重正在上升。① 生活在生产力高度发达的当代社会的人们,可以明显感受到这种高层次需要引导的劳动在整个社会劳动中占有相当的比例。这种劳动不仅表现在第三产业的急速发展,而且表现在传统农业、传统工业的不断更新改造上,诸如生态农业的开发,绿色产品的生产,各种精致、美观、环保、方便的日用工业品和耐用工业品的制造等。

2. 劳动形式的不断变化

劳动形式(包括自然形式和社会形式)是随着劳动资料主要是生产工具和劳动对象的发展变化,它是随着劳动内容的发展变化而不断变化的。手推磨决定的分工不同于蒸汽机决定的分工。生产资料性质不同、劳动内容不同、劳动工具不同,劳动的形式肯定不同。在以土地为主要劳动对象,以耕牛、铁犁为主要生产工具的条件下,农民在土地上的相对独立而分散的体力劳动是劳动的主要形式,农民是社会财富的主要创造者;而在以机器为主要生产工具、劳动对象惊人地扩大,更多的自然资源成为主要劳动对象的条件下,从事密切分工协作的工业化生产的劳动成为劳动的主要形式,成为社会财富的主要创造手段。而在当今高科技、信息化的知识经济时代,从事科技、信息的研究、开发和应用的脑力劳动将成为劳动的主要形式,成为社会财富的主要创造手段。与劳动内容的变化相适应,新的劳动内容不断产生新的劳动形式,如越来越丰富的各种服务性劳动等。

三、劳动的社会属性

劳动既然是作为人类的一种类的活动,是在社会存在状态下,是在人

---

① 参见赵学清、高玉林:《论社会主义劳动的特点》,《中州学刊》2002 年第 2 期。

与人相互关系作用下进行的,因此,劳动就同时具有自然属性和社会属性。劳动的自然属性体现着劳动在技术和物质方面的规定性,不带有阶级、社会和制度的烙印,表明了劳动首先和主要是人与自然之间一种物质变换过程,劳动必须遵从自然界的发展变化规律,比如,人们从事农业种植,必须遵从各种植物的生长规律,人们从事海上渔业,必须熟悉海洋的潮汐特点等等。而劳动的社会属性则表明,劳动是受人与人的关系或曰社会关系所制约的人类能动的创造性活动,劳动的内容、劳动的形式,无不打上社会的烙印。通观人类社会的劳动发展史,具有普遍共性的劳动的社会属性主要表现在以下几个方面:

1. 劳动是社会的总体劳动

因为个人无法脱离社会而生存,因而劳动就不只是简单的个人的体力和脑力支出。孤立的个人是无法进行生产的。为了进行生产,人们必然发生一定的联系和关系,而且只有通过这种关系,才有人们对自然的关系,才有生产。生产在任何条件下都是社会的生产,都是在一定的社会关系下进行的。既然生产始终是社会的生产,那么,劳动就始终表现着社会总体劳动的属性,劳动需要特定的社会组织形式,人们只有在这种特定社会组织形式中才能劳动。生产力极度低下的社会如此,生产力高度发达的当代社会更是如此。尽管不同社会存在不同的组织形式,但这种形式却始终存在着。在原始社会,人们团体狩猎,而且存在着一定的分工协作关系。如有的制造工具,有的从事采集、料理家务;为满足需要,成员之间必须交换自己的活动。在奴隶社会和封建社会,劳动的分工和协作进一步加强,主要表现为脑力劳动与体力劳动、生产劳动与管理劳动以及农业劳动与游牧业劳动、手工业劳动的分工与协作上。而到资本主义工业社会,劳动的分工协作关系更加明显和复杂。不仅在一个工厂、一个企业内部存在着明确细致的分工协作关系(这一点马克思多有论述),而且在整个社会也存在着更加明确细致的分工协作关系。就企业而言,劳动可分为科技开发、经营管理、操作生产等不同的劳动种类;就社会而言,劳动可分为物质生产、公共管理、科学研究、文化教育、医疗卫生等不同的劳动种类。企业劳动和社会各部门、各领域的劳动必须有机结合,社会总体劳动才能得以正常进行。而且,从脑力劳动和体力劳动分工的情况看,从事脑力劳动的比重明显增高,并导致社会总体劳动更加富有效率。

2. 劳动是社会必要劳动

根据对劳动是社会总体劳动的分析,社会必要劳动从宏观上可以分为两大部分,以直接为人们的消费需求提供消费对象为目的的社会必要劳动和间接为人们的消费需求服务的社会必要劳动。

(1)以直接为人们提供消费对象为目的的社会必要劳动

劳动是受人们消费需求引导、消费水平制约的劳动,而消费需求和消费水平表现为一种社会力量,因而劳动必然表现为社会必要劳动。背离人们消费需求的劳动必然表现为低效劳动或无效劳动。在生产力水平极其低下、劳动主要为求谋生的状态下,私人劳动与社会必要劳动基本上是统一的,私人劳动直接表现为社会必要劳动。如在封建社会自耕农的劳动直接表现为社会必要劳动。而当生产力高度发展,人们的消费需求已远远超出本能的需要而出现多样化、高层次消费需求,人们需要通过广泛交换不同劳动才能满足这种多样化、高层次的消费需求时,便出现了私人劳动与社会必要劳动的矛盾:私人劳动不再直接表现为社会必要劳动,而必须经过交换这一中介环节才能转化为社会必要劳动。也就是说私人劳动不再是主要用于自给自足的消费需要,而主要是用于满足他人的消费需要。而是否能满足他人需要则必须以交换出去个人的劳动为标准。私人劳动如果继续大量生产业已过剩的产品,显然,这种私人劳动便是低效的甚至是无效的。在当代市场经济条件下,私人劳动必须经过市场交换才能转化为社会必要劳动表现得尤为明显。是消费需求构成了消费品市场,进而构成了各种各样的商品市场,如生产资料市场、技术市场等等;任何企业所生产的产品只有在市场上卖出去,才能转化为一定比例的社会必要劳动。如果企业产品卖不出去,就转化不成社会必要劳动,私人的劳动就是无效劳动。而社会必要劳动是受社会供求关系决定而最终受消费者消费水平、消费需求和生产力发展水平制约的一个变量。

(2)间接为人们消费需求服务的社会必要劳动

劳动是存在分工协作关系的总体劳动,一个企业如此,一个地区如此,一个社会同样如此。人是作为有思想、有情感、有不同利益要求、有生命意志的高级动物存在于自然界的,因而人的劳动需要组织、需要管理、需要各种各样的辅助服务。而这些都是社会总体劳动的有机组成部分,而且是社会必要劳动。这种劳动是社会之所以作为社会所必需的,所不可或缺的,因而是一种社会必要劳动。尽管这种劳动不一定直接创造社会财富,但却是和直接创造社会财富的劳动密不可分的。例如,公共社会管理,公共经济管理,科学研究,文化教育,医疗卫生,生育繁衍后代等等。

3. 劳动的多层次属性

与劳动是分工协作关系下的社会总体劳动相对应,劳动具有多层次属性。从人的劳动力的实体构成角度看,劳动可划分为体力劳动与脑力劳动。随着科技的发展,人的脑力可以支配越来越多的物力以代替人的体力劳动,从而使脑力劳动越来越占据主导地位,而人的体力支出将越来越成为一种健康生活的消费需求。从劳动的技术角度看,劳动可划分为简单劳动与复杂劳动。按照马克思的理论,复杂劳动是倍加的简单劳动。从劳动的对象角度看,劳动可划分为从事物质产品生产的劳动和从事精神产品生产的劳动。从劳动的社会分工关系看,劳动可分为直接从事社会财富生产的劳动和为该劳动提供必要社会条件的各种管理劳动、服务劳动。这些管理劳动、服务劳动与直接创造物质财富和精神财富的劳动一齐共同构成社会总体劳动。从劳动的交换角度矛盾,劳动可划分为私人劳动与社会必要劳动。私人劳动必须转化为社会必要劳动,才具有真正的创造社会财富的意义。

4. 劳动具有社会历史继承性

劳动是一个永恒范畴,劳动总是后人继承前人基础上的劳动。正如马克思所说,每一个时代的生产力总是历史形成的既定的生产力。劳动也是如此。后人总是在前人已经创造和积累的劳动知识、劳动经验、劳动成果的基础上从事着劳动。中国的四大发明为后人的劳动提供了极为便利的条件。电的发明利用、计算机的发明运用,为人类创造了全新的劳动条件和环境。我国农民在数千年来的农业劳动中积累、传递了许多劳动经验、劳动知识和技能,如对 24 节气的认识和利用。再如我国科学家袁隆平对杂交水稻的发明,这一发明被运用于农业生产,极大地推动了整个中国乃至世界的农业劳动生产率的提高。同样的自然劳动时间,如一天或一年,由于运用了现代化的科技设备和方法,会比过去同样自然劳动时间内创造出多得多的劳动成果。前人的创造发明造福了子孙后代,所以后来人总是以各种方式对那些为社会发展做出突出贡献的前人表达着敬意和怀念。

5. 劳动是追求劳动主体与劳动客体有机结合的劳动

生产要素的不同组合、自然资源不同的开发利用、劳动者不同的精神状态,会产生不同的劳动效率,不同的劳动效果。而追求有效率劳动和良好的劳动效果是劳动内在的社会属性。这是因为在人类社会发展进程中,人与自然的矛盾、生产与消费的矛盾始终制约着社会的其他矛盾,诸如民族矛盾、阶级矛盾等,而有效劳动是解决人与自然、生产与消费矛盾的最基本途径。因此,追求各种生产要素的优化配置,追求自然资源的合理开发、可持续利用,追求劳动者积极性、创造性的充分发挥,是作为劳动主体的人类的内在需求。尽管不同的社会制度安排和不同的社会群体利益冲突,会给资源的优化配置、资源的可持续利用、劳动者的积极性创造性发挥等造成或有利或有害的影响,但追求劳动主体与劳动客体的有机结合作为劳动的一种内在社会属性却始终存在着。

(1)劳动是资源优化配置状态下的劳动。追求效率,是劳动的一种内在社会属性,而要追求效率就必须实现劳动主体与劳动客体(劳动资料、劳动对象)的有机结合。而要实现劳动主体与劳动客体的有机结合,就必须实现各种生产要素的优化组合,各种资源的优化配置。资源优化配置的本身就是社会总体劳动的有机组成部分。追求资源的优化配置,不只表现在一个地区、一个国家,而是表现在所有人类活动能够触及的地方和领域。一个生产单位内部的资源优化配置,会提高这个单位的劳动效率,而一个社会的资源优化配置,会提高整个社会的劳动效率。

(2)劳动是社会可持续发展状态下的劳动。在追求劳动效率的同时,人类还必须追求劳动效果以满足人类生存、发展的需要。而要追求劳动效果,人类就必须把追求人与自然的和谐发展作为劳动的前提条件,因为人类不可能离开自然界而独行,人类离不开劳动,更离不开大自然,因而劳动必须是人类可持续发展状态下的劳动。如果劳动的过程及其结果由于造成环境污染、生态失衡,严重威胁了人类本身的健康及生存需要,那么这种劳动对人类便丧失了意义,甚至有巨大的破坏作用。

(3)劳动是与社会利益机制密切联系的劳动。人是社会实践的主体,是劳动主体,是劳动过程中最能动的决定性因素。人的积极性、创造性发挥得如何,直接关系到劳动者与劳动客体的结合程度,关系到劳动的效率和效果。而人又是活生生、有血有肉、有情感有意志、有各种利益需求的高级动物,因而作为劳动主体的人的积极性、创造性的发挥,必须依赖于一定的社会利益机制。这种社会利益机制包括社会各种经济制度(主要是所有制制度、分配制度、消费制度)、文化制度以及政治制度等所组成的制度体系。尽管现实社会中由于不同的阶级矛盾、利益冲突,会导致不同的社会制度安排,形成不同的利益机制,或调动或阻碍劳动者积极性、创造性的发挥,但劳动必须依赖于一定的社会利益机制的社会属性却始终存在着,而且正是这种社会属性传递着生产力这一人类社会发展中最革命的力量中最本源的力量,催生着生产关系的不断变革和改进。

6. 常态劳动与非常态劳动

由于人类是在复杂社会关系中同自然界进行物质变换的,因而,由于私有制和不同的社会制度、风俗习惯等原因,往往导致人的劳动内容和劳动形式的种种变态。所谓常态劳动是指符合自然规律、符合人类追求美好生活的善良的理性需求的劳动内容和劳动形式,而所谓非常态劳动是指由于人们的利益冲突、利益驱使、非理性消费需求而导致的劳动内容和劳动形式的种种变异。纵观社会发展史,非常态劳动比比皆是。奴隶劳动、农奴劳动、雇佣劳动中都存在某种程度的非常态劳动。非常态劳动不仅表现在劳动被一部分人用作压迫、剥削、奴役、惩罚另一部分人的手段,因而形成劳动对劳动者的异化,而且表现在本属于社会总体劳动有机组成部分、构成社会必要劳动的社会公共管理劳动、服务劳动成为少数人谋取少数人和私人利益的特权,更多地执行着统治、压迫、剥削的职能。需要指出的是,非常态劳动中有些是进步的,有些是反动的,有些是历史发展到某阶段所必然采取的。比如革命运动就是一种进步的非常态劳动。再比如当代国防事业就是当代社会所必需的一种非常态劳动。关于常态劳动与非常态劳动的概念、内涵及区分等还需要深化研究,理论上肯定会存在不同认识,但不论是从历史上看,还是从现实中看,一些特殊的非常态劳动确实存在着。

四、正确认识与劳动范畴密切相关的几个理论问题

我们之所以要探讨劳动定义和劳动范畴,其目的就是为了更新劳动观念,创新和发展马克思主义劳动论和劳动价值论,在我国社会主义市场经济建设中更好地贯彻按劳分配原则。依据上述对劳动范畴的分析,我们必须对以下几个理论问题进行深入认识:

1. 关于劳动者的界定

什么人是劳动者?什么人是剥削者?这既是一个深刻的经济问题,又是一个敏感的政治问题。尤其是在我们大力发展市场经济新时期,对这一问题能否正确认识,直接关系到改革进程的快慢。依据对劳动范畴的分析可以肯定,凡是为满足人类生存、发展、享受等消费需要而进行的有目的的活动的人都可视为劳动者或在某种程度上具备劳动者职能。劳动者可分为以体力劳动为主的劳动者或以脑力劳动为主的劳动者,可以划分为从事直接创造物质财富的劳动者,从事直接创造精神财富的劳动者,从事社会公共管理、公共服务的劳动者等。只不过在以私有制为基础的剥削阶级统治的社会,公共管理和公共服务所具有的社会必要劳动职能被大大地异化了,变成了一种异化于大多数劳动者的力量,同广大劳动人民处于对立状态,变成了少数统治阶级压迫和剥削人民的工具和手段。

借劳动范畴反思我国当代社会,在极"左"思潮影响下,人们往往把体力劳动者看做真正创造财富的劳动者,而把知识分子,把脑力劳动者则看做不劳而获的食利阶层、寄生阶层,排除在劳动阶级之外。而事实上,仅把体力劳动看做劳动,看做财富创造的源泉,反映的是一种朴素的、机械的历史唯物主义观,因为在生产力极不发达的情况下,体力劳动无疑是物质财富创造的主要源泉。然而,不能由此否认或代替历史上脑力劳动

的存在和对社会财富创造的重要意义。随着人类生产力的不断发展,尤其是随着科学技术越来越成为第一生产力,人类的劳动方式经历着从简单到复杂、从以体力劳动为主到以脑力劳动为主的深刻变化,而且呈现出多种多样的劳动方式,因而我们必须重新审视我们社会的劳动者。可以这样认为,在当代,从事科技研究、开发、应用工作的当代脑力劳动者不仅是劳动者,而且是最重要的劳动者。

借劳动范畴我们可以认识到,在我国市场经济条件下,由于"劳动"必须借助市场而实现其交换价值,因而我们必须充分考虑"劳动"在市场经济中的具体表现形式。在市场经济条件下,经营管理、科技开发、信息咨询、营销、推销、储运、信贷、服务等凡是有利于产品市场价值实现、有利于企业劳动价值实现的活动都可以纳入劳动范畴。因此,市场经济下劳动者的范畴必将大大扩大,企业家、高层经营管理人员、科技研究开发人员、自由职业者,各种商业服务、金融服务、投资服务和信息咨询服务人员,都是劳动者或具备一定劳动职能。即便是一些私营企业主,他们的经营管理,也在某种程度上执行着一定社会劳动职能。在《资本论》中,马克思分析了资本主义企业中的监督劳动和指挥劳动,指出它具有二重性:一方面,这是一种生产劳动,是每一种结合的生产方式中必须进行的劳动。另一方面,这一生产劳动同时就是资本家消费劳动力的过程,因而又执行着资本的各种特殊职能。我国现阶段私营企业主对企业的经营管理也具有双重性质,执行两种职能。一方面它代表着资本的力量执行着追求剩余价值的职能,一方面它作为总体劳动的一个组成部分执行着劳动职能。他们制定企业发展战略、营销战略,对企业人财物实行全面管理,参与产品研制开发,参与投资选择、实现资源的优化配置,等等,这些都是劳动,而且是复杂的脑力劳动。

2. 关于按劳分配的标准和范围

(1)关于按劳分配的标准。依据对劳动范畴的分析,劳动必须是社会所必要的劳动,任何私人劳动必须转化成社会必要劳动才具有创造财富的意义,因此,按劳分配的"劳"必须以社会必要劳动为标准,以社会必要劳动时间来计量。在市场经济条件下,只有社会的必要劳动才真正具有衡量财富的意义。任何劳动者的个人劳动都必须转化为社会劳动才能被确认。而要使个人劳动转化为社会劳动,就必须通过市场机制所形成的"社会必要劳动时间"的鉴定和计算。显然,按劳分配的"劳"只有通过市场机制所形成的"社会必要劳动时间"的鉴定和计算,才能获得相对现实、合理的标准。虽然市场经济中通行的等价交换原则并不能保证完全的等量劳动交换,因而不能保证纯而又纯的按劳分配,但与计划体制相比较,市场经济下的按劳分配是更有效率的劳动和更为合理的分配。按劳分配与市场经济具有同一性和兼容性。

(2)关于按劳分配的范围。劳动是社会的总体劳动。尤其是在现代,财富的创造和获得是在广阔的社会范围内进行的。任何一件产品的产生,即使看上去完全依靠手工操作的劳动,例如农村的粮食生产,除了投入农业劳动外,还通过投入化肥、农药而消费其他许多部门的劳动,包括科研部门的劳动、教育部门的劳动乃至国家管理部门的劳动。它们从不同方面,对农业生产起着不同和不等的作用。至于大机器制造的各种产品及其所包括的各部门各行业提供的社会劳动就更为广泛了。因此,按劳分配从宏观角度看,应包括所有参与国民经济创造活动的各类人员,按其劳动的质和量,分配相应的劳动报酬。如果不从社会范围,仅仅按直接从事生产经营的劳动进行分配,那么,科学、教育事业就得不到发展,社会安全就失去保障,按劳分配就失去了应有的意义和作用。因此,生产经营单位把利润的一部分以税金的形式上缴国家,再由国家拨给非生产经营单位用于工资分配,由国家兴办社会公益福利事业,是更广泛意义上的按劳分配。[①]

3. 关于劳动价值论

马克思的劳动价值论主要是通过对生产商品的劳动所具有的二重性分析,分析了商品使用价值的创造和商品价值的形成。马克思的劳动价值论关注的更多的是直接生产经营领域劳动的作用和劳动过程中所反映

[①] 参见李太淼主编:《公有制与市场经济有效对接论》,河南人民出版社 1998 年版,第 304 页。

的社会关系。然而,正如我们对劳动范畴所分析的,劳动是社会的总体劳动,尤其是在市场经济条件下劳动有着异常丰富的内容和多种多样的表现形式。由此需要我们在许多问题上对劳动价值理论进行发展和创新。例如:决定商品价值的是社会必要劳动,而社会必要劳动是受供求关系制约的,那么,供求关系与劳动价值到底是什么关系? 对商品价值的形成有什么作用? 任何单个商品生产经营者的劳动都离不开社会总体劳动,既离不开当代社会其他部门、其他商品生产经营者的劳动,也离不开历史上劳动所积累的经验、知识及劳动成果,那么,在商品价值的形成过程中,商品生产经营者自身的活劳动、其他部门其他人转移过来的劳动、以往的积累的死劳动,是如何共同发挥作用的? 生产商品的劳动创造价值,而为生产商品提供各种服务的劳动诸如仓储、运输、交易等是否创造价值、如何创造价值和实现其价值? 随着生产力的发展和科技水平的提高,精神产品的生产日益显得重要且在市场经济条件下日益市场化、社会化,而创造精神产品的劳动是如何创造价值并获得实现的? 商品价值是劳动创造并经过市场形成和实现的,从事社会公共管理和科教文卫工作的劳动是否也创造价值? 所有这些问题都为我们提供了新的理论课题,需要我们认真加以研究和探讨。

4. 关于劳动的效率和劳动的效果

依据对劳动范畴的分析,劳动是追求效率和追求良好效果的劳动,因而劳动是实现资源优化配置的劳动和有利于人类可持续发展的劳动。借此推论,在当代我国社会,凡是从事优化资源配置或有利于资源优化配置的活动,都是劳动或具备某种劳动职能,尽管在市场机制作用下也会产生种种非常态劳动,如买卖股票、债券投资等,但这种非常态劳动对实现资源的有效配置,从而对提高社会总体劳动的效率有一定积极作用。同时,还应当看到,个别商品生产经营者盲目投资、盲目生产,这种劳动不论对生产经营者自身还是对整个社会而言,都是一种低效的或无效的劳动;而另有一些商品制售者,为牟取暴利,不惜大量浪费资源,污染环境,严重危及他人的生命健康和安全,危及后代人的利益和发展,尽管这种劳动对生产经营者自身而言是有效的,甚至会给其带来巨额利润,但对整个社会而言,这种劳动却是低效的、无效的甚或是有害的。

5. 关于劳动的社会利益机制

依据对劳动范畴的分析,劳动需要劳动主体与劳动客体的有机结合,因而需要一定的社会利益机制去调动和发挥劳动者的积极性、创造性,去推进各种劳动者之间的分工协作进而推进劳动者与其自身之外的各种生产要素的有机结合。我国之所以要实行市场经济,之所以要实行以公有制为主体、多种所有制经济共同发展的所有制度,之所以要实行以按劳分配为主体、按劳分配与按要素分配相结合的分配制度,最关键的原因就在于劳动本身所要求的社会利益机制属性所使然。只有这种利益机制的支持,劳动主体才会充分发挥创造精神和创造能力,劳动才会是有效的和高效的劳动。人类社会发展到现阶段,人还没有摆脱私有观念的严重束缚,因而人在劳动过程中积极性和创造性的发挥、人和物的有机结合,还必须借助于私有产权制度的支持。尽管在这种社会利益机制下的劳动也会产生种种非常态劳动,也会产生局部的或个别的无效劳动和低效劳动,但与计划体制相比较,市场经济体制下的劳动是更有效率的劳动,不仅各个人的劳动、各个生产单位的劳动,而且整个社会的总体劳动都更富有效率。

第二节　劳动价值新论与坚持按劳分配为主体的合理性

马克思的劳动价值论是马克思主义经济学确立的基石。正是马克思通过对商品二重性、劳动二重性的分析,建立了剩余价值学说,揭示了资本家剥削工人剩余价值的全部秘密,揭示了资本主义分配制度的不合理性,为无产阶级的社会主义革命提供了强大的思想理论武器。自马克思劳动价值论诞生一百多年来,西方经济理论界围绕着对劳动价值论的争议从来就没有停止过。在我国,围绕着马克思的劳动价值论也发生过几次大的争论。特别是近些年来,随着社会主义市场经济体制的逐步确立,随着我国实行了以按劳分配为主体、多种分配方式并存的分配制度,确立了劳动、资本、技术和管理等生产要素参与分配的原则,理论界关于劳动价值论的争论尤为激烈。有人认为,活劳动是价值的唯一源泉,这是马克思劳动价值论的基本观点、核心观点,除劳动以外的其他生产要素包括死劳动都不创造价值;有人认为,商品是使用价值和价值的统一,是劳动以及资本、土地、技术等共同创造价值,主张应以西方的要素价值论、效用价值论代替劳动价值论;有人提出新劳动价值一元论①,通过引入技术变动等新的因素来扩展"劳动"概念的外延,充分肯定了劳动的自然生产力、社会生产力、劳动者自身生产力、劳动的资本生产力在价值创造中的作用。总之,人们围绕物化劳动是否创造价值、生产要素是否创造价值、第三产业劳动是否创造价值、科学技术是否创造价值等问题展开了深入探讨和热烈争论。在理论争论的同时,一些人还对我国要不要再用"以按劳分配为主体"的提法提出了质疑。其中,有人主张应只提按生产要素贡献分配,根本否定按劳分配;另一些人则认为按劳分配就是按劳动要素分配,已经包括在按要素分配中了。② 尽管在劳动价值论的有关问题方面我国理论界已取得共识,如认为科技劳动、经营管理劳动、服务劳动都创造价值,但对许多问题的探讨和争论还在继续。历史的车轮已行进到21世纪。时代发生了巨变,人类社会的劳动内容和形式发生了许多重大变化:科技劳动在整个社会劳动中的重要地位和作用更加凸显;社会各部门间劳动的联系性进一步加强;随着全球经济一体化和国际市场的形成,劳动的国际联合趋势日益明显,等等。在这样的时代背景下,马克思的劳动价值论面临着许多新课题、新挑战。理论只有正确地解释现实并指导现实,才会具有鲜活的生命力。面对新的时代新的课题,我们必须解放思想、实事求是、与时俱进,在坚持和继承马克思劳动价值论的同时,不断创新和发展劳动价值论,从而让劳动价值论更好地指导实践,为我国社会主义市场经济建设服务。笔者在参考、分析、总结了我国理论界近些年来关于劳动价值论研究的诸多成果的基础上,提出自己的若干观点,以就教于

① 谷书堂、柳欣:《新的劳动价值一元论》,《中国社会科学》1993年第6期。
② 参见卫兴华、孙咏梅:《当前政治经济学热点问题研究》,《经济学动态》2004年第11期。

学界。

一、劳动是价值的唯一源泉

时下,有些人为了给生产要素按贡献参与分配提供理论依据,借以证明生产要素按贡献参与分配的正义性、合理性,重新拾起西方经济学早已提出的要素价值论和效用价值论,认为劳动不是价值的唯一源泉,是劳动、资本、土地、科技、管理等生产要素共同构成了价值的源泉。这一观点从根本上否定了马克思的劳动价值论。还有人通过区分价值创造、价值形成和价值分配,来说明劳动在价值创造中的唯一源泉作用以及生产要素在价值形成中的重要作用,以此来说明生产要素按贡献参与分配的合理性。这种观点并没有从价值创造和增殖过程中真正说明生产要素参与分配的正义性,因为真正参与价值分配的并不是生产要素,而是站在生产要素背后掌握生产要素所有权的人。要论证要素按贡献参与分配的合理性,必须论证多种所有权存在的正义性,否则,要在劳动价值论中寻找生产要素所有权参与分配的理由是徒劳的。

1. 关于劳动是创造价值的唯一源泉。作为财富的使用价值是由劳动者和劳动客体共同创造的,而作为人类抽象劳动凝结的商品市场价值只能是由人独立创造的。除劳动力以外的生产要素是物,是不会自己创造价值的,任何加于其上的所谓价值都是人类劳动的直接结果或间接结果。只不过,我们这里所指称的劳动范畴已不是传统政治经济学所称的劳动范畴,这里的劳动包含着极为丰富的内容。我们所讲的劳动,是指人类特有的活动和特有的行为,是人类有目的的脑力和体力活动。如果不反对这一前提设定,那么,一个总的分析问题的原则只能是:人类利用动物来帮助人们提高劳动效率,人类创造机器并运用机器来提高生产效率,人类借助自然力来为人类生产和生活服务,都只能看做是人类能动的劳动实践;一切劳动生产率的提高,一切劳动成果,都只能看做是人类劳动作用的结果。

任何具体的劳动都是劳动主体与劳动客体交互作用的过程,"不存在没有劳动主体的具体劳动,也不存在没有劳动客体的具体劳动,劳动主体与劳动客体像磁石的两极一样互为存在条件,必然统一在一个整体之中。"①任何具体劳动都离不开一定的自然条件和社会环境。这就是说,任何具体劳动都是在特定的时间、特定的空间、特定的自然条件、特定的社会条件下进行的劳动。因而,我们必须从社会实际出发,扩大创造价值的劳动的内涵。我们只有把因空间、时间不同而引起的劳动成果变化,把因自然条件不同、社会条件变化而引起的劳动成果变化,统统纳入到劳动者的特定劳动过程之中,把它们统统看做是劳动自身的必然具有的内容,才能更好地诠释劳动是创造价值的唯一源泉。

鉴于当代社会科学技术条件、资本条件、土地及其他资源条件、自然环境条件、社会条件等在使用价值和社会财富创造中的重要作用,一些人往往把这些因素看做是外在于劳动的力量,因而认为除劳动力以外的生产要素也创造价值。例如主张物化劳动也创造价值,科学技术创造价值,土地、资本创造价值等。其实,这是一种错觉,是对劳动范畴的误解。现实中的社会劳动永远都是在特定条件下的劳动,而特定条件下的劳动自然包含着特定条件对劳动内容、劳动方式、劳动效率、劳动成果的影响。虽然劳动都是人的脑力和体力支出,但不同劳动条件下的劳动其所创造的价值量是大不一样的。

例如两家同行业、生产同种产品、相互竞争的企业:由于一家企业首先购买和采用了先进技术设备,从而极大地提高了生产效率,生产出了更多产品,获得了更多利润。这只能说明,这家企业的个别劳动因改变了劳动条件提高了劳动效率从而使企业生产出了更多的价值,而绝对不能说是这些技术设备创造了更多价值。再比如两户从事同样农作物生产的农民:一户农民的土地比较肥沃,另一户土地比较贫瘠,结果土地肥沃的农户生产的产品比土地贫瘠者多,这只能说明劳动条件不同的劳动会创造不同的价值,具有不同的社会必要劳动量,而不能说是土地创造了更多价值。有学者通过引入技术变动等新的因素来扩展"劳动"概念的外延,"把使用价值的生产或劳动生产率加进来,将劳动定义为由其生产的一

① 钱津:《论当代劳动价值论的新发展》,《南开经济研究》2001年第5期。

定量使用价值所体现或支出的劳动量＝劳动时间×劳动生产率。"而且认为,这里的劳动生产率有劳动的自然生产力、社会生产力、资本生产力和劳动者自身的生产力等多种形态,在明确了决定价值的社会必要劳动时间的具体规定和价值是社会财富的计量单位后,说这些生产力共同创造价值就是符合劳动价值论的。① 这一观点引人深思。

2. 对两种错误观点的剖析

在关于劳动价值论的争论中,有两种观点颇有影响,值得剖析。

其一,关于"物化劳动也创造价值"。有学者提出:(1)"生产诸要素共同创造价值","从社会看的活劳动创造价值＝从企业看的物、活劳动共同创造价值";(2)科技创造价值和剩余价值,先进设备可以创造出比旧设备多得多的价值和剩余价值;(3)由于生产诸要素共同创造价值,所以"按资分配,给以相应的报酬并不存在剥削问题。"②这种观点主要是混淆了活劳动与死劳动的范畴界定,忽视了死劳动背后的人的力量作用。对资本、生产资料等"非劳动生产要素"创造价值的观点,是马克思早已批判过的。如马克思针对资产阶级经济学家罗德戴尔提出的"机器可以代替劳动创造价值"、"资本本身可以离开劳动创造价值,因而可以创造剩余价值"的观点,指出:"对这种观点来说,固定资本,特别是以机器体系为其物质存在或使用价值的资本,是最能使他们的肤浅诡辩貌似有理的形式。""罗德戴尔把固定资本说成是和劳动时间无关的、独立的价值源泉,是何等荒谬。"③任何科学技术成果诸如先进技术设备,任何先进管理技术,当它作为既定的物也就是死劳动存在时,其自身是无法自行创造价值和剩余价值的,只有被人所掌握、所运用才能转化为创造剩余价值和价值的巨大力量。只有在活劳动的驱使下,作为物化劳动的先进科技设备、资本等才能转移其价值,同时这种活劳动才由于拥有特定的条件而创造出非常巨大的使用价值和价值。因而,无论从微观领域的企业活动看,

---

① 谷书堂、柳欣:《新的劳动价值一元论》,《中国社会科学》1993 年第 6 期。

② 参见钱伯海:《社会劳动创造价值之我见》,《经济学家》1994 年第 2 期。

③ 《马克思恩格斯全集》第 46 卷(下),人民出版社 1980 年版,第 216、214 页。

还是从宏观领域的经济活动看,价值和剩余价值都是由人的劳动创造的。先进科技知识、技术、设备对企业、社会的生产发展所发挥的巨大推动作用,首先应当归功于广大科技工作者的科技劳动,特别是科技创新型劳动。有学者提出:"科学劳动——既包括对科学的发现、发明、创造、发展和学习继承过程的劳动,也包括由科学转化为技术、由技术到生产应用实践过程的劳动。——应当归于当前创造价值的领域之中。"①袁隆平发明了杂交水稻技术,这种发明劳动本身具有难以估量的巨大使用价值和价值,而与此同时,那些传播、推广、使用这一技术的劳动在转移这一发明劳动价值的同时,也创造了巨大的价值和使用价值。再比如,电脑技术的创新发明劳动无疑创造了巨大的使用价值和价值,而传播、使用电脑技术的劳动,由于改变了劳动条件、劳动手段,这种劳动也创造出了比过去大得多的使用价值和价值。尽管从某个企业的劳动者角度看,他的自然劳动时间减少了,如每天工作由 8 小时变成了 5 小时,体力支出减轻了,然而,他的劳动质量更高了,劳动更复杂了,他现在 1 小时的劳动可能等于以前数小时或数十小时的劳动。再比如,一个掌握了现代科学技术的农民,尽管他的体力劳动减轻了,但他一年创造的劳动成果要远远高于传统农民一年的劳动成果,这只能说明当代农民的劳动质量更高了,劳动更复杂了,单位时间内创造的使用价值和价值更高了。显然,大量内化在活劳动中的知识技术,以活劳动的抽象支出形式,不仅能够创造价值,而且能够创造比过去更多的价值;而大量内化在生产资料中的知识技术不能创造价值,只能在有效转移价值的过程中吸收活劳动所创造的新价值,激发并扩张、放大活劳动创造价值的效能。② 无论科技怎样发展,没有人的劳动都是不可能产生出新价值来的。不是新知识、新科技在创造价值,而是掌握和运用新知识、新科技的劳动者在创造价值。③ "先进技术以及作为先

① 陈征:《当代劳动的新特点》,《光明日报》2001 年 7 月 17 日。
② 参见杨建瑞:《论知识技术在价值形成过程中的功能》,《经济学动态》2001年第 7 期。
③ 参见吴易风:《坚持和发展劳动价值论》,《当代经济研究》2001 年第 10 期。

进技术体现的先进设备是人类活劳动的结果,具体表现为物化劳动而不是人类活劳动本身。劳动,只有人类的活劳动才创造价值,物化劳动——无论它以何种形式存在都不能创造价值。"①

其二,关于"生产要素创造价值"。有学者提出"生产要素也创造价值"的观点,认为除劳动之外的土地、资本、企业经营管理、科学技术、知识信息等都具有生产性,都是商品价值与使用价值形成和增加过程中不可缺少的因素。还有学者在其"广义价值论"中认为,劳动生产率与价值量成正比这一原理本身,就确定了非劳动生产要素对单一生产者的价值创造所起的作用,以一个多元函数 $Y = f(L, T, S. K. N)$ 为例(其中,Y 和 L、T、S、K、N 分别表示产出、工人的熟练程度、科学技术、组织管理、资本和土地),上述诸因素中任何一个发生变化,都会引起劳动生产力的相应变化,从而对价值决定产生影响。② 很显然,更多的学者已经看到了生产要素在创造使用价值和社会财富过程中的重大作用,看到了生产要素在价值形成过程中的重要作用。然而,要素价值论忽视了价值决定与价值形成的区别,忽视了站在生产要素背后的人的作用,科技的研发、创新、应用,以及科学的组织管理,其本身就是极具创新价值的创新型劳动,而资本、土地的有机整合、高效利用也是在人的作用下进行的。"劳动力创造价值的过程,必须与其他生产要素相结合为前提,否则商品不可能被生产出来,价值也自然不可能形成。"③因此,在商品的价值形成中除劳动以外,生产要素诸如作为死劳动的科学技术、资本、土地等是不可或缺的因素,对劳动生产率的提高进而对价值量的增高,对商品使用价值的增多,发挥着重要作用。但是,无论如何,这种价值增值的功劳不能归结到物的身上,因为价值是一个特指的社会关系范畴,价值的实体是抽象劳动,而

---

① 赵振华:《对知识、经营管理和科学技术是否创造价值的思考》,《理论动态》2001 年第 2 期。

② 蔡继明:《关键是弄清非劳动生产要素的作用》,《学术月刊》2001 年第 10 期。

③ 逄锦聚等著:《马克思劳动价值论的继承与发展》,经济科学出版社 2005 年版,第 116 页。

抽象劳动只为人类所独有,因而价值只能由人的劳动而创造,我们只能从人身上、从劳动那里寻找答案。

二、社会总体的生产性劳动共同创造价值

1. 什么是价值

在论述这一问题之前,我们必须厘清一下有关"价值"的概念。如果我们把"价值"还原为哲学意义上的价值,那么,我们可以说,任何社会任何时代人类的劳动都具有价值。然而,我们这里所说的"价值"是一个历史范畴,它与哲学中的"价值"有一定相通之处,如都代表一定的有用性、有益性,但它是商品经济社会里特有的经济范畴。严格说来,马克思并没有给价值下真正的"本体性"定义,他是通过指出价值是商品的一种本质属性,价值是抽象劳动的凝结,价值体现人和人之间的生产关系来定义价值的。相对于马克思对其他概念诸如商品、货币、资本所下的定义来说,马克思对价值概念所下的定义是不彻底和不明确的。① 我们可以说,商品是用来交换的劳动产品,货币是从商品中分离出来的特殊商品,资本是能够带来剩余价值的价值,但我们不能说,价值是劳动或抽象劳动,因为劳动和抽象劳动在任何社会都存在,不只是在商品生产中才存在。马克思虽然没有给价值下一个本体性的定义,但他实际上给出了价值的三个层面的定义,即价值是商品价格的内容和实质;价值是商品的本质属性;价值是构成资本主义财富的元素。有学者通过研究分析马克思的三层定义,给价值下了一个本体性定义,即价值是商品交换上的有用性,是无差别人类劳动的凝结,它体现着人的劳动支配人本身的关系。商品具有两种有用性,使用上的有用性即使用价值,交换上的有用性及价值。"归根结底,价值就是创造商品交换上有用性的劳动"。② 很显然,这种"价值"是一个特定的历史范畴,只具有"工具价值"意义,不具有"终极价值"意义。尽管人类社会的许多劳动从满足广大人民群众物质文化生活需要的

---

① ② 赵凌云:《劳动价值论新探》,湖北人民出版社 2002 年版,第 99—100、112 页。

根本目的上看都极具哲学意义上的价值,但从商品交换的角度看,却不具备"价值"。明确了价值概念,我们就可以作一个原则性的推论:在商品经济和市场经济条件下,只有创造交换上的有用性的客体的劳动才创造价值。

2. 创造价值的劳动

马克思劳动价值论的一个重要命题就是:不是所有的劳动都创造价值,只有生产劳动才创造价值。然而,到底什么是生产劳动和非生产劳动? 这是理论界长期争论不休的问题。在马克思所处的资本主义阶段,生产性劳动主要表现为资本生产剩余价值的劳动,在具体形态上主要表现为直接地和间接地生产物质性商品的劳动,在劳动方式上主要表现为体力性劳动。因而马克思在给生产劳动下定义时,侧重于对物质产品生产的强调,侧重于对资本主义生产关系的强调。马克思认为,生产性劳动就是生产物质产品的劳动,这是生产劳动的"一般规定",而资本主义的生产劳动还具有其特殊性,那就是生产劳动是直接增殖资本的劳动或直接生产剩余价值的劳动。显然,马克思从生产力、生产关系两个方面给生产劳动下了定义。然而,随着时代的发展变化,第三产业迅猛发展,各种新型的劳动内容和劳动方式不断涌现,科技劳动、管理劳动、信息服务劳动在当今经济发展中占据越来越突出的位置,脑力劳动、智力劳动在整个社会劳动中的比例不断上升。在这种条件下,马克思的劳动价值论关于生产劳动的界定受到了严重挑战,马克思原来认为不创造价值的劳动今天都在创造价值。很显然,我们不能苛求一百多年前的马克思预见到今天的劳动变化,也不能无视马克思是为了分析方便起见而舍掉了当时不占主导地位的劳动方式如生产精神产品的劳动、第三产业的劳动等一些内容,而且马克思也认为生产性劳动的概念是应该随着社会的发展变化而不断拓展的。我们必须根据时代的发展变化,创新生产劳动观念,拓展生产性劳动的内涵和外延。

根据笔者对劳动的研究以及对"价值"概念的理解,笔者认为:从人与自然、劳动者与劳动客体的关系角度看,"生产是人们运用劳动手段、作用于劳动对象、生产出满足人们需要的劳动成果的过程。"凡是从事直接生产社会物质财富和精神财富以满足人类物质文化生活消费需要或为这种生产提供直接和间接服务的劳动都是生产性劳动,简而言之,生产劳动就是创造物质和精神财富的劳动。这一定义是生产劳动的"一般规定",适应人类社会的不同时期。同时,从人与人的生产关系角度看,在商品经济社会中,凡是生产剩余价值的劳动肯定是生产劳动,因为剩余价值的生产总是以一定的使用价值生产为载体的。当然,即使是在十分发达的市场经济社会,生产剩余价值的生产性劳动也不会完全等同于整个社会的生产劳动。

孤立的一个人是无法生存的。为了生存、发展,人们就必须发生一定的社会关系并在一定的社会关系中进行生产、生活。孤立的一个人的劳动也是不存在的,人们为了生产,就必须进行合作、分工。因而,人类社会的劳动很早就存在社会分工。分工现象不仅在家庭、在社区、而且在整个社会都存在着。人类的整体劳动可以从大的方面相对区分为生产性劳动和非生产性劳动。所谓非生产性劳动主要是指从事社会公共管理和服务活动的劳动。尽管在不同的社会、不同的时代,生产性劳动和非生产性劳动的内容、形式会不断发展变化,尽管不同的人对生产性劳动和非生产性劳动会有不尽相同的区分标准,但不论是历史上还是当今时代,社会劳动的这种大的分工始终存在着。

当今时代,生产性劳动的内涵和外延惊人地扩大了。就"一般规定"而言,当今时代,从社会劳动角度看,科技劳动、经营管理劳动、营销劳动、信息咨询服务劳动等都对社会财富的创造发挥着举足轻重的作用;从人——劳动者的劳动角度看,脑力劳动、智力劳动越来越成为劳动的主要方式,劳动效率越来越高,劳动成就越来越大。就"特殊规定"而言,能够生产出交换有用性客体的劳动越来越多,也就是说能够生产出"价值"的劳动越来越多。用通俗的话说,就是能够生产出卖成钱的东西的劳动种类越来越多了。因此,我们看到:不仅物质生产劳动是生产性劳动,而且许多非物质生产劳动也是生产劳动;不仅提供具有物质形态的物质产品的劳动是生产性劳动,而且许多提供不具备物质形态的精神产品、服务产品的劳动也是生产性劳动;不仅第一、第二产业的劳动是生产性劳动,而且第三产业的劳动其绝大部分也是生产性劳动;虽然传统的体力劳动在现时代依然占有一定比例,但是,科技劳动、经营管理劳动、营销策划劳动、信息咨询传播劳动等以脑力劳动和智力劳动为主的劳动已成为更加重要的生产性劳动。所有这些劳动都创造价值,而且,作为复杂劳动的科技劳动、经营管理劳动等创造着比简单劳动大得多的价值。

3. 科技劳动是当代社会创造价值的主导力量

众所周知,在当代社会,科学技术已成为第一生产力,科技进步成为推动经济社会快速发展的巨大力量。有资料显示,20 世纪初,工业化国家科学技术的贡献率,即科学技术在国民经济增长和劳动生产率提高中所占的比例,仅为 5% ~ 10% ,在 20 世纪中叶为 50% 左右,而在当代,发达国家由于广泛采用高新技术,使这一比例已提高到 60% ~ 80% ,有些技术和知识密集型企业已高达 95% 以上。进入 20 世纪 90 年代以后,由于信息高速公路的建立,企业最广泛充分地应用计算机管理,从而使主要资本主义国家的劳动生产率提高 20% ~ 30% ,有的甚至达到 40% 。① 在美国,布鲁金斯学会丹尼森教授依据索洛的模型,对 1948 年 ~ 1973 年间有关资料进行分析与计算,得出结论:技术进步对美国国民收入增长的贡献率为 40.3% ,对提高劳动率的贡献为 68.6% 。在日本,根据 1988 年日本经济企划厅有关技术创新与经济增长的研究报告推算,在 1982 年 ~ 1986 年的 5 年间,每年实际经济增长的约 60% 是技术进步贡献的结果。② 即便在我国这样的发展中国家,科技进步对经济发展的贡献率也在不断提高。科技进步特别是科学技术的重大创新,不仅会带动大量新兴产业的发展,而且通过对传统产业的技术改造,会给传统产业注入巨大活力,极大地提高传统产业的生产效率。比如,我们通过现代化技术改造传统工业、传统农业,极大提升了传统工业经济、传统农业经济发展的质量和效益。科技进步还有着巨大的正外部效应,也称溢出效应,任何一个企业、地区、国家的科技进步都会为其他企业、地区、国家的生产经营、科

---

① ② 以上数据转引自逄锦聚等著:《马克思劳动价值论的继承和发展》,经济科学出版社 2005 年版,第 248、254 页。

技发展带来便利。科技进步引领着经济发展,而科技劳动特别是科技创新劳动又引领着科技进步,科技劳动在发展生产、创造财富、创造价值中发挥着主导作用,从根本上决定着经济发展的速度与质量。

科技进步在经济发展中的巨大作用更加证明了科技劳动特别是科技创新劳动是当今社会创造价值的主导力量。科学技术是不会自行创造价值的,真正创造价值的是广大科技工作者的科技劳动。那么,科技劳动到底是如何创造价值呢?笔者认为,这可以从两个方面进行分析。一方面,就整个社会而言,就科学技术成果的创造发明而言,科技劳动(主要是科技创新劳动)所生产的科技产品,本身包含着巨大的使用价值和价值,这种科技成果(包括有形的和无形的成果)的应用、推广,会导致新产品、新部门涌现,导致产品结构、产业结构乃至整个经济结构的巨大变化。比如电脑的创造和发明给人类经济社会发展带来了巨大变化。这种电脑的价值(哲学意义)之巨大是我们用商品价值难以准确计算的。科技成果(广义而言)不仅催生了新产业、新部门,而且内化在劳动者、机器设备、工艺流程等生产要素之中,为其他部门、行业的劳动生产率提高、生产效率提高创造了良好的前提条件。另一方面,就科技成果的应用而言,科学技术成果(包括先进科学知识、先进技术设备、先进工艺流程)作为死劳动必须同活劳动相结合,才能够由潜在的生产要素变成现实的生产要素,才能够通过提高劳动效率而使活劳动创造更多的使用价值和价值。很显然,广义的科技劳动应该包括科技成果(有形产品、无形产品)的推广、应用。市场竞争的现实很能说明问题:生产同类产品的两家企业,谁先应用先进技术,谁就会生产更多更好的产品,谁就能生产出更多的使用价值和价值,就能在竞争中取胜。总而言之,科技劳动特别是科技创新劳动是当代社会最能创造价值的劳动,任何国家、任何地区、任何企业,要想谋求经济社会的更好更快发展,要想在国内外市场竞争中处于领先地位,都必须高度重视科技劳动特别是科技创新劳动。

4. 经营管理劳动是特别重要的创造价值的劳动

马克思在《资本论》中已经注意到了管理劳动、智力劳动的存在及其对生产的重要性。马克思在考察社会化生产时曾提出了"总体工人"的概念："随着劳动过程本身的协作性质的发展,生产劳动和它的承担者即生产工人的概念也必然扩大。为了从事生产劳动,现在不一定要亲自动手,只要成为总体工人的一个器官,完成它所属的某一种职能就够了。"①马克思还注意到,在总体劳动过程中,有的人多用手工作,有的人多用脑工作,有的人当经理、工程师、工艺师等,有的人当监工,有的人当直接的体力劳动者或者做十分简单的粗工,于是劳动能力的越来越多的职能被列在生产劳动的直接概念下。很显然,马克思是把物质产品生产中的经营管理劳动包括工程师、工艺师的脑力劳动看做是能够创造价值和剩余价值的生产劳动的,只不过由于马克思所处时代的局限以及为无产阶级利益而斗争的需要,马克思没有也不可能更多地去分析经营管理劳动的重要性。特别是在资本主义条件下,那些经理、监工往往在从事管理、监督工作的同时成了资本家的帮凶,成了工人阶级的对立面。然而,这并不意味着监督、管理劳动的不存在和不重要。随着商品经济的迅速发展,随着生产越来越社会化、复杂化,随着市场竞争的加剧,经营管理劳动越来越显示了其在创造使用价值和价值过程中的重要性。

企业是社会的基本经济组织,是社会经济发展的细胞,企业的发展关乎着整个社会经济的发展。就企业内部的生产活动而言,能否把企业内部的各种生产要素组织好、整合好、管理好、应用好,关系到企业的劳动效率、生产效率,关系到企业的发展能力、竞争能力,严重的情况下关系到企业的生死存亡。很显然,管理劳动在企业的生产经营活动中,在企业的使用价值和价值创造中,发挥着不可或缺、不可替代的重要作用。正是由于管理的特别重要,以至于不少企业都提出了"管理就是生产力"、"向管理要效益"的口号。

就企业外部的经营竞争而言,市场经济条件下市场是资源配置的基础,供求规律、竞争规律发挥着作用,能否科学判断、准确把握市场行情和发展趋势,能否在此基础上对项目投资、产品营销、市场开拓作出科学决策,不仅就整个社会而言关系到整个社会的资源优化配置组合,关系到整

---

① 马克思:《资本论》第 1 卷,人民出版社 1975 年版,第 556 页。

个社会使用价值和价值的增多,而且直接关系到本企业的个别劳动能否顺利转化为社会必要劳动,关系到企业的产品是否适销对路,关系到企业能否实现"惊险的一跳",能否创造和创造多少使用价值和价值。如果企业不能实现那"惊险一跳",企业生产再多产品也不能生产出价值。很显然,企业的经营管理劳动对企业的价值创造和实现至关重要。

我们在这里着重论证和强调科技劳动、经营管理劳动在价值创造中的重要性,主要是想让人们更好地认识科学家、科技工作者、包括合法经营的私营企业主在内的企业家及经理阶层,在推进经济发展进步中的重要作用,使全社会形成更加"尊重知识、尊重人才、尊重劳动、尊重创造"的利益激励机制和良好风气。在强调科技劳动、经营管理劳动重要性的同时,我们还必须尊重广大普通劳动者的劳动。正如同军队行军打仗存在有机的分工合作一样,整个社会的劳动也存在着有机的分工合作。科技劳动、经营管理劳动正是在广大普通劳动者劳动的密切配合下才能创造并实现其巨大价值的。因此,就整个社会而言,巨大的使用价值和价值是科学家、科技工作者、企业家、工人、农民以及各行各业从事商品生产经营的普通劳动者共同创造的,他们都是价值的创造者,因而应该是价值的分享者。

5. 公共管理和公共服务劳动不创造价值,但在价值创造中有着不可替代的重要作用

社会必要劳动从大的方面划分,可分为生产性劳动和非生产性劳动两大部分,而其中非生产性劳动主要是社会公共管理和公共服务劳动。公共管理和公共服务劳动主要是指国家和政府组织机构的公务人员以及社会公益事业单位的从业人员等所从事的制定法律、政策、制度,提供公共产品,对经济社会活动进行规制,为直接生产经营活动提供基础设施建设服务,为社会成员提供公共的教育、文化体育、医疗卫生等社会性服务,保证正常的社会经济生活秩序,保障人民群众的生命财产安全等活动。生产性劳动离不开非生产性劳动,离不开公共管理和公共服务劳动。尽管在剥削阶级占领统治地位的社会,剥削阶级为了维护其阶级统治,为了更多地无偿占有直接生产劳动者的社会剩余劳动,利用社会公共管理的

职能对劳动生产者进行残酷的统治、剥削,从而使公共管理职能发生了种种变异,附加上了更多的阶级属性,导致了公共管理和公共服务劳动与生产性劳动的尖锐对立和冲突,然而,公共管理和公共服务劳动所具有的一般社会属性却始终存在着。在劳动过程越来越社会化、劳动内容和形式越复杂化的今天,特别是在当代中国这样实行了人民民主政治、消灭了剥削阶级统治的社会,公共管理和公共服务劳动的必要性、重要性更加凸显。

(1)公共管理劳动通过提供制度规则,实施有效的组织管理和监督,保持生产性劳动的有序、有效进行。

如同军队的行军打仗需要严明的军纪和组织管理一样,生产性劳动也需要一定的制度规则和组织管理以保障生产性劳动有序、有效进行。在当今社会的生产性劳动中,国家和政府需要通过一定的产权制度安排来维护和保障生产经营者的合法权益,充分调动广大生产经营者的积极性、创造性,最大限度地促进社会财富的增加和社会福利的供给;需要通过一定的自然资源保护、利用制度的安排,保护自然资源得到合理开发和可持续利用;需要通过一定的经济监管制度的安排,规范广大生产经营者的生产经营行为,坚决避免和打击少数生产经营者的浪费资源、污染环境、垄断经营、非法谋利等各种各样的无效劳动或有害劳动行为;需要通过制定一系列经济发展战略和政策,来引导广大生产经营者的生产经营行为,从而促进自然资源、信息资源、人力资源在更大范围更高层次上的有机结合,推动国民经济快速发展。公共管理劳动尽管不创造价值,但对提高整个社会的劳动生产效率的巨大推动作用是客观存在的,正因此,才有人提出了"制度也是生产力"、"制度也产生生产力"的命题,正因此,制度经济学、政府规制学等才成为当代经济学研究的热点问题。没有人会怀疑,我国30年来经济发展所取得的巨大成就,首先应该归功于我国的制度改革和制度创新,归功于实行了改革开放的大政策,正是这些制度改革和制度创新,极大地调动了各行各业广大生产经营者的劳动积极性和创造性,使各种创造财富的社会活力得以迸发,从而极大地推进了我国经济社会的快速发展。尽管制定制度和政策的劳动不创造价值,但这种劳动成果通过内化为从事直接生产经营活动的劳动者的行为动力和准则，极大提高了生产性劳动的效率和效果。

（2）公共服务劳动通过提供基础设施建设服务，为广大生产经营者的生产性劳动提高效率奠定了一定基础。公共基础设施建设具有强烈的正外部经济效应。由于公共基础设施使用上的非排他性、经营上的垄断性以及投资规模大、建设周期长、无直接生产利润甚至是负利润，因而主要应由国家和政府投资兴建。这些公共基础设施建设对具体的投资者而言尽管是无利的甚至是赔本的，但对整个社会生产和经济发展而言，它却为广大生产经营者提高劳动生产率提供了一个极好平台，在生产性劳动的价值创造中发挥了极其重要的作用。正是由于有了水利、电力、交通、通讯等公共基础设施的兴建，为广大生产经营者提供了极为便利的生产经营条件，农业、工业、交通运输业、商业服务业等各行各业的广大生产经营者的劳动生产率获得了极大提高。现实经济活动中，这方面的例子比比皆是：由于运用了现代化的水、电、交通、通讯等基础设施，现代农业生产节约了大量的人力、物力和信息交易费用，劳动生产率较传统农业成千百倍提高；由于交通、通讯设施的方便，广大商品生产经营者在材料选购、产品生产、产品运输、产品销售等各个环节都节约了时间和成本，其单位劳动生产率也是成千百倍提高；再者，就区域竞争的角度看，公共基础设施建设搞得好坏，直接影响着区域内众多生产经营者的劳动生产率，进而也影响着不同区域的经济发展能力。公共基础设施建设劳动作为一种提供公共产品的劳动尽管不创造价值，但却为创造价值的生产性劳动提供了重要前提条件。

（3）公共服务劳动通过为社会广大成员提供社会公共服务，不仅增进了社会公共福利，有利于社会和谐发展，而且也为创造价值的生产性劳动提供了一定的社会条件。为了生命的健康、延续和社会的可持续发展，为了有效增进社会福利和保障公民的基本人权，作为社会公共利益代表的国家和政府必须为社会成员提供公共教育、公共医疗卫生、公共文体娱乐设施、社会成员基本生活保障等基本的公共服务。基本公共服务虽然不创造价值，但却为创造价值的生产性劳动提供了一定的社会条件。其一,公共服务劳动有利于提高劳动者的思想道德和科技文化素质。劳动者不是机器人,而是有血有肉有情感有意志有智力的社会人,其所受教育状况如何,直接关系到劳动者自身的素质高低,进而关系到劳动者的价值创造。现代社会的生产劳动,越来越需要高素质的劳动者。其二,公共服务劳动有利于提高劳动者的身心健康。劳动者的身心健康不仅是人类劳动的一个目的,是劳动者的一种幸福所在,而且也是从事劳动的一个前提条件。只有身心健康的劳动者才能在劳动中保持旺盛的精力并充分发挥积极性和创造力,而公共医疗卫生等公共服务可以为生产性劳动提供更多的身心健康的劳动者。其三,公共服务劳动有利于保持社会稳定,为生产性劳动创造一个既有充分竞争又能安定有序的劳动环境。人的生存权可谓是人权中最为重要的一项权利。自人类社会进入机器生产的工业经济时代以来,特别是人类社会步入知识经济时代以来,越来越多的机器生产、自动化生产代替了人类的简单的体力劳动和简单的智力劳动。这既是人类社会发展的巨人进步,同时也带来了一些新的社会问题。比如,现代社会对劳动者的知识、技能的要求越来越高,从而导致一些拥有一定劳动能力的劳动者找不到劳动机会的失业现象。失业现象已经成为当代社会极为普遍的一个现象,成为一个严重的社会问题。如果处理不好,就会影响社会稳定,当然也会影响生产性劳动的正常进行。这些失业的劳动者并非是不愿劳动,而是由于劳动力竞争,由于机器生产、自动化生产对简单劳动的排斥,把有限的劳动机会给了别人。从劳动者竞争的角度讲,正是由于失业者的失业保证了就业者的就业,正是一部分人失去了劳动机会,才使另一部分人获得了劳动机会,劳动失业者以自己竞争的失败为竞争机制的有效运行做出了贡献,为生产劳动的高效运行做出了贡献。因此,由国家和政府提供社会保障服务来保障这些失业者的基本生存权利乃是公平正义之所在,同时也是保持生产性劳动正常进行之社会条件。不仅如此,国家和政府还应从人道主义出发,从基本人权出发,保障那些没有劳动能力或丧失劳动能力的社会成员的基本生活,这是人类作为类存在的必然要求。很显然,只有搞好社会保障服务,市场竞争机制才会更好地发挥作用,生产劳动才能更有序更有效地进行。

三、社会必要劳动时间决定价值量

"社会必要劳动时间"是马克思在《资本论》第 1 卷中论述什么是价值和是什么决定价值时提出的概念,它在马克思的劳动价值学说中占有非常重要的地位。马克思指出:"社会必要劳动时间是在现有的社会正常的生产条件下,在社会平均的劳动熟练程度和劳动强度下制造某种使用价值所需要的劳动时间。"①这就是第一种含义的社会必要劳动时间。后来,马克思在《资本论》第 3 卷阐述"流通中的价值规律"时,又从社会需求的角度提出了另一种含义的"社会必要劳动时间"。马克思认为,价值"是由社会必要的劳动时间,由当时社会平均生产条件下生产市场上这种商品的社会必需总量所必要的劳动时间决定,……是在起调节作用的市场价格或市场生产价格的形式上表现出来的。"②

社会必要劳动时间决定价值量,这一论断被广大学者所公认。关于是什么含义的社会必要劳动时间决定价值,理论界在经历了数次理论争论后也趋于统一,那就是社会必要劳动时间本身就是由两种含义的社会必要劳动时间共同形成的,也就是说,社会必要劳动时间是受两种因素制约的:一种是从微观生产的角度看,生产某种商品的社会必要劳动时间受正常生产条件下平均劳动熟练程度、劳动强度的制约;另一种是从宏观生产角度看,生产某种商品的社会必要劳动时间受有效的社会需求和市场供求关系的制约。大多数学者认为,价值是由两种含义的社会必要劳动时间共同决定的。当然也有个别学者提出了第三种含义的社会必要劳动时间。这一观点主要有两种思路。一种思路认为,理论界把马克思对社会必要劳动时间的分析与定义归纳为两种含义不科学,而应该是三种含义:"第一种含义的社会必要劳动时间,是对社会必要劳动时间进行质的说明与规定,第二种含义的社会必要劳动时间,是从空间的角度对社会必要劳动时间进行规定,说明社会必要劳动时间是在一定的空间范围内形成和发挥作用的,第三种含义的社会必要劳动时间,是从时间变化的动态

①②　马克思:《资本论》第 3 卷,人民出版社 1975 年版,第 52、722 页。

角度对社会必要劳动时间进行规定,说明社会必要劳动时间是在具体的时间点上发挥作用的。"①另一种思路认为:随着经济全球化、市场国际化,应该把国际社会形成的社会必要劳动时间作为第三种含义的社会必要劳动时间。笔者通过参考近几年来这方面的研究成果,并结合我国的市场经济发展实际,在关于价值决定这一理论问题上形成以下几点看法。

其一,社会必要劳动时间首先是由社会必要需求决定的。要弄清社会必要劳动时间,必须首先弄清什么是社会必要劳动。关于什么是社会必要劳动,笔者曾在创新劳动论中有所分析。社会必要劳动并不是先验存在的一个东西,而是一个随着时代发展变化而不断发展变化的一个历史范畴。其中,社会必要需求是决定社会必要劳动的根本因素。人类生存、发展、享受的需要,是劳动存在的前提。需求是劳动的目的,需求的不同种类、不同内容决定着劳动的不同种类、不同内容。强调这一点,对我们正确认识和把握社会必要劳动时间非常重要。在产品极大丰富、需求异常复杂的当代市场经济社会,生产劳动不再直接表现为社会必要劳动,而只有符合市场有效需求的生产劳动才可能表现为社会必要劳动。因此,"从总体上说,社会必要劳动时间的形成与变化的因素主要是社会的有效需求,而有效需求又主要是通过市场来表现的。尽管需求影响社会必要劳动时间的形成与实现,可需求是与供给对应存在和作用的概念,因此,在现实的经济活动中,社会必要劳动时间必需通过供求机制和价格机制来确定和调整。"②在市场经济条件下,社会必要劳动时间首先是由需求结构及其变化决定的,需求结构及其变化决定着社会必要劳动时间在不同部门、不同区域、不同企业间的分配。当然,这种分配并不是先验的有计划进行的,而是在市场供求规律作用下通过市场竞争机制在动态的过程中完成的。很显然的推论是:只有符合市场有效需求的生产劳动才会获得更大的发展空间;凡是不符合市场需求的生产劳动,则会受到限制或淘汰。作为一个企业、一个直接的生产经营者,其劳动必需首先符合市

①②　刘解龙:《劳动价值理论研究必须正视的十大问题》,《山东社会科学》2001年第3期。

场的需求,否则,即便劳动生产率再高,由于其产品不符合市场需求,其劳动也会变成无效劳动,不能构成社会必要劳动。而且,由社会必要需求引导的市场需求是在不断发展变化的,由市场需求所决定的社会必要劳动在不同部门、不同区域分配的比例也是在不断发展变化的,因而对生产经营者而言其所面对的社会必要劳动时间是一种无情的、不受自己控制的、强大的外在力量,生产经营者只有想方设法不断调整产品结构、产业结构,不断生产出适销对路的产品,适应这种变化,才能给自己挣得更多的社会必要劳动时间。此外,随着经济全球化和市场国际化,社会必要劳动时间的形成将越来越受到国际市场需求因素的制约,国际市场需求结构的发展变化必将引发社会必要劳动时间在国际范围内的分配问题。如何应对国际市场需求关系的发展变化,在国际市场竞争中挣得更多的社会必要劳动时间,是各国各企业都必需认真对待的问题。

其二,社会必要劳动时间是由生产同类产品的平均劳动生产率决定的。在市场有效需求既定的前提下,生产同类产品的社会必要劳动时间是由生产同类产品的平均劳动生产率决定的。之所以强调市场有效需求这一前提,是因为从宏观上、总体上市场有效需求所决定的必要劳动量在不同行业、不同部门的分配比例,制约、影响着生产某种产品的社会必要劳动总时间。当某种产品不符合市场需求或市场需求已经饱含的情况下,生产该种产品的个别劳动就不会转化为社会必要劳动或不能完全转化为社会必要劳动,也就是说该种产品就不能或不能完全实现其价值。只有在市场需求既定的前提下,生产该种产品的劳动生产率的高低才对该种产品的社会必要劳动时间具有决定意义。同时,也只有强调劳动生产率对商品价值的决定意义,才能从根本上破解“价值之谜”。

长期以来,学界对马克思关于“劳动生产率与商品的使用价值量成正比,与商品价值量正反比”的观点一直存在争议,并将这一观点称为“价值之谜”。劳动生产率与商品的使用价值量成正比的论断容易理解,因为劳动生产率可以表述为平均单位劳动时间内生产的产品数量问题。一般来说,随着科学、技术、管理水平、生产资料利用效率和劳动者的熟练程度提高,劳动生产率也相应提高,从而劳动生产的产品数量也增加,社会产品使用价值增多。社会劳动生产率越高，一定劳动时间所生产的使用价值就越多。难点在于劳动生产率与商品价值量成反比关系的论断。根据马克思劳动价值论的含义，社会劳动生产率的变化，与同一劳动时间内生产的商品价值总量没关系。由于同一时间生产的价值总量不变，而由于劳动生产率的提高，生产的使用价值量却增多了，所以，单位商品的价值量越小；反之，社会劳动生产率越低，单位商品的价值量越大。对于这样一种论述，理论界异议颇多。有学者指出："按照传统的解释，如果社会科学技术水平的普遍提高，提高了社会生产率，增加了社会财富，商品的使用价值总量得到了大幅度的提高，只要社会的劳动总量不增加，原则上不会使价值总量提高。这样一来，使用价值总量与价值量在总量上的脱离就越来越远了。"①使用价值总量与价值量在总量上的脱离使得劳动价值论在解决现实问题时缺乏说服力，同时也使得对马克思的分配理论、积累学说、再生产理论、平均利润学说的理解变得更困难。②

很显然，我们必须立足于经济建设实际，创新和发展劳动价值论，尤其是要创新发展关于劳动生产率与商品价值量之关系的观点。创新这一观点的关键，在于正确理解劳动范畴，正确理解社会必要劳动时间与自然劳动时间的区别与关系，简单劳动与复杂劳动的关系，劳动的社会、自然条件与劳动生产率之间的辩证关系。

首先从劳动范畴的角度看。科技劳动、管理劳动、经营劳动都是劳动，而且是复杂劳动，是加倍的简单劳动，这些劳动不仅创造价值而且会创造更多的价值。作为一个企业、一个商品生产经营者，这方面的劳动越多，由此引发的劳动生产率越高，与其他同类企业相比在同一时间内生产的产品越多，其创造的使用价值量和价值量无疑也会越多。

其次从社会必要劳动时间与自然劳动时间关系的角度看。社会必要劳动时间是一个社会关系范畴，反映着商品生产者之间的竞争关系和利

---

① 谷书堂：《从产品分配说到劳动价值论》，《南开经济研究》2001 年第 5 期。
② 逄锦聚等：《马克思劳动价值论的继承与发展》，经济科学出版社 2005 年版，第 266～267 页。

益关系,而且是历史的、动态的、不可人为地先验设定的,不同时期、不同国家、不同地区生产某种产品的社会必要劳动时间是不一样的。自然劳动时间可看做是一个自然范畴,它反映着人们在一小时、一年等自然时间内人的脑力和体力支出。很显然,社会必要劳动时间虽然也可以还原为以自然劳动时间来计量,但二者的含义是大为不同的。从自然劳动时间角度看,一个专家一天的劳动与一个普通职工一天的劳动都是一天的劳动,但从社会必要劳动时间的角度看,一个专家一天的劳动很可能是一个普通职工数天的劳动,而到底等于普通职工几天的劳动,需要由社会需求和劳动生产率决定的社会必要劳动时间来衡量。市场竞争中的企业同样如此。马克思对生产商品的社会必要劳动时间给出的定义是:社会必要劳动时间是在社会正常条件、平均劳动熟练程度和平均劳动强度下生产商品所需要的时间。对此,我们必须采取动态的、历史的、具体的分析方法进行创新发展。特别是要对马克思据此定义提出的单位产品的价值量与劳动生产率成反比的观点进行发展。商品生产者在激烈的市场竞争中必然通过各种措施如增加投入、改进工艺、加强管理等提高创新力和竞争力,从而力图使自己在同一自然时间如一天、一月或一年内生产出较其他商品生产者更多更好的产品。通过市场竞争,社会形成了一个生产某种产品所需要的社会必要劳动时间,如生产一双皮鞋需要 2 小时。如果一个个别生产者生产一双皮鞋需要 4 小时,那么,在同一自然时间(如一天)内,它只能创造很少(一半)的商品价值量,也就是说,这个商品生产者个别劳动 4 小时只等于社会必要劳动时间 2 小时;如果一个商品生产者生产一双皮鞋只需要 1 小时,那么,在同一自然时间内(如一天)它就能创造二倍的商品价值量,也就是说,它 1 个小时的个别劳动时间等于 2 小时的社会必要劳动时间。这一简单的例子表明:随着劳动生产率的提高,生产者单位时间内生产的使用价值量与价值量都是增高的,使用价值量与价值量是成正比关系的。人们过去之所以认为劳动生产率与商品价值量成反比,主要是混淆了自然劳动时间与社会必要劳动时间的区别。劳动生产率的提高,大大缩短了生产某种产品的自然劳动时间,如过去生产一双皮鞋要 4 小时,而现在只需 1 小时,在同一自然时间内会生产出更多的皮鞋,虽然单位产品所包含的自然时间减少了,但其包含的社会必要劳动时间则并不会减少,而是一定的,因而单位产品的价值量也不会减少。

有个别学者在创新和发展社会必要劳动时间决定商品价值量这一理论观点时提出,劳动生产率与单位产品价值成反比的观点只适用于个别生产,而不适用于整个社会的生产。其理由主要为:"由于个人或单个企业为追求超额利润而提高劳动生产率,从而可以在相同的时间内生产更多的商品,但由于这些商品生产者在个别劳动条件下生产的商品占全社会同类商品的比例比较小,不足以影响部门内的劳动生产率,所以商品的社会价值量基本上仍按同一部门原来所决定的价值来计算。在这样的情况下,个别劳动生产率的提高与商品价值成反比,传统上的这一理解是没问题的。但如果劳动生产率的提高从个别生产者扩展到全社会,传统上的理解就需要变化了。当由于科学技术的发展和应用,个别生产者劳动生产率的提高带动了整个部门甚至全社会劳动生产率提高时,整个社会生产的劳动复杂程度增加,部门专业化程度增强。这时候新的产品和新的生产部门会应运而生,社会生产的部门增加了,劳动的复杂程度提高了,所以全社会计算的社会必要劳动时间会随之增加,产品不仅使用价值增加,价值总量也会随之增加。这意味着生产商品的劳动生产率与商品的价值总量不成反比,而是成正方向变化。"①这种看法虽在一定程度上发展了劳动生产率与商品价值量关系的观点,但把个别生产与社会生产割裂开来,而且认为个别劳动生产率提高与商品价值成反比而与全社会商品价值成正比的观点是前后矛盾的。社会需求决定的社会劳动的比例分配是社会必要劳动时间的第一决定因素,我们在讨论个别劳动生产率与商品价值关系时已把它作为一个既定前提,也就是说个别企业或商品生产者生产的产品是符合社会需求的,只是由于劳动效率的不同会影响商品价值量的不同,更何况,全社会的社会必要劳动时间是一个相对的、

①　逢锦聚等:《马克思劳动价值论的继承与发展》,经济科学出版社2005年版,第268~269页。

历史性的、动态的概念,不可能有一个具体的明确的标准,个别劳动生产率的提高与商品价值量也是成正比关系的。所谓正常的社会条件、平均劳动熟练程度和平均劳动强度,是一个动态概念,在同一产品通过竞争形成既定的社会必要劳动时间的前提下,谁先提高劳动生产率谁就能在同样的自然时间内生产更多的产品和更多的社会必要劳动时间,生产更多的使用价值和价值,反之亦然。理解这一点的关键在于区别自然劳动时间与社会必要劳动时间。

从简单劳动与复杂劳动的关系看。复杂劳动是倍加的简单劳动。劳动生产率的提高可以通过增加劳动强度和提高劳动熟练程度的途径来获得,但更为有效的方法是改进技术设备、工艺流程和管理方法。在这种情况下,表面上看,从事一线工作的劳动者的体力减轻了,甚至自然劳动时间缩短了,但从企业整体上看,企业的劳动更复杂了,更先进了,因而是倍加的简单劳动,如果用自然时间表示,那就是现在 1 个小时的劳动可能等于过去 N 个小时的劳动。很显然,企业技术越先进,劳动生产率越高,说明企业的劳动越复杂,因而越能创造更多的使用价值和价值。

从劳动的社会、自然条件与劳动生产率的关系角度看。劳动总是在特定的社会条件和自然条件中进行的,而且这些社会条件和自然条件极大地影响着劳动生产率。例如:从自然条件看,土地肥瘠程度不同会影响农产品的产出效率,矿产资源丰富程度不同会影响矿产资源的开采效率;从社会条件看,不同的社会管理和监督会影响企业的生产效率,不同的公共基础设施建设会影响企业的生产效率,不同的资本投入和技术条件会影响企业的生产效率。鉴于社会条件和自然条件对企业生产效率的影响,有些学者往往否定劳动是价值的唯一源泉而主张要素价值论。正如我们前面曾经分析过的,劳动总是在特定的社会、自然条件下的劳动,诸如总是在不同的地区、不同的国家、不同的技术条件、不同的资源占有条件、不同的历史文化条件下的劳动,因而我们必须从理论上把这种特定条件看做劳动的一个有机组成部分,把由此引起的劳动生产率提高进而导致的产品增加看做劳动的成果。没有劳动者对这些条件的具体运用,这些条件是不能自然形成劳动产品的。因此,能运用较好的社会、自然条件的生产者在相同的自然时间内必然会生产更多的价值和使用价值。一个企业的生产是这样,一个地区和国家的生产同样是这样。一个企业要想在竞争中取得优势并获取超额剩余价值,就必须不断改造并充分运用特定的社会条件和自然条件,诸如不断改进管理方法、调整和加大资本投入、进行技术创新、争取占有有利的自然资源等;一个国家要想在国际竞争中取得优势,就必须合理开发利用自然资源并不断创造良好的社会条件,特别是要为企业的竞争发展提供良好的制度平台。只有这样,广大商品生产者才会在竞争中创造更多的使用价值和价值,整个国家的国民财富才会大幅度增加。

四、劳动价值论是按劳分配的理论基石

时下,有几种颇为流行的观点:认为价值决定与价值分配是两回事,人们不应该在劳动价值论中寻找价值分配的依据;认为生产要素在价值形成中发挥了极为重要的作用,因而实行要素按贡献参与分配具有合理性;还有一些观点,或根本否定按劳分配,或主张只提生产要素按贡献参与分配,因为按劳分配就是按劳动要素分配,已经包括在按生产要素分配中了。我们必须正确认识价值决定与价值分配的关系,正确认识劳动价值论与按劳分配的关系,并对上述诸种观点进行剖析。这不仅牵涉到对马克思劳动价值论的继承和发展问题,也牵涉到中国特色社会主义分配理论问题,牵涉到中国分配制度深化改革的方向问题。

1. 劳动价值论是按劳分配理论的基石

马克思创立劳动价值论的根本目的,正在于通过商品的二重性、劳动的二重性的分析,揭示资本家剥削工人剩余价值的全部秘密,揭示资本主义所有制度的不合理性,揭示建立社会主义所有制度、实行按劳分配制度的合理性。应该看到,劳动价值论与分配理论之间的内在学理逻辑是:价值是劳动创造的,因而价值应该归劳动者所享有;资本家凭借所有权剥削工人创造的剩余价值是不合理的,因而应该剥夺剥夺者,消灭资本家私有制,建立公有制,并实行按劳分配制度。显然,我们绝对不能割裂劳动价值论与按劳分配理论之间的内在联系,劳动价值论是按劳分配理论的基

石。尽管由于特定的历史和现实原因,我们无法实现马克思所设想的公有制和按劳分配制度,尽管我们还必须实行生产要素按贡献参与分配的制度,但这绝对不能够构成否定实行按劳分配合理性正义性的理由。劳动是创造价值的唯一源泉,劳动是社会财富之父,是社会财富的主要创造力量,因而在整个社会个人消费品分配中实行按劳分配是具有法理合理性的,也是符合社会发展规律的。一些学者割裂了价值决定与价值分配的关系,从而使劳动价值论的探讨变得毫无意义,不知其最终要说明和解决什么问题。我们今天之所以要继承和创新劳动价值论,最起码有三个目的:其一,解释社会现实。明确价值规律在市场经济社会是如何发挥作用、推动经济发展的。其二,阐明实行以公有制为主体和以按劳分配为主体经济制度的合理性和合规律性。其三,阐明在当代社会是什么样的劳动最能创造价值,因而其在价值分配中应该占取更大的份额。

　　2. 坚持按劳分配为主体分配制度的合理性

　　所有制关系决定分配关系,这是马克思主义的一条基本原理也是社会历史现实的真实反映。马克思劳动价值论说明了资本主义分配制度的不合理性,说明了按劳分配的合理性,但马克思并没有从价值论中去寻找解决价值分配的途径。在马克思看来,要实行按劳分配特别是马克思设想的按劳分配,则必须通过实行公有制,实行计划经济。显然,由于历史和现实的原因,我国无法实行马克思所设想的那种公有制、计划经济和按劳分配,但这并不能否定我国实行以公有制为主体和以按劳分配为主体经济制度的内在合理性。应该说,坚持以按劳分配为主体既是中国特色社会主义的一个根本价值取向,也是中国现实分配制度构建的一个根本原则。在我国实行以公有制为主体、多种所有制并存的所有制度,实行市场经济体制的情况下,我们不可能实现马克思所设想的按劳分配,而且在市场经济条件下和现代社会条件下,劳动的内容、形式也发生了巨大变化,但我们绝对不能放弃以按劳分配为主体这一根本原则。放弃以按劳分配为主体不仅是彻底放弃了社会主义的价值取向,而且也不利于使用价值和价值的创造,不利于经济社会发展。

　　我们必须积极探讨在市场经济条件下实行以按劳分配为主体的途径

和方法,必须积极探讨按劳分配与按要素所有权分配相结合的途径和方法。时下,有些学者主张不应该再实行以按劳分配或主张不要再使用"按劳分配为主体"的提法,这不仅有悖于研究、创新和发展劳动价值论的初衷,而且不符合社会主义价值取向,也不符合经济社会发展规律,是断不可取的。实行按劳分配为主体并没有错,也没有违背市场经济发展规律,我们应着力探讨的是,在市场经济条件下,在劳动内容和形式发生巨大变化的条件下,如何更好地贯彻按劳分配,正确处理按劳分配与按要素所有权分配的关系,确保按劳分配的主体地位。

3. 要根据不同劳动在价值创造中的不同作用合理调整分配结构

在市场经济条件下,在现代社会条件下,劳动的内容和形式发生了巨大变化,经营管理劳动、科技创新劳动、科技服务劳动、信息传播和咨询劳动、投资策划劳动、市场分析和营销劳动等不仅创造价值而且可能创造着巨大价值。因此对从事这些劳动的劳动者的个人收入分配问题必须予以足够重视。同时,我们还要持续关注普通劳动者的劳动权益和劳动报酬。要创造更加公平、更加充分的就业机会,努力保障劳动者充分就业,要通过《工资法》、《劳动合同法》等法规制度保障劳动者的工资福利能随着国民总收入的增长而获得不断增长。

4. 要充分认识和利用价值规律的作用,推动企业不断进行科技创新、管理创新、产品创新

社会需要和市场需求首先决定着社会必要劳动在各部门的分配比例,是价值的第一决定因素。商品生产者要想创造价值、实现价值并获得高额利润,就必须充分考虑市场需求结构及其变化。它只有为社会提供更多的社会必要劳动,才能从社会获取更多的剩余价值。因此,企业首先要始终围绕市场需求及其结构变化不断调整自己的投资方向、项目选择、产品结构,不断开发适合社会和市场需求的新项目、新产品。平均劳动生产率是价值的第二位极其重要的决定因素。提高劳动生产率是提高个别劳动价值、增加商品价值量的主要途径。在当今时代,关注人权,重视民生,提高公民的福利待遇,是大势所趋,人心所向,任何企业想通过增加劳动强度、延长自然劳动时间等途径来达到增加个别劳动价值的做法都是

极为笨拙甚至是不可能的。同类企业要想在竞争中获得比较优势,必须注意科技创新、管理创新、资源整合利用,不断提高劳动生产率,只有这样,才能在为社会创造更多的使用价值和价值的同时获取更多的剩余价值。

5. 要做好"剩余价值"在不同利益主体间的分配

资本凭借所有权可以获得剩余价值索取权,但这并不是决定剩余价值分配的唯一力量。笔者曾在《公有制与市场经济有效对接论》一书中对生产资料所有制的绝对性、相对性有过专门论述。其观点之一,就是指出作为整个社会生产组织者、管理者、协调者的社会公共组织(通常以国家为代表,也可以是国际组织)可以对生产资料所有制进行直接的或间接的控制,从而制约和影响生产资料所有制所实现的形式和内容。[①] 不同的劳动者根据自己在价值创造和使用价值创造中的不同作用,也应拥有不同的剩余索取权。因此,作为社会整体利益代表的国家政府(包括国际公共管理组织机构),必须通过法规政策做好剩余价值在不同社会利益主体间的分配。主要应做好以下几方面分配问题。

其一,要做好"剩余价值"在企业与政府间的分配。国家和政府可通过税收将企业的一部分"剩余价值"转化为财政收入,并用这部分收入发展社会公益事业、开展大型基础工程设施建设、支付国家公务人员和文教事业单位职工工资、发展社会保障事业、搞好社会救济等。很显然,"剩余价值"虽然是企业劳动创造的,但离不开社会条件和自然条件,离不开社会公共管理和公共服务劳动,因此,国家和政府收取企业一定剩余是完全应该的、合情合理的。这里的关键问题是应该把握好度,一方面,不能影响广大企业投资经营的积极性;另一方面,要保证国家和政府有足够的财力来发展社会公益事业,来满足从事公共管理和服务劳动群体的利益要求,来保障广大人民群众的基本生活权益。

其二,要做好"剩余价值"在企业间的分配。国家和政府必须制定正

[①] 参见李太淼主编:《公有制与市场经济有效对接论》,河南人民出版社 1998年,第 49～52 页。

确的法规政策,保障企业间公平有序竞争,坚决防止和打击各种非法垄断经营、非法谋利行为,从而保证"剩余价值"能在企业间相对公平的分配。

其三,要做好"剩余价值"在生产经营组织内部的分配。劳动是创造价值的唯一源泉,因此不同的劳动者根据自己在价值创造中的不同作用理应享有不同的剩余索取权。如何保障劳动者享有剩余索取权,是中国特色社会主义理论也是当代企业产权理论需要深化研究和解决的问题。

第三节 坚持和完善以按劳分配为主体、按劳分配与按要素分配相结合的分配制度

分配是社会主义生产再生产的重要环节。分配制度是重要的经济制度,是基本经济制度——所有制制度的重要实现形式。分配制度不仅关系到经济的健康运行、可持续发展,而且直接关系到广大人民群众的切身利益,关系到和谐社会的构建。建立和完善公平、合理的有中国特色的分配制度,是社会公平正义之所在,是经济稳定健康发展之必然要求,是全国广大人民的共同愿望,是建设中国特色社会主义的题中应有之义。

党的十五大报告明确提出了要实行按劳分配为主体、多种分配方式并存的分配制度,允许和鼓励资本、技术等生产要素参与分配;党的十六大报告再次强调,要"确立劳动、资本、技术和管理等生产要素按贡献参与分配的原则,完善按劳分配为主体、多种分配方式并存的分配制度"。针对中国社会分配实践中存在的不足和问题,基于构建和谐社会的理念、要求,党的十七大报告把"合理有序的收入分配格局基本形成,中等收入者占多数,绝对贫困现象基本消除"确定为全面建设小康社会的奋斗目标之一,并明确指出:要坚持和完善按劳分配为主体、多种分配方式并存的分配制度,健全劳动、资本、技术、管理等生产要素按贡献参与分配的制度,初次分配和再分配都要处理好效率和公平的关系,再分配更加注重公平。如何构建和完善有中国特色的公平、合理的分配制度,既是中国特色社会主义理论需要深化研究的重大理论问题,也是当代中国构建和谐社会、谋求经济又好又快发展必须面对和解决的重大现实问题。

一、坚持以按劳分配为主体

1. 为什么要坚持按劳分配为主体

坚持以按劳分配为主体的法理合理性主要表现在:劳动是社会财富之父,是人类社会文明发展进步的基础。劳动是解决人与自然矛盾、满足人类社会生存、发展、享受等需要的最基本、最根本的手段,整个人类文明发展史,同时也是人类劳动发展史,离开了劳动,人类一刻也生存不下去。劳动是创造社会财富的根本源泉,任何生产资料(土地、资本、技术、设备等)都只有同劳动相结合才能转化为现实的社会财富,否则,这些生产资料就是一堆废物,而且,除了大自然提供给人类的自然资源类生产资料,任何人工的生产资料本身(资本、机器、技术、知识等)都无不是人类劳动成果的凝结。因此,要谋求经济又好又快的发展,就必须坚持以按劳分配为主体。坚持以按劳分配为主体,有利于充分调动广大劳动者从事生产劳动的积极性、能动性、创造性,从而推动经济社会更好更快发展,这符合人类社会发展的基本规律。剥削和掠夺只能导致社会剩余产品在不同社会群体间的划分,却不能增殖社会财富,而只有实行按劳分配,才能在不断推动生产力发展、不断创造更多社会财富的前提下实现社会剩余产品相对公平合理的分配占有关系。社会主义之所以要把按劳分配作为自己的分配原则和价值目标,最根本的原因就在于:其一,它符合社会发展基本规律。它最有利于推动生产力发展,从而能为社会提供尽量多的可供分配的劳动成果,有利于解决人类无限需求与有限供给之间的矛盾。其二,它的分配结果较为公平合理。

2. 在市场经济条件下能否坚持按劳分配为主体

在马克思所设计的按劳分配中,按劳分配是与生产资料的全社会共同占有、整个社会生产的有计划进行、整个社会的劳动因为按比例进行分配而直接表现为社会必要劳动、劳动者能够各尽所能等紧密联系在一起的。由于生产资料为全社会所有,因此排除了任何个人凭借生产资料所有权占有他人剩余劳动的可能,社会只能把劳动作为唯一的分配依据;由于社会生产能够有计划按比例进行,因而劳动可以有计划按比例分配,劳动直接表现为社会必要劳动;由于劳动者成了生产资料的主人,劳动者能够自觉地各尽所能。应该说,这是按劳分配的一种理想状态、纯粹状态。实践证明,即使在实行单一的生产资料公有制社会,由于各种条件制约,我们也无法达到整个社会生产完全有计划按比例进行、社会劳动完全有计划按比例分配、劳动者完全自觉地各尽所能、每个劳动者的劳动量可以精确计算和比较等条件要求,因而也无法真正实行马克思所设想的按劳分配。而且,在马克思所设想的按劳分配中,按劳分配是与市场经济和按资分配根本对立的,相互排斥,不可调和。时下,我国已经确立了社会主义市场经济体制。一些人受传统观点的影响,坚持认为:市场经济与按劳分配水火不容、根本对立;按要素分配是保证市场经济社会有效运行的分配原则,要发展市场经济,就理所当然地要实行按要素分配,就必然要取消按劳分配的主体地位。确实,马克思所设想的社会主义社会,公有制、计划经济、按劳分配是"三位一体"、不可分割的,是与私有制、市场经济、按资分配的"三位一体"截然对立的。然而,由于历史条件所限,我们无法完全建立起马克思所设想的理想社会,无法完全实现马克思所设想的按劳分配,我们还必须大力发展市场经济。既然要大力发展市场经济,既然要允许并鼓励非公有制经济发展,那么,我们还能不能坚持以按劳分配为主体?回答是肯定的。关键的问题是,我们必须创新劳动理论、创新劳动价值论、创新按劳分配理论。

其一,市场经济条件下,"劳动"同样是推动经济发展、社会进步的最基本、最根本手段。因而,坚持按劳分配为主体并不会阻碍、而且会促进市场经济发展。问题的关键是我们对"劳动"必须重新理解。市场经济条件下的"劳动"同马克思设想的计划经济状态下的"劳动"既有联系又有区别,有着不尽相同的内涵。主要区别一,理想社会中的劳动是按比例分配的劳动,直接表现为社会必要劳动,而市场经济中的生产性劳动存在着个别劳动与社会必要劳动的区别,个别劳动只有通过市场竞争和交换才能转化为社会必要劳动,才能实现其价值。马克思曾说:"在一个集体的、以生产资料公有制为基础的社会中,生产者不交换自己的产品;用在产品上的劳动,在这里也不表现为这些产品的价值,不表现为这些产品所

具有的某种物的属性,因为这时,同资本主义社会相反,个人的劳动不再
经过迂回曲折的道路,而是直接作为总劳动的组成部分存在着。"①主要
区别二,理想社会中的劳动是以资源的优化配置、劳动者和生产资料的最
有机结合为假设前提的,而在市场经济条件下,资源的优化配置、劳动者
和生产资料的有机结合主要是通过各种要素的市场竞争实现的,市场起
着基础性作用,由此导致了劳动内容和形式的诸多不同。如市场分析、投
资谋划、营销策划、信息咨询等等行为,在某种程度上都具备了"劳动"性
质,都在创造价值,因为这些行为的目标都在于实现资源的优化配置、实
现劳动者与劳动客体的有机结合。明确了这些区别,我们就会更好地理
解"劳动"是如何推动市场经济发展的,就会更深刻地认识在市场经济条
件下坚持按劳分配为主体的合规律性与合目的性。②

其二,按劳分配与市场经济存在兼容性。市场经济通行的分配形式
是按要素分配,因而同按劳分配存在一定矛盾、冲突,但市场经济与按劳
分配并不绝对对立,二者之间存在一定兼容性。只不过这里所说的按劳
分配与马克思所设想的"个人消费品的社会直接分配"有着完全不同的
内容和形式。这里所说的按劳分配其中包含着各生产经营者按市场竞争
所形成的"社会必要劳动时间"进行分配。按这种通过市场竞争所形成
的"社会必要劳动时间"进行分配,尽管与按要素分配糅合在一起,容易
引起分配悬殊和分配不公,但却有利于各生产经营者之间进行相对公平
合理的分配,有利于各生产经营者为社会提供更多适合社会需要的劳动
成果。在现有的生产力条件下,只有通过市场竞争所形成的"社会必要
劳动时间",才更具有衡量各商品生产经营者提供的劳动量多少的标准
意义;离开了"社会必要劳动时间",按劳分配的"劳"便不再具有现实
意义。

---

① 《马克思恩格斯选集》第 3 卷,人民出版社 1995 年版,第 303 页。
② 关于市场经济条件下的劳动内容和形式,曾有许多专家学者著文探讨,高见
　　甚多。笔者也在《刍论劳动范畴》一文(载《江汉论坛》2003 年第 1 期)中,对
　　劳动的含义、劳动的社会属性、劳动的多种内容和形式进行过论述。

其三,以公有制为主体是按劳分配为主体的制度基石。所有制决定分配制度,这是马克思主义的一条基本原理,也是众所周知的历史事实。但有人却对这一基本原理作了机械式的、形而上学的理解。他们认为,在当代中国,只有在国有企业、集体企业和集体经济组织等公有制经济组织中才存在按劳分配,才能实行按劳分配。把按劳分配的主体地位仅仅局限在公有制经济组织范围,既与事实不符,也不符合实行按劳分配为主体的初衷本义。以公有制为主体之所以构成以按劳分配为主体的制度基石,根本原因在于:(1)以公有制为主体,为公有制企业和经济组织内部较好地实行按劳分配提供了条件;(2)以公有制为主体,保证了重要的资产收益和经营收益不被少数人占有,从而为在全社会实行按劳分配为主体提供了一定经济基础;(3)以公有制为主体,可以保证国家的人民主权性质,从而使国家可以依据按劳分配原则在全社会实行最强有力的宏观调节和调控。其中第三点非常重要。经济基础决定上层建筑,这也是历史唯物主义的一条基本原理。如果没有以公有制为主体的基本经济制度,基本经济制度完全彻底私有化了,国家政权或早或迟就会变质,就会沦为为少数富人服务的"婢女",国家也不再可能依据按劳分配原则进行宏观调节和调控。以公有制为主体、国家依据科学发展原则和按劳分配原则在全社会范围进行强有力的宏观调节和调控、全社会实行以按劳分配为主体,同样是"三位一体"、不可分割的。

通过上述分析可见,在市场经济条件下,坚持按劳分配为主体不仅是必要的,而且是可行的,按劳分配的主体地位不可动摇。按劳分配原则体现了公平与效率的统一。对企业来说,由市场评价劳动从而实现收入是相对公平的,体现了企业主体在市场同一规则和机会下的平等权利;对个人而言,按劳分配虽然会带来因个人劳动数量和质量不同所造成的收入差别这种"事实上的不平等",但这是针对任何人运用同一尺度进行公平分配的结果,因而这种差别是合理的,也是劳动者所能承受的,不会导致两极分化。同时,真正的按劳分配是能够促进效率的。公平本身会促进效率,合理的收入差别会激励劳动者提高自身素质及劳动的积极性,并刺激劳动力资源在社会生产各不同部门、行业之间的流动,从而促进资源的优化配置和社会生产率的提高。按劳分配还具有推进国民经济发展的动力机制作用。总之,按劳分配是对剥削制度的否定,显示了公平、平等和效率,相对于分配结果的平均主义或按资分配所导致的两极分化来说,是最优越的分配制度,理应成为我国收入分配的基本形式。现阶段劳动收入已不是人们收入的唯一来源,但对大多数人来说,劳动收入仍然是也应当是居民收入的主要和基本来源。动摇了按劳分配的主体地位,就会改变分配制度的社会主义性质。

3. 市场经济条件下以按劳分配为主体的内涵

在市场经济条件下,实行以按劳分配为主体有着特定的内涵,这就是:在整个社会的社会剩余分配中,要让劳动所得占据主导和统治地位,按劳动获取收入的比例高于按资本等要素产权获取收入的比例,让要素收入处于从属地位,让劳动收入成为绝大多数人收入的主要来源,让广大劳动者真正成为劳动成果的享有者。要认识这一点,必须弄清以下几个理论问题。

其一,就按劳分配的范围而言,以按劳分配为主体是就整个社会(通常以国家为单位)而言的,并不是就某个地区、某个行业、某个企业而言的。时下,学术界有两种观点值得商榷。有一种观点认为,只有公有制企业(如国有企业)才能实行按劳分配。如有人认为,"完全公有的企业基本实行按劳分配,私有企业按要素分配。在混合所有制经济中,一部分实行按劳分配与按要素分配相结合,如具有较多公有制成分的企业,基本实行按劳分配,而以按要素分配为补充;另一部分基本上按要素分配,如中外合资企业、私人控股企业等。"[1]这种观点把以按劳分配为主体的范围同以公有制为主体的公有生产组织范围机械地画等号,把按劳分配实行的范围局限在公有制企业内部。[2] 其实,这是囿于传统的按劳分配理论对市场经济条件下以按劳分配为主体的误解。在市场经济条件下,公有

---

[1] 吴宣恭:《关于"生产要素按贡献分配"的理论》,《当代经济研究》2003 年第12 期。

[2] 关于这方面的理论观点在学术界比较流行,文章论著也比较多,在此不一一列举。

制企业（主要是国有企业）与非公有制企业都是市场竞争主体，面对着同样的劳动力市场和其他要素市场，在这种条件下，即使在公有制企业内部也不可能完全实行按劳分配：在公有制企业就业的劳动力同样是商品，要受劳动力市场供求机制和竞争规律的影响；公有制企业劳动者所获得的工资报酬同样表现为劳动力的价格，而不可能完全是劳动所得。而且，随着"国退民进"、国有阵线收缩、国有企业实行股份制资本组织形式、私营经济迅速发展，绝大多数劳动者将在混合所有制企业和非公有制企业就业，如果把按劳分配为主体限定在公有制企业范围，那么，就全社会而言，按劳分配的主体地位将不复存在，因为以公有制为主体与按劳分配为主体的内涵毕竟是两回事：以公有制为主体主要强调的是国有经济对国民经济的控制主导作用，以按劳分配为主体主要强调的是劳动者的分配权益，强调的是劳动收入在整个国民收入分配中的地位。如果把绝大多数在非公有制企业就业的劳动者排除在按劳分配的范围之外来讲按劳分配为主体，于理于情于实际都说不过去。另外一种观点认为，劳动是生产要素之一，市场经济的基本分配原则是按要素分配，按劳分配已经包括在按要素分配之中了，因此没有必要再提以按劳分配为主体了。如有学者认为："如果这里所指的按劳分配是传统社会主义计划经济体制下的按劳分配，那么是根本行不通的，既不会带来效率，也不能实现社会公平；如果这里的按劳分配是指按劳动力要素分配，那么'按劳分配为主体'的提法既没有必要，也不能成立。"[1]有学者认为，"承认劳动是生产要素，确实是一个理论上的突破。可以认为，在社会主义市场经济条件下的分配，既是原则，又是规律。""实践证明，不仅在计划经济实现不了按劳分配，在商品经济条件下更无实现的可能。"[2]这种观点实际上是陷入了萨伊的"三

---

[1]　徐谦：《社会主义市场经济条件下的个人收入分配机制》，《武汉理工大学学报》2003年第1期。

[2]　晓亮：《论提高全民族的收入水平》，《深圳特区报》2003年9月4日。持这种观点的理论文章目前并不少见，不再列举。早在2004年，学者卫兴华、孙咏梅就在《当前政治经济学热点问题研究》一文（载《经济学动态》2004年第11期）中对持这种观点的文章有过介绍和评析，可参阅。

位一体"论,淡化了劳动的地位和作用,模糊了社会主义分配与资本主义分配的区别。[①] 在要素分配中,"劳动"仅仅是作为一种要素受供求关系和竞争规律影响获得了劳动力价格,劳动者所取得的工资报酬仅是劳动力的价值,而劳动者的真正劳动所创造的价值远远大于劳动者的劳动力价值。很显然,"按劳分配"与"按劳动要素分配"或"按劳动力价值分配"是两个根本不同的范畴,前者是社会主义的分配原则,后者是市场经济特有的范畴。在市场经济条件下,"按劳动要素分配"可以构成社会主义按劳分配的基础,但绝对不等于按劳分配。按要素分配根本不可能涵盖按劳分配,资本、土地、劳动"三位一体"的观点是被劳动价值论早已批判过的。因此,绝对不能以按要素分配取代按劳分配,实行按劳分配为主体就是要以劳动为标准控制和削弱按要素取得的收益。

其二,就按劳分配的标准而言,在市场经济条件下,按劳分配的基本标准只能是"社会必要劳动时间"。市场经济社会,劳动从宏观层面可划分为两大类型劳动:从事社会公共管理服务的劳动和直接从事创造社会财富、创造价值和使用价值的生产性劳动。公共管理服务劳动虽然不创造价值,但却为整个社会生产运行和经济发展所必需,因而同样是社会必要劳动。只不过,它的"社会必要劳动时间"不是通过市场竞争形成的,而是根据社会发展需要历史地近似值地形成的。生产性劳动的"社会必要劳动时间"是在市场的供求规律、竞争规律作用下形成的。市场经济中创造价值的生产性劳动,其价值量大小是由在市场竞争中所形成的"社会必要劳动时间"决定的。这一"社会必要劳动时间"既反映着个别生产劳动在多大程度上符合市场需求,也反映着同行业生产劳动在竞争中形成的平均劳动生产率,因而最具衡量社会财富的意义,因而也是衡量各生产经营者劳动效果的最基本标准。个别生产者的劳动是高效劳动、低效劳动还是无效劳动,是社会非常需要的劳动,还是社会不太需要的劳动,甚至是社会不需要的劳动,都必须通过"社会必要劳动时间"的检验。

[①] 参见邱炜煌:《不能动摇按劳分配的主体地位》,《红旗文稿》2006 年第 22 期。

因而,在市场经济条件下实行按劳分配,其"劳动"的基本标准只能是"社会必要劳动时间"。只有采取这一标准,按劳分配才能与市场竞争机制相兼容,按劳分配的"劳"才能获得高效率的社会必要劳动和相对合理的、现实的、动态的标准,各生产经营者(企业)才能获得相对公平的分配结果。当然,说它是基本标准而不是根本标准,是因为:一方面,这种按"社会必要劳动时间"分配只是在生产经营者(企业等生产组织层面)之间的分配,而不是真正在广大劳动者个体之间的分配;在生产经营组织内部,分配的主体是企业资产的所有者,其逐利的本能使他不可能把按劳分配作为分配原则,其通行的原则是按资分配。另一方面,各生产经营者在价值和使用价值创造中,由于所拥有的资本、技术、自然资源条件不同,创造的价值和使用价值大为不同,因而在按"社会必要劳动时间"分配中,事实上包含着一定的按要素分配收入。正因为如此,我们说,"社会必要劳动时间"只是按劳分配的一个基本标准而不是根本标准,而根本标准只能是劳动者的劳动贡献。因而,要真正贯彻按劳分配为主体,还必需付诸于宏观调控和调节。

其三,就劳动的内容和形式而言,在市场经济条件下,按劳分配的"劳动"包含着多种多样的劳动内容和形式。从宏观的社会总体劳动来看,既包括创造价值和使用价值的生产性劳动,也包括从事社会公共管理和服务的非生产性劳动;从微观的具体劳动形式来看,既包括传统的农田作业、车间作业等普通劳动,也包括科技开发、企业管理、市场营销、信息咨询、投资策划等现代市场经营型劳动。所有参与社会财富创造或为社会财富创造提供服务的各种内容各种形式的劳动,都应该依据劳动贡献获取相应的报酬。在市场经济条件下,科技劳动、管理劳动、经营劳动在价值和剩余价值创造中发挥着至关重要的作用,因而在分配中应该占据更重要地位。

其四,就劳动收入形式而言,在市场经济条件下,劳动收入的形式是多种多样的,而且往往是与按要素收入结合在一起的。在市场经济条件下,随着劳动形式的多样化,劳动收入的形式也多种多样,而且常常和要素收入结合在一起。工资收入依然是广大劳动者劳动收入的主要形式,此外还有奖金、津贴、联产计酬、专利拍卖转让收入、股息、红利、年薪等多种形式。私营企业主的利润收入中可能包含着自己的一部分经营劳动收入,科技工作者获得的重大奖励收入实际是自己的劳动收入,科技入股所获得的收入或企业高管持股所获得的收入,同样可能包含着部分科技劳动收入或管理劳动收入。普通职工持股的股息、红利收入包含着自己或其他劳动者的劳动收入,也可以说,其他职工的股息、红利中可能有自己的劳动收入让渡,而自己的股息、红利中可能又包含着其他劳动者的劳动收入让渡,总而言之,职工的股息、红利收入实际是劳动者劳动收入的另一种形式,是劳动者自己创造的剩余价值的一部分以要素收入的形式分配到了劳动者手里。

4. 市场经济条件下按劳分配的实施主体

由市场经济条件下按劳分配为主体的内涵所决定,在市场经济条件下,按劳分配的实施主体只能是国家(中央政府)。不同的生产经营组织在市场经济中相互竞争,通行的是等价交换和按要素分配原则,因而它们不可能成为按劳分配的实施主体。地方政府不具备在全国实施按劳分配的条件和权力,而且市场经济中的地方政府由于拥有的资源条件不同会有不同的区域竞争条件和级差利益所得,因而往往会成为地方利益的维护者。只有代表广大人民群众根本利益的国家(中央政府)可以从广大劳动人民的根本利益出发,依据特有的组织体系、公共权力和调控能力,按照按劳分配的原则,在全国全社会范围内,发展社会公益事业,给广大劳动者尽量提供均等的公共服务和福利;调节不同区域、不同行业、不同阶层的收入,使广大人民群众的收入和实际福利,尽量符合按劳分配原则的要求。

5. 市场经济条件下实现按劳分配为主体的具体制度路径

在社会主义市场经济条件下,坚持按劳分配为主体并不是一句空喊的政治口号,而是一种实实在在的分配制度。这一分配制度是通过以下几个方面的具体制度路径得以实施的。

路径一,在所有制制度上必须坚持以公有制为主体。坚持以公有制为主体对分配制度的重要意义主要表现在两个方面。其一,它决定国家的性质。经济基础决定上层建筑。生产资料所有制是最重要的经济基础，是最基本的经济制度。只有坚持以公有制为主体，保证国民经济命脉和最重要的资产收益以及经营收益不被私人所掌控，保证广大劳动人民成为最重要的生产资料的主人，才可能在政治上保证国家的人民民主政权性质，同时也才能保证掌握宏观调控权力的人民主权的国家（中央政府）拥有雄厚的经济力量和有力的经济手段（工具），按照按劳分配为主体的原则对国民收入的分配进行有利于广大劳动者的分配调节。资本主义国家也有宏观调控，但由于它缺乏以公有制为主体这一经济基础，而完全以私有制为基础并为私有制服务，因而它无法摆脱私人资本的控制，不愿意也根本不可能依据按劳分配原则对国民收入进行宏观调节。资本主义国家尽管也有宏观调控和收入调节，但它必须且只能以不损害私人资本的利益为底线，总目标依然是维护私人资本的利益，因而它调控和调节的力度、程度、范围、效果与社会主义市场经济国家的宏观调控和调节不可同日而语。其二，它决定分配的性质。所有制决定分配的性质，这是马克思主义的一条基本原理，也是客观现实。坚持以公有制为主体，一方面可以使最重要的资产性收益和经营性收益归国家掌握，不被少数人占有，从而有利于在全社会实行按劳分配为主体；另一方面，建立在以公有制为主体基础上的人民民主国家可以依据按劳分配原则并依托以公有制为主体这一制度工具在全社会进行收入调节。

路径二，在企业生产经营层面实施按"社会必要劳动时间"分配。企业是市场经济条件下最基本的生产经营组织。资本、技术、土地、人力资源、管理等各种生产要素通过企业这一组织有机结合在一起，构成一个拥有创新活力的"生命体"。在企业层面，实行按"社会必要劳动时间"分配利润收入，这既是市场经济的基本原则，也符合按劳分配的一般要求。劳动必须是社会必要劳动。而只有经过市场竞争所形成的"社会必要劳动时间"才更具有衡量各企业社会必要劳动贡献量多少的经济学意义，按劳分配在企业层面的要求只能是：各种企业都必须按各自提供的社会必要劳动量（或各自提供的社会必要劳动时间）来分配利润。只有以此为标准进行分配，才能使各企业劳有所得、多劳多得。这虽然不是真正的对劳动者的按劳分配,但这种对企业的"按劳分配",对企业而言,是较为公平合理的分配,对社会而言,是有利于社会财富增长和经济发展的分配,这种分配有利于在社会财富增长、"蛋糕"做大的基础上在全社会范围实行按劳分配。

路径三,规范企业内部分配。毫无疑问,在企业内部分配中,资本所有者是分配实施主体,它通行的是按要素分配原则。然而,在社会主义市场经济条件下,企业的内部分配必须接受国家和政府的有关规制,从而使普通劳动者的合法权益得到保障,不至于资本过度侵害劳动者利益。这些规制主要包括:规范资本所有者、其他要素所有者合法的非劳动收入,规范劳动者的工资形成机制、工资增长机制和最低工资保护,规范劳动者的工伤、事故、医疗、养老、生育、劳动卫生、劳动安全等各种劳动保护条件和待遇,规范劳动者受教育、参加有关社会活动的权利,规范劳动者通过劳动产权参与企业剩余分配的权利。通过这种规制,使资本主义早期那种"资本的每个毛孔都滴着血和肮脏的东西"的历史永远不在当代中国的非公有制经济发展中重演。

路径四,依据按劳分配为主体的原则在全社会范围搞好分配调节和宏观调控。在经济运行的初次分配过程中,市场这只无形之手在发挥着主导作用,按要素分配是通行的分配原则,正是这种分配形式激励和约束着企业的行为,使资本、技术、劳动、知识、管理等各种生产要素得以优化配置、优化组合,使各种要素的活力得以迸发,推动着企业不断奋力拼搏、开拓进取,推动着国民经济快速发展。然而,这种分配虽然在一定程度上有利于实现高效劳动状态下的按劳分配,但它毕竟不同于按劳分配,容易引起分配悬殊和分配不公,严重的情况下会影响社会稳定,妨碍经济发展,背离广大劳动者的根本利益。因此,国家(中央政府)作为广大人民群众根本利益的代表必须通过税收和财政转移支付等手段对国民收入分配进行宏观调控和调节,对初次分配进行再分配。调节的最主要目标是调节要素所得和劳动所得的比例,限制过高的资本收入和其他要素收入,使劳动收入成为广大人民群众的主要收入来源,使劳动成为绝大多数人谋生、发展、享受的前提条件。同时,在再分配过程中,要建立健全公共财政体制,促进公共福利均等化;要搞好财政转移支付,统筹区域发展、城乡发展,调节不同地区、不同行业、不同阶层人们的收入,使按劳分配的主体地位在整个社会范围得以体现。

二、确立按要素分配原则

毫无疑义,在我国的分配制度构建中,我们必须坚持和完善以按劳分配为主体的分配制度,按劳分配的主体地位不可动摇。但与此同时,我们还必须确立按要素分配原则。党的十六大明确提出要"确立劳动、资本、技术和管理等生产要素按贡献参与分配的原则,完善按劳分配为主体、多种分配形式并存的分配制度",党的十七大更进一步提出要健全劳动、资本、技术、管理等生产要素按贡献参与分配的制度。这是对我国社会主义经济建设和经济体制改革实践经验的精确总结,是对马克思主义分配理论的创新和发展。到底什么是按要素分配? 为什么必须确立按要素分配原则? 为什么要健全按要素分配制度? 这是我们必须彻底弄清楚的重大理论问题和现实问题。

1. 多种所有制经济共同发展的所有制制度是确立按要素分配原则的根本原因

所谓按要素分配实际上指的是不同利益主体根据自己所拥有的要素产权参与社会剩余产品分配的一种权利安排,其实质反映的是拥有不同要素产权的不同利益主体间的经济利益关系。社会生产的正常运行是离不开生产要素的,这些生产要素在传统的、比较落后的、自给自足的农业社会主要包括具备物质存在形态的劳动力、土地等自然资源、生产工具。在近代资本主义工业社会,特别是在现代市场经济社会,这些生产要素迅速扩大,不仅包括传统意义上的劳动力、土地等自然资源、生产工具,而且包括资本、知识、技术、管理、信息等。只有这些生产要素有机地结合在一起,社会生产才能正常而有效开展。这些生产要素为不同的利益主体所拥有,因而必然产生不同的利益诉求,只有有效满足这些利益诉求,各种生产要素才能有机结合在一起。因此,生产要素参与分配问题,既是一个分配问题,也是一个所有制问题,同时也是一个生产问题。

生产决定分配。任何社会的生产都离不开生产资料,因而离不开一定的生产资料所有制形式,因而生产资料所有制形式构成社会生产的必要条件和必要前提,因而生产资料所有制形式决定社会剩余产品分配的形式。关于所有制对分配关系的决定作用,马克思多有论述,而且论述得非常透彻。马克思在《政治经济学批判》导言中分析说:"照最浅薄的理解,分配表现为产品的分配,因此它离开生产很远,似乎对生产是独立的。但是,在分配是产品的分配之前,它是(1)生产工具的分配,(2)社会成员在各类生产之间的分配(个人从属于一定的生产关系)——这是同一关系的进一步规定。这种分配包含在生产过程本身中并且决定生产的结构,产品的分配显然只是这种分配的结果。如果在考察生产时把包含在其中的这种分配撇开,生产显然是一个空洞的抽象;相反,有了这种本来构成生产的一个要素的分配,产品的分配自然也就确定了。"①这种生产工具的分配显然是生产资料所有制问题。生产资料所有制形式不同,社会成员在各类生产之间的分配不同,也就决定了人们不同的分配关系和形式。马克思还说:"消费资料的任何一种分配都不过是生产条件本身分配的结果。而生产条件本身的分配,则表现为生产方式本身的性质。"②这里所说的生产条件本身的分配,包括劳动力、土地、资本、技术等,体现作为生产关系基础的各种生产要素的所有权关系。分配关系是生产关系的重要组成部分,本质上和生产关系是同一的。分配的结构完全取决于生产的结构,分配本身是生产的产物。把土地放在生产上来说、把地租放在分配上说、把剩余价值的不同分配形式单纯看做分配形式,这完全是幻觉。依据马克思主义的分配原理,生产要素参与分配的最根本的原因只有从生产资料所有制中去寻找。既然我国还必须实行以公有制为主体、多种所有制共同发展的所有制制度,既然生产要素会被不同的利益主体所拥有,那么,要充分有效地利用各种生产要素,就必须给生产要素所有者一定的补偿和回报,就必须满足不同要素所有者一定的利益诉

---

① 《马克思恩格斯选集》第2卷,人民出版社1995年版,第14页。
② 《马克思恩格斯全集》第19卷,人民出版社1963年版,第23页。

求,就必须实行按要素分配。按要素分配,是多种所有制或者说是私有制的实现形式。没有按要素分配,非公有制经济就不可存在和发展。很显然,要素参与分配的必然性、合理性首先必须从非公有制经济存在和发展的必要性、合理性中去寻找。时下,有些学者为了给按要素分配寻找理论依据,重新拾起了要素价值论、效用价值论,既不科学也没必要。除劳动力以外的生产要素虽不创造价值,但为生产所必须。要允许和鼓励多种所有制经济发展,就必然要实行按要素分配。

2. 按要素分配是市场经济有效运行的内在要求,是市场经济通行的分配原则

在市场经济条件下,由于多种所有制存在、多元产权主体存在,由于市场竞争机制的作用和要素市场的必然存在,不仅按劳分配的方式会发生极大变化,而且不可避免地要存在多种分配方式,如利润收入、股息收入、红利收入、利息收入、租金收入、风险收入等。多种分配形式的集中表现就是按生产要素分配。市场经济中,经济的发展是由人、财、物等生产要素共同发挥作用来推动的。尽管只有人的劳动才能创造价值,劳动者应依此获得收益,但基于财和物作为生产要素在国民经济运行中的地位和作用,其所有者必须要依赖所有的财和物获得收益,不然就会影响要素所有者的投入积极性,就会影响经济发展。要调动各方面的积极性,促进市场经济有效运作,就必须实行按要素分配。

按生产要素分配是社会化生产条件下发展市场经济的客观要求和内在要求,是市场机制在分配领域发挥作用的具体表现。没有按要素分配,市场就不可能对资源配置起基础性作用,因而也就没有市场经济本身。

生产要素是指进行社会生产经营活动所必须具备的因素和条件,包括劳动力、土地、资本、技术等。在市场经济条件下,市场对资源配置起基础性作用,主要是通过一套完善的价格体系在利益机制、价格机制、供需机制、竞争机制交互作用下来完成的。市场中生产要素价格的高低,反映着各种生产要素的相对稀缺程度。各种生产要素的相对稀缺程度不同,它们的价格就不同,这一方面会刺激较稀缺的生产要素的供给;另一方面又会迫使商品生产经营者在决定是否使用以及如何使用某种生产要素

时,精打细算,以寻求最优的生产要素组合,获取最大效益,从而有利于把生产要素投入到最有效的生产部门中去,有利于生产要素的优化配置。而所有的生产要素都是有价格的,对其使用都要支付一定量的货币来购买,则保证了对资源的合理使用和有效配置,从根本上杜绝了不计成本、不讲效益的资源浪费现象,提高了全社会的资源使用效率;市场竞争又会淘汰掉不能有效使用生产要素的厂商,避免资源的进一步浪费。生产要素的价格,就是向生产要素所有者支付的单位生产要素报酬,也就是单位生产要素获得的收益分配。劳动力、资本、技术等生产要素在不同时期、不同国家或地区的相对稀缺程度,即它们在市场上表现出来的价格高低,决定了某一时期、在某一国家或地区的生产过程中,这些生产要素的不同组合情况,以及劳动密集型产业、资本密集型产业和技术密集型产业的发展状况。可以说,劳动力市场、资本市场和技术市场等生产要素市场的发育程度,决定了市场经济的发育程度,决定了市场对资源配置基础作用的发挥程度,决定了经济制度的效率高低。因此,发展社会主义市场经济必须把按生产要素分配作为收益分配制度的组成部分。① 市场经济、多种所有制、按要素分配,也可称作是三位一体、相辅相成的有机组成部分。否认按生产要素分配,市场这种资源配置方式就失去了相应的利益机制作支撑,就不会有真正的市场机制,社会主义市场经济体制也就难以建立起来。正因为如此,十五大报告明确提出了要"允许和鼓励资本、技术等生产要素参与分配"。党的十六大报告更加明确地确立了"劳动、资本、技术和管理等生产要素按贡献参与分配的原则",并明确提出了"一切合法的劳动收入和合法的非劳动收入,都应该得到保护"。从现有文献来看,这是我党建党以来第一次公开表示保护"合法的非劳动收入"。非劳动收入,顾名思义,是指通过劳动以外的其他途径取得的收入。通过投资取得的收益就是一种典型的非劳动收入。传统观点中,"非劳动收入"等同于"剥削"和"不劳而获"。而今提出保护合法的非劳动收入,意味着我国将从体制乃至法律上保护按要素分配方式。

---

① 参见马宏伟:《如何理解按生产要素分配》,《人民日报》1997 年 12 月 4 日。

3. 确立按要素分配原则需要深化认识的三个理论问题

其一，"生产要素"是一个随着市场经济发展不断演进的因素。在传统的政治经济学视野中，除劳动力之外的"生产要素"等同于货币资本、机器设备、土地、厂房等。然而随着生产发展，科学技术越来越成为第一生产力，生产的社会化程度、复杂程度越来越高，知识、技术、信息、科技创新、经营管理在生产经营中的地位和作用越来越突出，由此，它们越来越独立出来成为与传统生产要素并列的生产要素，进而导致这些生产要素的拥有者拥有越来越多的剩余索取权。例如，拥有一项重大科技发明的人可以通过技术市场转让自己的发明获得一次性要素收入，也可以把科技发明作为股份入股企业变成股东获得持续的股利；拥有科技创新能力的科技工作者（工程师、工艺师）在获得工资报酬的同时，根据对企业的贡献，也可以获得企业的股份，成为股东；拥有经营管理特殊才能的企业高管，在获得工资报酬的同时，根据对企业的贡献，也可以获得企业的股份，成为股东，享有股利。很显然，随着市场经济的发展，各种产权还会进一步细化细分，构成"生产要素"的因素还会进一步增多，更多的人会成为不同生产要素、不同产权的拥有者，一个人同时也会成为多种生产要素的拥有者。例如，一个劳动者，首先是劳动力要素的拥有者，但同时也可能是一个房产拥有者、某种科技发明拥有者、某种有用信息拥有者、经营管理才能拥有者，在市场经济条件下，他可以获得多种"要素"收入。

其二，有些按要素分配中会包含一定的劳动收入。部分"要素"收入中包含着"要素"拥有者自身的劳动收入，只不过采取了按要素分配的形式。比如：普通劳动者获得的工资肯定是劳动者的部分劳动收入；企业主的利润收入中有可能包含着自己一定的经营管理劳动收入；一个科技发明的转让所得事实上是科技工作者的劳动收入；一个有用信息的转让所得可能包含着信息拥有者的劳动收入；一个企业高管获得的股利中事实上也包含着企业高管的部分管理劳动收入。很显然，我们不可能把"要素"收入和"劳动"收入截然区分开来，更不能完全对立起来，"劳动力"作为要素所获得的收入本身就是劳动者劳动收入的一部分，同时，在其他要素收入中如知识、技术、信息、管理等要素收入中，也包含着这些要素拥有者同时也是特殊劳动者的部分劳动收入。认清了这一点，我们就会更加深刻地认识到坚持按劳分配为主体同确立按要素分配原则存在着一定兼容性。在一定条件下，坚持和完善按要素分配原则，不仅有利于市场经济发展，而且有利于保持和实现按劳分配的主体地位。比如，大力发展知识产权市场、科学技术市场、信息市场、劳动力市场、职业经理人市场，有利于这些要素作用的充分发挥，有利于多种内容、多种形式劳动价值的实现，有利于科技工作者、信息工作者、职业经理、普通劳动者等各种各样的劳动者充分发挥聪明才智，创造更多劳动成果，获得更多的劳动收入。

其三，按要素分配存在一定局限性。尽管按要素分配是市场经济通行的分配原则，确立按要素分配原则对我国大力发展社会主义市场经济有非常重要的积极意义，然而，按要素分配与按劳分配毕竟是两种性质不同的分配原则。按劳分配是在生产资料公有制基础上以"劳动"为唯一尺度进行的个人消费品分配，而按要素分配是在生产资料所有制多元化和产权多元化基础上以"要素拥有权"为依据进行的分配。尽管在按要素分配中，劳动也作为一种要素，但劳动者（包括各种劳动者）是以"要素"拥有者的身份通过市场竞争获得了劳动力价格或者说事实上只获得了部分劳动收入。"在生产要素按贡献分配中，劳动者得到的则是按效率原则计算的劳动力价值，各要素的分配体现的是效率优先的原则，反映的是生产资料归私人占有的关系。"①按要素分配本质上就是按要素所有权获取收入，这种分配尽管有利于生产要素的优化配置，有利于生产要素功能作用的充分发挥，但却会由于"要素"占有上的差别、不公，以及"要素"占有上的"马太效应"，造成分配上的贫富悬殊、两极分化和巨大不公。因此，就整个社会而言，我们还必须坚持以按劳分配为主体的原则来统领具体经济运行中的按要素分配原则，使按要素分配方式服从服务于按劳分配的主体地位；我们必须把按劳分配与按要素分配有机结合起来；我们必须对按要素分配加以必要的规制。

———————

① 逄锦聚著：《马克思劳动价值论的继承和发展》，经济科学出版社 2005 年版，第 328 页。

三、实现按劳分配与按要素分配的有机结合

1. 按劳分配与按要素分配相结合的可能性

毫无疑问,按要素分配与按劳分配属于两种不同性质的分配原则,一个以劳动为依据,一个以所有权为依据,二者之间存在对立性。这种对立性的实质表现在:其一,生产要素占有上的客观不平等性导致分配上的不平等性,削弱了劳动在剩余价值分配中的作用。由于不同商品生产经营者所处地理位置不同、交通条件不同、技术条件不同等,造成生产要素占有上的客观不平等,进而导致要素收益中明显存在着级差收益、垄断收益等分配不公现象,即使是靠自身劳动经营积累起来的生产要素,也会由于要素收益所占比重过大而超出其边际效益,反而不利于生产力发展。如完全脱离劳动的食利阶层的增多。其二,导致分配不公、两极分化、贫富悬殊,这是按要素分配固有的特征。然而,按要素分配与按劳分配也存在某种程度上的一致性。这种一致性主要表现在:其一,按要素分配本身包含着一定的按劳分配。按生产要素分配,必须按各要素的贡献确定其收入份额,这恰好与以按劳分配为主体原则相一致。在生产过程中,贡献最大的生产要素是劳动力,这是因为劳动力的使用价值是劳动,而劳动一方面通过劳动者运用劳动资料作用于劳动对象生产了物质财富——产品;另一方面又创造出高于劳动力价值的新的价值。因此,按生产要素的贡献确定各种收入分配中的份额,必然要求劳动在分配结构中占据主体地位,其他要素的收入分配处于从属地位。按要素分配并不完全排斥劳动的作用,而是把劳动作为一个重要的生产要素,虽然按要素分配并不等于按劳分配,但它毕竟强调着劳动的重要地位和作用。除劳动力要素之外的生产要素所有者,为使要素发挥作用,谋取利润,必须使资本、土地、技术等要素同劳动力要素相结合,从而在收益分配中必须在一定程度上体现劳动参与分配,如经营管理者、高级工程师、工程师、普通职工等的收入都与劳动贡献挂钩。其二,按要素分配获得的收入中可能包含着要素所有者一定的劳动收入。其三,按要素分配为按劳分配的"劳动"提供了一个高效的社会必要劳动标准。按劳分配的"劳"只有在按要素分配中才

能获得最佳状态,因为只有在按要素分配中,生产要素才能达到最优配置,劳动者和生产资料才能发生最有机的结合,劳动才能转变为最有效的社会必要劳动。这种一致性,奠定了按劳分配与按要素分配相结合的可能性。

2. 实行按劳分配与按要素分配相结合的重要意义

其一,两种分配方式的结合,有利于调动商品生产经营者和广大劳动者的积极性,优化社会资源配置,提高经济效益,促进经济发展。在坚持按劳分配为主体的同时,实行按生产要素进行分配,不仅可以提高劳动者的生产积极性,而且可以调动要素所有者投入要素的积极性和主动性。比如,劳动力所有者多劳动可以多收入;资本所有者多投入可以获得较多的利润或利息;掌握技术、信息、房地产等诸要素的人,对其所有要素的投入均可获得相应的回报;拥有经营管理才能并善于经营管理的人,可凭此项投入而获得经营风险收入,等等。这一切必将极大地刺激要素所有者的生产和投入积极性,从而使生产要素配置到要素最稀缺和要素使用效率最高的地区、行业和企业中去,优化社会资源配置,减少资源的闲置和浪费,有利于调动生产者的能动性和创造性,提高单位经济效益,最终推动整个社会的经济发展。

其二,两种分配方式的结合,将在社会生产和分配领域里实现优势互补,扬长避短。单就按劳分配来看,由于按劳分配是劳动者主导型的分配方式,体现了劳动者的物质利益,实现了按劳取酬的公平性,从而调动了劳动者的生产积极性,但却很少能调动要素所有者投入资源的积极性。同时,又由于按劳分配是以资源充分供给为前提的,并且,劳动者所得收入量是与其提供的劳动量成正比的,因此,它虽能促使劳动者注重提高劳动效率,但却在一定程度上忽视资源利用效率和资源节约效率,以致在追求劳动量的扩张方面,不计资源消费,造成资源浪费。尽管在社会主义市场经济条件下,按劳分配的"劳"的计量尺度是社会必要的劳动时间,但社会必要劳动时间中也含有物化劳动即生产资源的消耗指标,从近百年来的按劳分配的实践来看,它在促进资源充分利用、实现资源节约和提高资源利用效率的作用方面确实具有一定的局限性。再就按生产要素分配来看,由于它是要素所有者主导型的分配方式,体现着要素所有者的物质利益,实现的是要素所有者在剩余价值分配上的公平,因此,它只能调动要素所有者投入资源的积极性,而无法提高劳动者的生产积极性和创造性。同时,又由于按要素分配的尺度是要素的投入量,其收入量是与要素投入量成比例的,因此,它只能通过分配机制提高资源投入效率和资源转化效率,并通过要素使用者的理性行为,产生资源选择效率和资源利用效率及资源节约效率,从而提高收入量,但在追求资源利用效率和节约效率时,却往往以活动的盲目性和浪费为代价,来换得经济的增长。综上可见,两种分配方式各有利弊,在社会主义市场经济条件下,只有将两者有机结合起来,才能在生产和分配领域实现优势互补,扬长避短,从而推动社会生产力的健康发展。

其三,两种分配方式的结合,有利于在增加居民和家庭收入的同时,有效防止两极分化,最终实现共同富裕。新型分配制度的确立和实行,无疑会扩大居民和家庭的收入来源,即居民和家庭的收入不仅来自于一般劳动收入,而且还有其他形式收入,如:利息收入、股息收入、红利收入、租金收入、经营收入、管理收入、风险收入、技术收入等,这就造成城乡居民收入渠道的多样化,收入来源的多元化,从而会加快我国城乡居民收入水平和生活水平的不断提高。不仅如此,居民收入来源的多元化,还有助于居民和家庭收入的稳定性,尤其在目前我国就业压力较大、失业问题严重存在的形势下,对于保持社会稳定具有重要意义。因为,工资收入不再是居民和家庭经济收入的唯一来源,下岗了,失业了,还可以为其他所有制企业工作,还可以靠投入生产要素获得相应的经济收入。无论是靠出卖劳动力,还是靠投入其他生产要素,所获得的经济收入都是合理的、正当的。多劳动多收入,多投入多收入,不仅体现了效率优先,而且兼顾了公平原则,是为广大城乡居民所普遍认同和接受的。但是,随着按生产要素分配的各种收入的迅速增长,不仅会改变居民家庭内部的收入结构,而且会拉大居民家庭之间的收入差距,出现贫富分化,改变居民收入分配的基本格局。因为在按劳分配方式下,居民的收入差距唯一地来自于劳动者向社会提供的劳动的质和量,收入差距相对较小,但在按生产要素分配方式下,使居民拥有的生产要素具有很强的积累效应,如居民拥有的资本越多,其资本收益也会越多;资本收益越多,资本积累也会越多,从而获得更多的资本收益。通俗一点讲,就是在资本投入的前提下,由一百万变成一千万要比由一元变成一万元容易得多。这就势必会造成居民间收入差距的扩大,出现两极分化,富者愈富,贫者愈穷。针对此种情况,国家必须加大宏观调节力度,在遵循市场经济规律的前提下,通过加大按劳分配力度,运用调整经济政策、开辟新的税种(如遗产税、赠与税、特种商品消费税等)等经济杠杆来有效控制两极分化,在允许一部分人先富起来的同时,最终使全体社会成员达到共同富裕。

3. 按劳分配与按要素分配结合的主要方式

按劳分配与按要素分配相结合,主要是通过三个层次结合的。

第一个层次是所有制结构层次。要实行以公有制为主体多种所有制经济并存发展的所有制结构,保证最重要的要素分配收益掌握在国家和集体手里,如土地收益、矿产资源收益、自然垄断性生产要素收益等,从而有效限制私人控制重要的生产要素而获取高额垄断利润,使按要素分配更好地发挥正面效应。第二个层次是微观经济运行层次。在这一层次,应允许多种分配方式并存并以按要素分配为主,充分发挥市场机制作用。按劳分配是就整个社会范围剩余产品分配的实质内容而言的,在市场经济条件下,按劳分配必须借助微观经济领域中的按要素分配这种形式才能获得现实的实现途径。因为只有经过市场机制,经过按要素分配,才能在整个社会范围为按劳分配提供更有效的"劳动"和更多的"劳动成果"。同时为在微观经济活动中抑制按要素分配的恶性膨胀,更好地发挥劳动功能,有必要引入劳动产权制,逐步推行利润分享制,使广大劳动者有权力直接参与企业利润的分配。第三个层次是宏观经济运行层次。在这一层次,代表广大人民群众利益的国家政府本着按劳分配和社会公正的总体分配原则,一方面通过对生产要素市场的宏观调控,促进生产要素在全社会范围的优化组合,推动生产力更快发展,并间接调节人们的分配关系,引导微观经济中按要素分配功能的正常发挥;另一方面,通过国民收入再分配体系,运用税收、利率、价格等经济政策和经济杠杆,通过财政转移支付,直接调节人们在初次分配中形成的分配关系,贯彻按劳分配原则,削弱按要素分配的作用,限制分配不公,限制两极分化。

总之,在市场经济条件下,只有通过按要素分配与按劳分配的有机结合,按劳分配才能获得有效的、高效的、相对合理的实现形式,按劳分配的原则及主体地位才能获得真正的体现。

第九章　构建有中国特色的
具体分配制度体系

　　近几年来,收入分配差距问题成为人们极为关注的一个热点焦点问题。这种收入差距在群体之间、城乡之间、行业之间都有明显表现。导致收入差距过大的原因之一是,没有形成健全、完善的初次分配和再分配制度,在初次分配环节,没有更好地处理好公平与效率的关系,存在严重的分配不公,在再分配环节,调节措施和力度不够可以说是其重要原因。初次分配领域或环节存在的分配不公现象主要表现在:缺乏城乡一体的劳动力市场所造成的劳动力流动受阻和就业不充分引起的分配不公;由于企业生产经营条件差别引起的分配不公;劳动力市场供求不平衡、职工工资过低、职工所得比例过低引起的分配不公;资本、管理、技术等要素收入过高,劳动收入比重过低引起的分配不公;行业垄断、不公平竞争引起的分配不公;各种违法违规经营引起的分配不公;权钱交易、"寻租"腐败引起的分配不公;等等。在再分配环节,由于对收入分配起点和过程公平关注不够,由于缺乏对高收入阶层的有效的税收调节机制以及税收征管力度不够,由于对低收入群体有效保障力度不足,再分配并未能十分有效地发挥调节收入差距、缩小收入差距的作用。很显然,建立健全有中国特色的具体分配制度,既是构建有中国特色分配制度的必然要求,也是解决当代中国社会存在的分配不公问题,谋求社会和谐发展的当务之急和迫切要求。

　　分配是社会生产再生产的重要环节,是国民经济运行的重要环节。

按劳分配为主体、按劳分配与按要素分配相结合是我国的基本分配制度，这一基本分配制度的实现需要诸多具体的分配制度作支撑。构建公正、合理的具有中国特色的具体分配制度，必须充分考虑影响分配的诸多环节和因素，尽量做到起点公平、机会公平、过程公平、结果公平，必须从经济社会基础条件、国民收入初次分配、国民收入再分配等诸多层面来构建，尽量做到符合社会主义价值取向、符合中国国情、符合生产力发展要求、符合中国广大人民群众的根本利益。

党的十七大报告针对我国分配领域出现的新情况新问题，明确指出："初次分配和再分配都要处理好效率和公平的关系，再分配更加注重公平。逐步提高居民收入在国民收入分配中的比重，提高劳动报酬在初次分配中的比重。着力提高低收入者收入，逐步提高扶贫标准和最低工资标准，建立企业职工工资正常增长机制和支付保障机制。创造条件让更多群众拥有财产性收入。保护合法收入，调节过高收入，取缔非法收入。扩大转移支付，强化税收调节，打破垄断经营，创造机会公平，整顿分配秩序，逐步扭转收入分配差距扩大趋势。"十七大报告的这些论述，为我国构建有中国特色的公平、合理、有效的分配制度指明了方向。

第一节　要创造有利于市场主体（企业、自然人）间更加公平竞争的经济社会基础条件，尽量做到起点公平

公平是相对的、历史的、具体的。之所以是相对的，是因为它包含着人们的价值判断，有着不尽相同的衡量标准和价值追求；之所以是历史的，是因为它在不同的历史时期会有不尽相同的内涵，公平的内涵是随着历史条件的发展变化而不断发展变化的；之所以是具体的，是因为它总要通过具体的制度、规则和结果表现出来，牵涉到每个人的切身利益。公平就其作为一个过程而言，可包括起点公平、机会及过程公平和结果公平三个环节，是起点公平、过程公平和结果公平的统一。起点公平、机会及过程公平较之结果公平的效用更具激励性；而对结果公平而言，起点公平、

机会及过程公平则是其基础和前提。换言之,现代市场经济条件下的公平分配是以起点公平、机会及过程公平为基础和前提的,否则,分配就将是缺乏效率的,或者将是不可持续的。[①] 世界银行《2006 年世界发展报告》以"公平与发展"为主体,提出:公平不等于收入的平等,不等于健康状况的平等,而是一种机会平等的状况。在这种状况下,个人的努力、偏好和主动性,而不是家庭背景、种姓、种族或性别,成为导致人与人之间经济成就不同的主要原因。很显然,分配是社会生产再生产和国民经济运行的重要环节,受到诸多社会条件的制约,要实现分配结果公平必须首先注意起点公平。根据我国当前分配领域中存在的实际问题,我们必须在以下几个方面加强制度创新。

一、要创新和完善统筹城乡发展和区域发展的制度体系,为不同地区的企业和居民创造公平的竞争环境和公平的分配秩序

长期以来,我国一直实行的是城乡二元经济社会结构,这种二元结构不仅加剧了城乡居民间的贫富差距,而且使中国农民一开始就处于不公平的竞争起跑线上。此外,区域经济梯度发展虽然具有一定必然性,但区域之间长期得不到均衡发展,不仅会影响经济的协调发展,而且必然造成区域之间过大的贫富差距,并进一步加剧不同区域间企业和劳动者竞争机会的极为不平等。因此,我们必须从长计议,通过有效的制度安排和创新,采取有效的政策和措施,如通过产业政策、基础设施建设、财政转移支付制度、以工补农政策、扶贫开发政策等,统筹城乡发展,消除二元结构;统筹区域发展,缩小区域差距,使城市和乡村以及东、中、西不同地区的企业、劳动者都拥有相对公平的竞争机会和权利。

二、要创新和完善教育制度,以教育公平推进分配公平

党的十七大报告指出:"教育是民族振兴的基石,教育公平是社会公

---

① 参见李爽:《起点公平和机会公平是实现公平分配的前提和基础》,《中国金融》2007 年第 16 期。

平的重要基础。"教育涉及千家万户,惠及子孙后代,教育公平是人的全面发展和社会公平正义的客观要求。从经济学角度看,教育公平作为劳动者市场竞争的起点公平,对居民收入分配公平有着重要的关联关系。大量劳动经济学文献揭示,个人每多受 1 年的在校教育,一般来说,可以使今后的工资增长 10%。教育是人力资本形成的重要途径。教育机会的公平,是人力资本对收入分配公平化影响的前提条件,或者说,只有当学校教育的方差降低时,人力资本的提高才具有促进收入平等的作用。目前,我国收入分配差距过大,其中,教育不公问题也是一个重要因素。如 2002 年,全社会各项教育投资 5800 多亿元,不到总人口 40% 的城市居民占用了其中的 77%,而超过 60% 的农村人口只获得 23% 的教育经费。在每 10 万人口中,城镇拥有中学数 8.03 所(其中高中 2.61 所),农村拥有中学数 5.08 所(其中高中 0.30 所),每万人中,城镇拥有中学教师数为 68.33,而农村仅为 24.33,这还未涉及教师素质和教育质量方面差别。① 实现教育公平,有利于劳动者之间的公平竞争,有利于充分发挥人力资本的作用,有利于社会底层人员向社会上层的正向流动,有利于缩小居民之间的收入分配差距,有利于避免贫穷的代际相传。改革开放以来,我国的教育事业取得了巨大成就,2006 年 9 月,我国新的《义务教育法》正式实施,中国农村的义务教育终于"免费",为民众的"起点公平"奠定了重要基础。义务教育基本上已全面普及,比同等收入发展中国家的平均水平要高。高中阶段入学机会迅速扩大,职业教育稳步发展,高等教育进入大众化阶段,入学机会成倍增加。助学体系基本形成,更多的贫困生得到资助完成学业。教育收费和办学秩序进一步规范,学生的合法权益得到了维护,总的来看,我国教育公平的成效是显著的。然而,教育公平也面临着突出问题。如目前在城乡之间、区域之间、学校之间,义务教育的师资力量和办学条件的差距不小,部分公共教育资源的配置和使用也缺乏有效的监管。因此,我们必须致力于创新和完善教育制度。要通过制度构

---

① 数据转引自郭剑雄:《公平教育、竞争市场与收入增长的城乡分享》,《陕西师范大学学报》2007 年第 4 期。

建和创新,切实解决好农村的基础教育问题,农民工子女的教育问题,教育资源在不同地区的公平利用问题,教育机构之间的公平竞争问题。要通过教育制度创新,使广大儿童和青少年获得更加公平的受教育机会,特别是要使城乡青少年、不同地区的青少年获得平等的接受高等教育的机会,使更多的劳动者获得更加公平的竞争机会和权利。我们要继续实施科教兴国战略和人才强国战略,落实教育优先发展的战略地位。坚持教育公益性质,强化政府责任,加大对教育的财政投入和政策支持,通过重点部署"促进义务教育均衡发展,加快普及高中阶段教育,大力发展职业教育,提高高等教育质量"以及"重视学前教育,关心特殊教育"等项任务,优化教育结构,不断扩大教育机会,提高学生综合素质,全面提升国民素质,为人力资源强国建设打下坚实基础。同时,要立足国情,因地制宜,让公共教育资源向贫困地区、民族地区倾斜,推动农村同城镇、中西部同东部的教育协调发展,逐步实现基本公共教育服务均等化。健全学生资助制度,切实保障经济困难家庭、进城务工人员子女平等接受义务教育,让所有的城乡新增劳动力都能接受必要的职业教育培训。①

三、要创新和完善就业制度,使广大劳动者享有更加公平的就业机会和权利

就业是民生之本。就业与分配收入密切相关。充分就业是缓解社会成员贫富差距的有效途径,同时也是解决就业机会不公平的应有之内容。平等就业权,即在每个人面对市场选择工作时,机会应该是平等的。就业权利的平等意味着收入起点分配的公平。如果以平等就业权来审视我国的就业问题,主要问题有农民与城镇居民的不平等就业,权利、关系因素的介入使就业机会不平等,户籍制度限制使就业的地域权利不平等等。因此,必须创新和完善就业制度。2007 年 8 月全国人大通过了《就业促进法》并于 2008 年 1 月 1 日起实施。这部法律明确了政府在促进就业中

① 参见《十七大报告学习辅导百问》,学习出版社、党建读物出版社 2007 年版,第 162、163 页。

负有的重要职责,明确了劳动者依法享有平等就业和自主择业的权利,劳动者就业不因性别、年龄、民族、区域、文化、经济能力及背景的不同而受歧视。创新和完善就业制度要立足于解决好两个问题。

一是要提供更多的就业机会,实现充分就业。就宏观经济运行而言,一些人的充分就业、高收入是以个别人的失业和低收入为代价的,尽管这是市场经济条件下劳动力竞争的必然结果,但从"人人都拥有劳动权"的角度看,这种结果未必是完全公平合理的。就目前的就业状况而言,就业机会不充分,是导致部分社会成员贫困、社会贫富差距拉大的一个重要原因。因此,政府有责任下大气力解决充分就业问题。一方面,政府要通过调整宏观经济政策,加快经济发展,特别是加快第三产业发展,通过大力发展各种形式的非公有制经济,大力发展就业容量大的劳动密集型产业,以从根本上增加就业岗位,扩大就业;另一方面,政府要依据国务院公布的并于 2006 年实施的就业再就业新政策,依据《就业促进法》,采取切实可行的政策措施,创造更多的就业机会。政府要强化促进就业的公共服务职能,健全就业服务体系,搞好信息服务和培训服务,为实现充分就业提供平台;要健全和完善面向所有困难群众的就业援助制度,及时帮助零就业家庭解决就业困难。

二是要解决好就业过程中公平竞争问题。"十一五"时期特别需要解决两个问题,一个问题是公平竞争的劳动力市场问题。要建立平等竞争、自由竞争、统一开放的劳动力市场,打破城乡、地区分割,特别是要消除城乡之间的就业歧视和择业差别,促进城乡统筹就业,使劳动者能够根据自身的利益追求和特长自主择业,形成劳动要素合理配置的格局,在提高效率的同时,克服因就业限制而产生的收入差别。这就需要逐步改革城乡二元结构的社会保障制度和公共服务制度,改革城乡二元结构的户籍制度,建立健全城乡一体的社会保障体系和公共服务体系,使城乡居民享受到平等的社会保障权利和社会公共服务。要通过改进招聘制度和选人用人机制,排除权力关系、人情关系、金钱因素对公正选人用人的干扰,维护公平的择业竞争。另一个问题是正确处理国有企业在破产、重组、改制等过程中职工的安置问题。要稳步推进国有企业重组改制和关闭破产工作,严格审核并监督落实职工安置方案,规范企业操作行为,维护职工合法权益。国有企业实施重组改制和关闭破产,职工安置方案须经企业职工代表大会或职工大会讨论通过。企业成规模裁减人员的,裁员方案要经企业职工代表大会讨论。要严防一些企业领导人在改制重组过程中,排斥异己,培植亲信,违规安置人员。

第二节　健全和完善有中国特色的初次 分配制度,力争做到过程公平

　　初次分配和再分配是国民生产总值分配的两个环节。初次分配是指在市场经济运行中各生产要素所有者遵循按要素分配原则通过市场竞争所形成的基本的分配格局和基本的分配关系。在市场经济条件下,企业作为分配主体,初次分配关系主要由市场机制形成,生产要素价格由市场供求决定,"市场"这只"看不见的手"对分配关系的形成发挥着主导作用,政府通过法律法规进行调节和规范,但不直接干预。再分配是指在初次分配结果的基础上政府对要素收入进行再次调节的过程。政府是再分配的主体,主要手段是税收、提供社会保障和社会福利、财政转移支付。

　　初次分配和再分配都要注意处理好效率与公平的关系,再分配更加注重公平。曾有一段时间,有学者一直主张"初次分配注重效率,再分配注重公平",调节贫富差距主要靠再分配,这种观点是值得商榷的。党的十七大关于"初次分配和再分配都要处理好公平与效率的关系,再分配更加注重公平"的论述,相比于十五大和十六大所提"坚持效率优先、兼顾公平","初次分配注重效率","再分配注重公平"等表述,标志着科学发展观在收入分配领域的重大创新。事实上,收入分配中的公平与效率是高度统一的。初次分配实现公平是基础的、主要的,二次分配促进公平是辅助的、补充的,初次分配就要实现公平与效率的协调统一。之所以在初次分配阶段就要强调效率与公平相结合,其基本原因在于:其一,初次分配是根本性的分配关系,决定收入分配的基本格局。在整个国民收入分配中,初次分配的数额要比二次分配大得多,涉及面也广得多。初次分

配的大格局一旦确定下来,二次分配是无力从根本上改变的,只能在此基础上通过财政收支和转移支付手段在局部或一定环节上作出调整和修正。其二,初次分配促进效率与公平相结合的成本低于二次分配。其三,初次分配所实现的公平分配主要是过程公平和机会公平,二次分配实现的分配公平主要是结果公平,注重机会公平和过程公平的初次分配对注重结果公平的二次分配有重要的基础性作用,①如果机会和过程就不公平,要想结果更加公平也不可能。再分配的调节功能是极其有限的,它必须以初次分配形成的格局为基础。有学者认为,不能在第一次分配过程解决差距过大问题,却想通过二次分配解决是不可能的。从采用所得税制和社会福利计划最成熟的英、美两国的实证经验看,累进税制和福利计划难以缩小贫富差距。1989 年美国人口普查局的研究报告指出:美国占全国户数 20% 的最贫穷家庭的可支配所得,在任何公共政策之前,只占全国可支配总所得的 1%,租税课征之后,仅提高为 1.1%,福利计划之后,才提高至 4.7%。反之,占全国户数 20% 的最富裕家庭的可支配所得,在任何公共政策之前,占全国可支配总所得的 52.4%,租税课征之后,仅降为 50.3%,福利计划之后,才降至 45.7%。由此可见,缩小贫富差距,累进税制和福利计划的功效是相当有限的。据统计,一个美国企业主的收入,1980 年是职员平均收入的 42 倍,1998 年已达 419 倍。美国微软公司总裁比尔·盖茨 20 年间积累的个人资产已逾 700 亿美元,他的年收入是普通工人的 10 万倍。美国国会预算办公室 2003 年的报告指出,美国贫富差距之大为近 70 年来之最。占美国人口总数 1% 的最富有的人,所占有的财富超过占人口数 40% 贫困人口所拥有的财富总和。2002年到 2003 年,美国的贫困人口连续两年上升,2002 年比上年增加 170万,达到 3460 万人,占美国总人口的 12.1%。② 很显然,完全依靠再分配

① 参见赵海东:《初次分配:由注重效率转向效率与公平相结合》,《黑龙江社会科学》2007 年第 6 期。

② 参见齐勇:《依靠初次分配和公有经济解决收入差距过大问题》,《甘肃社会科学》2006 年第 6 期。

来解决公平问题其效果是非常有限的。我国是实行以按劳分配为主体、按劳分配与按要素分配相结合分配制度的社会主义国家,在初次分配环节就要高度重视按劳分配与按要素分配相结合的问题,高度重视处理好公平与效率的关系,根据分配制度的基本要求和我国现阶段初次分配领域存在的实际问题,我国初次分配制度的构建应着重在以下几个方面做出努力。

一、构建完善的现代产权制度

构建完善的有中国特色的现代产权制度,是市场经济有序而高效运作的根本制度保障,是实现按劳分配为主体、按劳分配与按要素分配相结合的具体制度保障。所谓现代产权制度就是通过法律和具体制度,细化产权划分,明确界定不同产权的施权主体及其所拥有的权力、责任和收益权,建立高效灵活的交易规则保证产权有效流转。党的十五大明确提出了要建立"归属清晰、权责明确、保护严格、流转顺畅"的现代产权制度。我国当前存在的一些贫富不均、分配不公问题,分配秩序混乱是一个重要原因。而分配秩序混乱的一个重要原因就是我国的产权制度不完善,存在产权残缺和弊端。鉴于此,我们必须深化产权制度改革。

要深化自然资源产权制度改革,建立健全与市场经济相适应的自然资源产权制度。要深化国有资产管理制度改革,防止国有资产流失。要深化垄断行业的产权制度改革,规范垄断行业收入。要通过建立健全完善的私有产权制度,使劳动、资本、土地、技术、管理、知识、信息等不同生产要素或不同产权的拥有者拥有相应的权益,努力增加广大居民的财产性收入。要特别注意保护广大普通群众的财产权,对他们财产的征用、没收都要严格纳入法律法规之下,确保其财产性收入来源的基础稳固。这包括农民的土地、城镇居民的房屋、小摊贩的摊位和工具等。要通过立法和具体制度加强对产权的保护,特别是要加强对知识产权的保护。

二、建立和完善公平、合理的市场竞争制度

公平、合理的市场竞争制度,是确保市场经营主体机会均等、权利公平,规范初次分配秩序的制度保障。其一,要深化行政管理体制改革,规

范政府职能和行为,建立和完善公正、合理、高效的行政审批制度和行政
监管制度。要通过深化改革,切实转变政府职能,推进政企分开、政资分
开、政事分开,使政府切实履行好"经济调节、市场监管、社会管理、公共
服务"职能;要按照精简、统一、效能的原则和决策、执行、监督相协调的
要求,完善机构设置,理顺职能分工,合理划分中央和地方经济社会管理
职责;要深化行政审批制度改革,简化程度,提高效率;要加强监管制度建
设,有效防范个别市场经营主体的违法违规经营行为。总之,要通过建立
"决策科学、分工合理、执行顺畅、运转高效、监督有力"的行政管理制度,
为市场主体的公平、合理、有序、自由竞争打造一个平台,同时有效防止行
政权力的"寻租"腐败行为。其二,要规范市场主体行为,坚决打击各种
违法违规经营活动,规范竞争秩序。要建立公平、合理的市场准入制度。
要依法保护合法的经营行为,对那些欺行霸市、强买强卖、走私贩毒、欺骗
诈骗、制假售假、偷税骗税、侵犯知识产权等各种不正当竞争行为和非法
生产经营活动要坚决制裁打击。要以完善信贷、纳税、合同履约、产品质
量的信用记录为重点,加快建设社会信用体系,健全失信惩戒制度。要依
法保护合法的劳动收入和非劳动收入,坚决取缔各种非法收入。其三,要
健全完善市场体系。要建立和完善全国统一、公平竞争、规范有序、开放
高效的市场体系,充分发挥市场在资源配置中的基础性作用。要进一步
打破行政性垄断和地区封锁,健全全国统一开放市场,推行现代流通方
式;要继续发展土地、技术和劳动力等要素市场,规范发展各类中介组织,
完善商品要素价格形成机制。特别是在资本市场和土地市场上,要规范
政府行为,特别是要防止在土地批租、土地征用、土地使用权拍卖、房地产
开发、企业股票上市过程中个别权力部门与开发商联手"合谋","暗箱"
操作,合谋侵害国家和农民集体利益的行为;要大力发展技术市场、产权
市场特别是知识产权市场、信息市场;要积极培育和发展包括债券、股票
等有价证券的金融市场,培育和发展保险市场;要建立健全城乡统一、全
国统一的自主择业、双向选择、自由竞争、公平就业的劳动力市场,包括健
全普通劳动力市场、劳务市场以及经理人才市场、科技人才市场等,防止
城乡歧视、区域歧视、种族歧视、性别歧视、身份歧视。要深化价格体制改

革,完善商品和要素价格形成机制,特别是要通过引入严格的成本核算,完善垄断行业产品的价格形成机制,在牵涉到老百姓日常生活的供水、供电、供暖、供汽等公共产品的价格形成中要切实引入公示和听证制度,形成政府、企业、公民三方协商定价制度。

三、构建和完善企业内部分配制度

企业内部分配中存在的突出问题是,资本等要素收入偏高,劳动收入比重偏低。据2004年第六次私营企业抽样调查结果显示,在家庭财产总额中,业主在其企业拥有的所有者权益占85.4%,住房原值占8.3%,家庭金融资产占6.3%。私营企业员工的收入主要由工资和奖金或分红两部分组成。据工商局调查数据,2003年私营企业员工的全年工资加奖金加部分分红,总数是8033元,而国有单位在岗职工年平均工资是14577元,集体单位在岗职工年平均工资为8678元,私营企业员工的收入不仅低于国有、集体单位的职工收入,而且从近年来纵向变化情况来看,工资有不升反降趋势。职工福利可以看做一项隐性收入。国家规定所有企业不论其所有制性质如何都必须参加职工的医疗、养老和失业保险,然而,目前大多数私营企业员工的福利待遇较差,只有一小部分员工享有医疗、养老和失业保险。2004年第六次私营企业抽样调查数据显示,私营企业参加医疗保险的仅为被调查企业的33.4%,参加养老保险的仅为8.7%,参加失业保险的仅为16.6%,而且这些企业并不为全部长年雇佣的工人投保,仅仅为很少的雇工投保。实际上,参加医疗保险的雇工仅占被调查企业全年用工人总数的14.5%,参加养老保险的仅为22.7%,参加失业保险的仅为6.0%,比例相当低。① 很显然,构建和完善企业内部分配制度的关键是有效解决劳动者工资福利待遇问题,确保劳动者的合法权益。

其一,确立工资集体协商制度,完善企业工资形成和工资增长机制。由中国人口众多、就业压力大、劳动力供需不平衡、资本短缺等基本国情

① 数据参见"中国私营企业研究"课题组:《2005年中国私营企业调查报告》,《中华工商时报》2005年2月3日。

所决定,在劳资博弈关系中资本处于强势地位,劳动处于从属地位。较之于资本所有者,单个劳动者在劳动力市场上处于绝对弱势地位,从而导致其只是价格的被动接受者,没有讨价还价的能力。要改变这种状况,需要形成劳动者收入和福利待遇的集体谈判机制。要完善工会制度,形成雇员、工会、雇主和政府"四位一体"的劳动报酬集体谈判制度,保证劳动者的工资待遇能随着经济发展和企业利润的增多而不断增长。上世纪90年代,全国总工会就开始推广工资集体协商制度,但在现实操作中并不尽如人意。我国《劳动法》对集体谈判作了原则性规定,《劳动合同法》所涵盖的工资集体协商选择性条款只是初步意义上的。有关劳动条件、劳动环境、劳资关系对话、民主管理等关于工人权利的重要内容要进一步加强。要明确用人单位在集体谈判中的责任,明确用人单位在集体谈判中提供真实信息的法律条款,要把职工最关心的工资分配、福利待遇、劳动安全、休息休假等事项明确列入集体合同或工资协议。各级劳动保障部门要会同工会组织,进　步推进实行区域性、行业性工资集体协商,科学制定劳动定额标准以及产品的计件单价,使职工工资合理提高。

其二,建立健全劳动保护制度,严格保护劳动者权益。这主要包括实行最低工资标准制度、企业为职工办理"三金"、"三险"制度、劳动卫生安全保护制度、依法惩治拖欠职工工资行为的制度等。私营企业要切实维护员工的合法权益,贯彻落实《劳动法》、《劳动合同法》、《社会保障法》以及有关最低工资的法律法规,按照法律法规和政策要求切实保障员工的权益;要与员工签订劳动合同,工资标准必须符合规定;要按国家规定给员工参加各种社会保险,严禁拖欠职工工资、扣取工人押金、随意罚款等行为发生;要为职工提供安全卫生的工作环境。

其三,确立劳动者可依劳动产权参与企业剩余分配的制度,建立企业内部的利益分享机制。古典的企业产权制度是资本至上或股东至上的制度,其特点是由生产资料所有权决定其他所有的经济权利,由资本所有权独享企业剩余索取权和控制权。随着科学技术和管理劳动在企业生产经营竞争中的地位日益突出,一种新的利益分享的分配观正在形成,并在个别企业得到实践。这种利益分享的新的分配观,主张企业的利润是由资本所有者、技术人员、管理人员及普通劳动者等利益相关者共同创造的，特别是科技创新劳动、企业经营管理劳动对企业利润创造起着至关重要的作用，因而，企业利润应由利益相关者分享。劳动者不仅通过劳动力市场获取工资，而且应该通过自己所拥有的不同劳动产权（有学者称之为人力资本，用以同货币、财物等非人力资本相对应）如科技劳动产权、管理劳动产权等获得相应的企业剩余索取权。我国是实行按劳分配为主体、按劳分配与按要素分配相结合分配制度的社会主义国家，更应该积极引导企业通过设置劳动产权，实行企业剩余分享的企业内部分配机制。

四、确保初次分配中劳动收入的合适比例

确保初次分配中劳动收入在国民收入分配中的合适比重，是坚持按劳分配为主体的必然要求。近年来，我国初次分配中劳动收入比例过低，不仅加剧了收入差距，影响到了广大普通劳动者的切身利益，而且影响到了消费需求的增长和经济的协调发展。近些年来，我国国民收入初次分配呈现两大特点：一是劳动收入比重偏低。数据表明，随着人均国民收入的增加，大多数国家的劳动收入份额都会保持在 70% ~ 80% 左右。而1995 ~ 2005 年，我国劳动收入份额仅保持在 41% ~ 53% 左右，这一指标在世界范围都是很低的，也不符合我国实行的以按劳分配为主体的分配原则。二是劳动收入比重趋于下降。1995 ~ 2005 年，我国的固定资产折旧比重、生产净额比重、营业盈余比重分别上升了 2.5、1.1、7.0 个百分点，与此形成鲜明对比的是，劳动收入比重却下降了 11 个百分点，这有悖经济发展规律。美国在 1870 ~ 1984 年的一百多年中，资本要素收入始终占小头，劳动收入所占比重呈现稳步上升趋势：1870 ~ 1880 年，劳动收入所占比重为 50%，1980 ~ 1984 年，劳动收入比重为 74.3%；1880 ~ 1890年，资本要素收入比重为 24.5%，1970 ~ 1974 年，资本要素收入比重为16.6%。① 如果说在市场经济初级阶段，由于资本比较短缺，因而要素收

---

① 转引自卓勇良：《国民经济分配中劳动所得占比大幅下降》，《中国改革》2007年第 4 期。

入所占比重较高的话,那么,在我国市场经济已有较大发展、城乡居民储蓄不断增长、资本稀缺程度不断下降,一些地方已经出现"民工荒"的情况下,劳动收入份额依然下降,这是很不正常的。① 另有学者分析道:从1979 年到 2005 年,我国 GDP 年均增长 9.6%,人均 GDP 年均增长8.4%,而我国农村居民人均年纯收入增长率为 7%,城镇居民人均可支配收入年均增长 6.9%,远远低于我国经济增长的速度。国民收入是由居民收入、企业收入、政府收入三部分构成的。据有关方面测算,从 2002年到 2006 年,居民收入在国民收入中的比重呈持续下降趋势,2002 年为62.1%,2006 年为 57.1%,下降了 5 个百分点。与此同时,企业的收入比重从 20%上升为 21.5%,政府的收入比重从 17.9%上升到 21.4%。② 居民收入比重下降也是劳动收入比重下降的一种反映。劳动者工资总额占GDP 的比率,也叫分配率,是衡量国民收入初次分配公平与否的重要指标。分配率越高,表示劳动者的工资性收入在国民收入的初次分配中所得份额越大,社会分配越均等;反之,分配率越低,表示劳动者的工资性收入在国民收入的初次分配中所得份额越小,社会分配越不均等。市场经济成熟国家的分配率一般在 54%~65%之间,而我国则在 15%~20%之间,这说明我国的分配率是比较低的,国民收入初次分配中劳动报酬的比例偏低,而非劳动报酬的比例偏高。③ 另有学者进行的中国储蓄结构研究表明,1992~2003 年,居民储蓄率从 22.6%下降到 18.1%。到 2003年,居民储蓄在总储蓄中的占比仅为 42.1%。与此相关的是:1992~2003 年,企业的储蓄率稳步上升,从 11.55%上升到 15.47%,提高了3.92 个百分点,2003 年,企业储蓄占总储蓄的 36%;政府储蓄率急剧上升,从 6.55%提高到 9.39%,2003 年占总储蓄的比率为 21.7%。居民储

① 参见赵海东:《初次分配:由注重效率转向效率与公平相结合》,《黑龙江社会科学》2007 年第 6 期。

② 参见本书编写组:《十七大学习辅导百问》,学习出版社、党建读物出版社2007 年版,第 170 页。

③ 参见赵振华:《关于提高初次分配中劳动报酬比例的思考》,《中共中央党校学报》2007 年第 6 期。

蓄率的明显下降,表明居民收入占国民收入比重的明显下降,居民收入水平的上升幅度明显跟不上 GDP 的增长幅度。[①]

党的十七大报告明确指出,要逐步提高居民收入在国民收入分配中的比重,提高劳动报酬在初次分配中的比重。要提高劳动报酬在初次分配中的比重,从政府角度看,要做好这样几方面工作:一要督促企业建立企业职工工资正常增长机制和支付保障机制;二要随经济增长适时调整最低工资标准;三要加强国家对企业工资的调控和指导,发挥工资指导线、劳动力市场价位、行业人工成本信息对工资水平的引导作用;四要通过完善法律法规、深化改革和宏观调节,规范初次分配秩序,使劳动报酬增长与经济增长和企业效益增长相适应;五要全面实行劳动合同制度和工资集体协商制度,确保工资按时足额发放;六要合理调节国家、企业和居民之间的所得比例结构。

第三节 建立健全有中国特色的再分配制度

党的十七大报告明确提出:再分配要更加注重社会公平。如果说初次分配是以市场为主导,那么,再分配则是以政府为主导,政府是再分配调节的主体。政府是保证社会公正分配的最终责任承担者。再分配是在全社会贯彻社会公平原则、贯彻按劳分配为主体原则、贯彻人道主义原则的重要制度路径。在初次分配基础上对收入的再调节,其总的原则是社会公平,具体原则包括按劳分配为主体原则和人道主义原则。其基本政策路径是:着力提高低收入者收入水平,扩大中等收入者比重,有效调节过高收入。相应的政策手段包括:税收政策(调整过高收入阶层)、公共财政政策(扩大中等收入阶层、救助低收入阶层)、社会保障政策(扩大中等收入阶层、保障低收入阶层)。公共财政支出和社会保障制度的最大受益人群无疑是低收入阶层,同时教育、就业等公共服务支出还为中低收

---

① 参见李扬:《当前中国宏观经济调控的几个问题》,《财经问题研究》2007 年第 9 期。

入阶层提高收入创造公平的机会；社会保障制度还是市场经济运行的"安全阀"，这有助于和谐社会的构建。

近些年，在初次分配领域存在分配秩序混乱问题的同时，在再分配领域也存在着调节力度弱、调节制度不健全等问题，主要表现是：其一，对收入分配不公的结果关注得较多，而对收入分配起点和过程不公平关注不够。近年来，国家财政对贫困人口、低收入群体等转移支付的比例急剧加大，但是对如何为城乡居民创造公平的受教育机会和公平的就业机会等起点公平和过程公平方面调节力度还不够，从而加剧了分配结果的不公平。其二，调节高收入阶层的税收机制不到位。当前居民收入方式日趋多元化，除了劳动收入，还有股份收入、资本收入、房屋出租收入等，但政府未能根据实际情况的变化建立有效的收入监督及控制体系。同时，由于个人所得税起征点偏低，使得本该成为纳税主力的高收入阶层却往往成为漏税逃税大户，而不该纳税甚至应该成为政府补贴对象的中低收入阶层却成了纳税的主力，出现了逆调节现象。据统计，在我国个人所得税中，中低收入的工薪阶层的纳税额占税收总额的65%以上，而高收入阶层的纳税额只占税收总额的30%左右。在美国10%的最高收入者缴纳的个人所得税占全部个税比重的80%以上。[1] 我国这种税制安排在相当程度上弱化了税收本应起到的公平收入分配的作用。目前，我国在初次分配环节的税收大概占到GDP的18%之间，高于多数西方国家。如美国是8.5%，德国、法国、意大利等欧洲国家一般在10%～14%左右。在再分配环节，主要是所得税占GDP的比重，美国为8.5%，德国为12.9%，法国为14.3%，加拿大为13.7%；而我国只占7%左右。这说明我国在初次分配环节税收比重较高，而再分配环节税收比重较低，在鼓励生产创造和调节收入差距方面，还没有很有效地利用税收杠杆。[2] 其三，对"偷、漏、逃、抗"税行为和非法收入者处罚不力。尤其是高收入者由于收入来

---

[1]　转引自李欣欣：《校准分配领域的效率与公平》，《瞭望》2008年第6～7期。

[2]　转引自国家发改委宏观经济研究院课题组：《缓解收入差距扩大的阶段性目标及对策》，《经济学动态》2007年第3期。

源多样化,渠道多而隐蔽,税务部门对其监管的难度和征收成本很高,使富人逃税和漏税现象比较多。近年来,我国税收无论是总量还是增量的增速均大幅加快,但是同时,我国的税收流失额已达5000多亿元,税收流失率在15%以上,①从而造成我国个人所得税收缴额占税收总额比例偏低。目前,全国征收的个人所得税占各项税收的比例只有7.3%,占居民总收入的比例只有2.5%。其四,对低收入群体有效保障力度仍然不足。一方面总体投入不足。另一方面财政分灶与社会事务分级管理也使贫困地区对低收入群体保护显得无力和无助。因此,在2006年,在农村,我国仍有2148万的绝对贫困人口,以及3550万虽初步解决温饱但还不稳定的低收入人群。在城市,还有2000多万城市居民由于失业、疾病等各种原因,其收入在最低生活保障线以下。目前,我国财政转移支付对收入调节的力度较弱。如:救济性再分配力度小,特别是农村社会保障制度还没有建立;补偿性再分配机制不健全,工伤保险覆盖面较小,2005年参保人数仅8478万人;保险性再分配的覆盖面偏小。到2005年,城镇居民参加基本养老保险、基本医疗保险和失业保险的人数仅相当于城镇从业人员总数的48.0%、36.9%、39%。农村社会养老保险长期处于停滞甚至萎缩状态,目前参保人数仅有5000多万,领取养老金人口不到老年人口的4%。城镇社会保障虽然实行社会统筹和个人账户相结合,但以个人账户为主,农村则完全是储蓄积累模式,政府只起中介作用,很少牵涉收入再分配和政府转移支付;公正性再分配存在缺失现象,对弱势群体的公共转移支付力度不够。②

　　再分配对收入分配调节的作用大小,可以通过它对初次分配形成的基尼系数的降低程度得到数据上的反映。在发达国家,初次分配与再分配阶段的收入差距变动较大。如英国2004年基尼系数由初始分配时的0.52%,下降为最终分配时的0.38%,下降幅度达36.8%,其中各种直接

①　转引自李欣欣:《校准分配领域的效率与公平》,《瞭望》2008年第6～7期。
②　参见国家发改委宏观经济研究院课题组:《缓解收入差距扩大的阶段性目标及对策》,《经济学动态》2007年第3期。

的社会保障措施对收入差距的调节效果最大,使居民收入的基尼系数减少了 15 个百分点,各种直接税措施使基尼系数减少了 3 个百分点(间接税使基尼系数扩大了 4 个百分点)。同样,由于社会保障作用,1992 年日本基尼系数从 0.435 下降到 0.365,下降了 7 个百分点,下降幅度为16.9%。[①] 据我国有关专家推算,2004 年我国城镇居民初始分配阶段基尼系数为 0.3152,再分配阶段为 0.3105,再分配仅使基尼系数下降了0.47 个百分点,下降幅度仅为 1.5%。[②] 由此也可见,我国的再分配对收入分配的调节作用还没有得到应有发挥。鉴于我国再分配环节存在的问题,我们在构建中国特色再分配制度时必须着重在以下几个方面做出努力。

一、构建合理、高效的税收体制,充分发挥税收对收入分配的调节功能

1. 要保持税收的合理比重,保障国家的再分配能力。税收有多种功能,如规范功能、约束功能、强制功能、确认和保护功能。有多种作用,其中主要有三个方面:一是对组织财政收入的保证作用。税收收入是国家的主要财政收入,一般占财政总收入的 85%～95%。二是对经济运行的调节作用。政府可运用税收杠杆规范、引导、约束企业和个人行为,促进经济的稳定、健康运行。三是对社会成员收入再分配的调节。我国是社会主义国家,必须更加注重税收对保障国家财政收入的重要意义,没有稳定的充足的税收,国家的转移支付和再分配能力就缺乏坚实的经济基础。因此,保持一定的合理的税收比重,是构建有中国特色社会主义税收制度的必然选择。在保证总体税收比重的同时,还必须合理划分中央政府和地方政府的税收比重。我国是一个人口众多、地域辽阔、民族众多、地区经济发展不平衡的大国,为统筹区域经济的协调发展,维护全国广大人民群众的根本利益,必须保证中央政府拥有足够的财力。改革开放初期,税

---

①②　参见国家发改委宏观经济研究院课题组:《缓解收入差距扩大的阶段性目标及对策》,《经济学动态》2007 年第 3 期。

制改革在一定程度上削弱了中央政府的财力,但随着 1994 年分税制改革,中央财政收入比重又有了很大程度地提高,目前中央财政收入占全国财政收入的比重保持在 60% 以上。中央政府的充足财政为实施宏观调控、转移支付、社会保障以及义务教育提供了强有力的经济保障。

2. 要不断改进和优化税源、税种、税率结构。就再分配的角度看,我国的税种设计、税率制定必须充分发挥税收对国民收入再分配的调节功能。要理顺直接税与间接税、中央税与地方税、从量税与从价税、普通税与目的税的关系,不断改进和完善流转税、所得税、财产税、行为税与特定目的税、资源税等税法制度。要优化税收结构,使所得税与流转税"换位",确立以所得税为主的税收结构。特别是要改进和完善企业所得税税法和个人所得税法。个人所得税是世界各国普遍征收的一种税,在许多发达国家,个人所得税更是作为主体税种,占税收总收入的比例在 30% 以上,最高达到 40%。即使在世界上 20 多个低收入国家中,个人所得税占税收总收入的平均比例也在 10% 左右。目前,我国的个人所得税征收存在较多问题,比如漏缴问题、逆向调节问题、比例不高问题,我国 2001 年个人所得税仅占税收总收入的 6.6%,因此,应大力改进和完善个人所得税税法和具体制度,保证对高收入阶层的有效调节。要逐步开征遗产税、赠与税、物业税、证券交易税、燃油税、社会保障税等新税种。

3. 要建立严格、高效的税收征管制度。严格、高效的税收征管制度是防范偷税漏税行为,保证税收收入的制度保证。要合理划分中央税权与地方税权,建立健全税务管理、税款征收、税务检查、税务稽查等各项制度,依法征税,依法打击偷税抗税骗税等违法行为,在保护纳税人合法权益的同时,保证税款的足额、按时征收。近些年来,由于收入来源特别是高收入者收入来源多样化,渠道多而隐蔽,税收部门对其监管的难度和征收成本很高,使富人逃税和漏税现象比较多。据有关部门的调查资料显示:2006 年,我国税收流失额已达 5000 多亿元,税收流失率在 15% 以上。显然,必须严加征管,加大对"偷、漏、逃、抗"税行为的处罚力度。

二、建立健全社会保障制度

社会保障是实施国民收入再分配的一种手段和方式。社会保障的保障功能有利于实现收入公平分配。社会保障体系由社会保险、社会救助、社会福利和社会优抚等方面组成。其中,社会保险是社会保障体系的核心部分,包括养老保险、失业保险、医疗保险、工伤保险和生育保险。社会保障制度通过对没有生活来源者、贫困者、遭遇不幸者和一切工薪劳动者在失去劳动能力或工作岗位后提供保障,矫正收入分配中的市场失灵,从而缩小初次分配的差距。收入富裕的家庭或社会成员因其生活水平高而享受社会保障的机会少,而收入低的贫困家庭或社会成员享受社会保障的机会多,这在一定程度上可缩小社会成员之间的贫富差距,起到收入调节的作用。

建立健全社会保障制度,既是市场经济有效运行的"安全阀"、"减震器",又是实行再分配、保障社会公平的重要途径。20世纪80年代中期以来,伴随着社会主义市场经济体制的建立和完善,中国对计划经济时期的社会保障制度进行了一系列改革,逐步建立起了与市场经济体制相适应,与中国国情相符合,由中央政府和地方政府分级负责的社会保障体系基本框架。目前,我国社会保障制度建设中面临的主要问题是,社会保障体系不健全,农村社会保障制度建设严重滞后。要加快建立覆盖城乡居民的社会保障体系,完善惠及城市和乡村的低保、养老、医疗、失业、住房、工伤、生育等各项社会保险制度。要健全社会救助体系,做好优抚安置工作。根据目前我国的现实国情,要特别加快农村的社会保障体系建设,以农村最低生活保障、农村医疗保险、农村养老保险为重点,完善社会保障制度。构建有中国特色的社会保障制度,重点要做好以下几方面工作。

1. 加快社会保障的立法进程,建立健全配套的社会保障法律制度和法律体系

首先,要突出国家在社会保障制度建设中的主导作用,这是社会保障立法的前提。社会保障基本法是由国家立法机关通过严格的立法程序制

定的,主要内容是明确国家、企业和个人在社会保障中的权利和义务,制定具体的可操作性条款,强化违反社会保障法律法规的法律责任,使社会保障工作在法治的前提下有序进行,以确保社会成员社会保障权益的实现。国际上综合性的社会保障立法是以美国1935年颁布的《社会保障法》为代表的。社会保障立法不仅有各国的立法,还有国际立法。1952年国际劳工组织通过的《社会保障最低标准公约》(第102号公约),就是社会保障国际立法史上的一座里程碑。从各国社会保障改革实践来看,社会保障制度建设离不开法治,各国都是通过立法将社会保障的各项政策和措施在全国范围内顺利实施的。可以说,法制化是社会保障制度建设的必由之路。我国也不例外。

其次,建立配套的社会保障法律制度,健全社会保障法律体系。社会保障是一项大型的社会福利工程,涉及的内容很广泛,涉及的层次比较多,因此必须制定一部覆盖全国、具有最高法律效力的《社会保障法》,这是建立和完善有中国特色的社会保障制度的当务之急,范围要涵盖社会保险法、社会救济法、社会福利法、社会互助法和优抚安置法等,在此基础上,建立起一个涉及面广、包含内容多的规范性法律体系。目前经过多年的改革和发展,我国进行社会保障立法的主客观条件已基本成熟,应当将社会保障法的立法提上议程。例如养老保险,在统一企业职工基本保险制度的基础上,可以着手制定覆盖社会所有劳动者的养老保险法;失业保险的立法条件相对也比较成熟,立法的内容已较为具体,重点应放在与内容相适应的具体可操作性的规定和措施上;社会救助方面,立法的条件基本具备,可以在城市居民最低生活保障制度的基础上,明确相应的救助条件、实施范围和给付标准;医疗保险制度改革也取得了较大进步,完全可以在总结沿海经济发达地区的经验基础上进一步完善。要围绕社会保障基本法,出台一系列相配套的特别法或部门法,形成内容全面、层次分明、覆盖社会保险各个环节的完整的社会保障法制体系。

最后,加强社会保障制度立法与其他部门立法的衔接,以保证社会保障制度执行的严肃性。通过立法的形式来完善社会保障制度,目的就是要确保各项社会保障制度的顺利实施。如果出现有法不依、执法不严的情况,那么,再好的社会保障法律也不能确保社会保障功能的实现。由于现行的《中华人民共和国刑法》中没有相应的条款对挪用、挤占社会保险基金的行为加以制裁,因而导致现实生活中那些挪用、挤占社会保险基金的行政主体和个人得以逃脱应有的法律惩罚。因此,在加快社会保障立法建设的同时,把调整社会保障法律关系的内容充实到刑法或行政法中有着非常积极的意义。

2. 加强社会保险基金的筹集、征缴和管理,推动社会保险基金的统筹与运营

首先,应在国家、企业、个人三方共同负担的原则下,继续实行社会统筹与个人账户相结合的方式筹集资金。中央财政应该建立社会保障预算,确保社保基金运转顺畅。

其次,要优化财政支出结构。加大社会保障支出力度,增加社保支出比例。

最后,要切实加强社保基金的管理监督,以防止挤占挪用现象的发生,确保社保基金的保值增值。在加大社会保险费的征缴力度的同时,政府还要制定统一的预决算制度,对社保基金实行财政专户管理,强化财政的监督职能。此外,对社保基金的投资选择要审慎,应交由专门的投资机构实行多元化投资组合,以便降低风险,保证社保基金的安全性运转和保值增值。

3. 分类分层次推进农民工等流动人口的社会保障建设

以农民工为主体的流动人口,已经成为中国现阶段一个人口数量达1亿多人的规模群体,他们的共同特点是流动性强、非正规就业者多并处于相对弱势地位,与流动性较弱的传统型正规就业者在社会保障需求方面存在着较大差异。因此,有必要对流动人口采取分类分层保障的办法,以逐渐有效地保障这部分弱势群体的生活权益。具体做法:一是按照普遍性原则来确立农民工等流动人口的工伤保障制度,以此作为其最基本的社会保障项目尽快确立下来,切实保障他们的健康安全;二是要建立农民工等流动人口的疾病医疗保障,尤其是大病保障机制,以防止他们因病失业、因病致贫、因病返贫;三是建立相应的社会救助制度。包括农民工

等流动人口遭遇天灾人祸时的紧急救济、特殊情况下的贫困救助、合法权益受损时的法律援助等。此外,还应根据他们的具体情况,建立并形成多样化的养老保险机制,促使他们真正融入当地社会。

4. 积极推进农村社会保障制度建设

对农村社会保障问题的忽视,是改革开放以来我国社会保障制度建设的一大缺陷。城乡居民收入差距的扩大化和农村居民地位的相对弱势化,既反映出农村对建立和完善社会保障体系的客观要求,又反映出农村居民生活风险的累积与社会风险的累积在加剧。因此,要真正实现社会和谐,就必须积极推进农村的社会保障制度建设。具体措施有:一是加强农村最低生活保障制度建设。多途径筹集最低生活保障资金,科学地确定最低生活保障线标准,合理界定最低生活保障对象。二是加强农村医疗和养老保险制度建设。以互助合作为原则构建新型的农村医疗保障体系,合理确定补偿医疗费用,鼓励更多的农民参加医疗补充保险;以农村计划生育户夫妇为突破口建立家庭养老、土地保障与社会保险相结合的农村养老保险制度。三是加强农村社会福利事业建设。以农村五保户集中供养为基础建设农村敬老院,充分发挥敬老院作用,不断扩大入院率。在农村家庭养老功能逐步削弱的情况下,要加强敬老院的管理体制创新,发动各种机构、组织、团体参与敬老院建设,使老年人生活和精神上的需要都能在敬老院得到解决,使农村的社会福利事业真正建立起来并发挥应有的作用。

三、建立健全社会公共服务体系

公共服务是提供公共产品的组织行为,主要包括教育、卫生、文化、就业再就业、社会保障、生态环境、公共基础设施、社会治安等领域。通过提供像教育、医疗等重要的公共服务,能突破低收入群体由于较低的初始财富导致的人力资本投资、职业选择、工资、技术水平等方面不良状态的瓶颈,并最终改变收入分配格局。有研究认为,中国 2004 年的名义城乡收入差距为 3.2∶1,若把义务教育、基本医疗等因素考虑在内,城镇居民的收入约是农村居民收入的 5~6 倍,公共服务在城乡实际收入差距中的影响高达30%～40%。① 要建立和完善公共财政制度,努力实现教育、就业、医疗等公共服务的均等化。教育、就业、医疗等公共服务主要通过提升弱势群体的人力资本达到提高其收入水平的目的,虽然对缩小收入差距是一个间接的过程,却是扩大中等收入阶层、从根本上改善收入分配格局的有效途径。当前和今后一个很长时期,要特别注意农村社会公共服务体系建设,加大对农村公共服务设施建设的力度,力争在若干年后实现城乡公共服务的一体化、均等化。

1. 建立公共财政体制,完善社会再分配机制。①压缩行政管理支出,提高公共服务支出水平。我国财政支出总额从1978年到2003年增加20倍多,但行政管理费支出却增加88倍多。虽然经济建设支出占财政支出的比例由1978年的64%下降到2003年的30%,但社会文教费支出占财政支出比例从1992年至2003年却基本不变,只维持在26%—28%之间。②加强县级财政的收支管理。我国提供主要公共产品和公共服务的政府属于县级或县级以下政府,在向全国70%的人口提供的公共服务中,农村人口就占了60%以上。然而其财政收支占全国财政收支的比例却一直呈下降趋势。③建立规范的转移支付制度,促进地区间公共支出的均等化。我国公共服务供给的不平等与不同地区财政差异密切相关。④逐步实现财政预算和管理的透明化、制度化,充分发挥人大的监督作用。

2. 以法律的形式建立科学的中央、地方政府公共服务分工体制。我国要合理界定各级政府的事权,逐步用法律的形式确立下来,避免权力划分的主观性和随意性,将建立科学的公共服务的分工体制纳入到法制的轨道上来。在此方面,北欧的经验很值得借鉴。如挪威,地方政府主要负责劳动力密集型的服务,而中央政府主要负责收入再分配和其他集体性服务。在瑞典,中央政府负责保险跟转移支付和制定各种公共服务的制度和标准;县级政府主要负责医疗保健服务;市级政府主要负责"18岁以

---

① 转引自吕炜、赵佳佳:《中国经济发展过程中的公共服务与收入分配调节》,《财贸经济》2007年第5期。

下青少年的学校教育"、"儿童和老人关怀"等服务,同时也负责社会福利、残疾人的关怀、地方建设和规划问题、水及排灌、街道清洁、废物处理及援救服务等;交通方面的服务是由县市共同分担的。瑞典的县、市政府在承担了大部分的公共服务职能的同时,也拥有相应的财权。地方政府可以确定自己的税收标准和预算,中央政府不会干预地方政府的预算,只是要求预算要均衡分配。①

四、建立健全对贫困落后地区的财政转移支付制度

谋求地区经济的协调发展,调节地区间的发展差距和收入差距,有必要建立健全中央财政对贫困落后地区的财政转移支付制度。要统筹区域发展,采取积极的经济政策,加大对中西部贫困落后地区的财政转移支付力度,促进我国地区经济的协调发展,缩小地区之间的收入差距。

第四节　建立健全三次分配制度

所谓国民收入第三次分配,实质上就是公益慈善事业,是指社会通过捐赠、资助慈善事业等方式实现对人们收入分配关系的再调整。第一次分配以市场为主导,第二次分配以政府为主导,第三次分配则以社会为主导,以自愿为原则。由于第三次分配以自愿为原则,为前提,不具备强制性,因而只能是第一次、第二次分配有益的补充。通过大力发展慈善事业,鼓励、规范捐赠行为,对完善我国分配制度、改善分配关系无疑有一定的积极意义。截止到 2006 年年底,我国城市还有 2200 万低保线以下的群众,农村还有 5700 万低收入和贫困人口。我国目前有 65 岁以上的老年人 1.04 亿,全国现有残疾人口 8296 万,每年因各类灾害需要救济的群众有 7000 万到 8000 万。我国慈善事业在新的历史条件下,在救助贫困群众、调节贫富差距、缓和社会矛盾、促进社会稳定和社会和谐等方面承

---

① 中国(海南)改革发展研究院:《加强政府社会再分配职能的 20 条建议》,《经济参考报》2005 年 12 月 31 日。

担着新的历史使命。大力发展慈善事业十分必要。

新中国建立以来,特别是改革开放以来,我国的慈善事业获得了长足发展。首先,法律法规和政策逐步完善。我国先后出台了《公益事业捐赠法》、《社会团体登记管理条例》、《基金会管理条例》、《民办非企业单位登记管理暂行条例》等法律和政策。民政部还颁布了《中国慈善事业发展指导纲要(2006—2010 年)》,对未来五年我国慈善事业发展进行总体规划。其次,慈善组织快速发展。民间组织数量显著增加,目前已达35.9 万个,其中,社会团体约 19.4 万个,民办非企业单位 16.3 万个,基金会 1245 个。这些民间组织中有很多是专门从事慈善事业的。再次,配套制度建设取得一定成效。在信息披露方面,从信息公开入手,民政部支持成立了中华慈善捐助信息中心,积极推动建立慈善信息发布制度;在激励机制方面,逐步建立政府表彰和民间评价相结合的激励机制。最后,组织全国性的社会捐助活动,建立了跨省(区、市)对口支援制度。上世纪90 年代以来,我国组织开展了春蕾计划、希望工程、幸福工程、烛光工程、母亲水窖工程等大型公益项目;2003 年全国抗击"非典"期间,全社会各种形式的公益捐赠(款物)累计 40.74 亿元,[1]2008 年 5 月 12 日,四川汶川县发生里氏 8 级强地震,灾情严重,社会各界纷纷捐款捐物,向灾区人民奉献爱心。

在看到巨大成绩的同时,我们还要认真分析我国慈善事业发展中存在的问题及面临的挑战,诸如慈善组织的公信度需要进一步提高;要加强对捐助资金使用的监管,要加强公募市场管理等。因此,我们要依据中国的实际国情和发展需要,不断加强第三次分配的制度建设,推动中国慈善事业的健康发展。

一、要大力弘扬"慈善文化"

乐善好施、助人为乐,是中华民族的传统美德。在当代市场经济条件下,我们在倡导"竞争"、"效率"、"利益"等观念的同时,也要大力弘扬和

---

① 参见《光明日报》2007 年 12 月 1 日。

发展"慈善文化",要培养企业家高度的社会责任感,引导人们树立正确的取之于社会、用之于社会的财富观,弘扬"捐赠光荣"的新理念。要对捐赠行为从道义上、舆论上进行多方支持。

二、要健全完善慈善捐赠制度

在 2006 年的"两会"上,温家宝总理在《政府工作报告》中写进了支持发展慈善事业的内容,在 2007 年通过的《企业所得税法》第九条专门规定:企业发生公益性捐赠支出,在年度利润总额的 12% 的部分准允在计算应得税所得额中予以扣除。这说明,我国对完善第三次分配制度正在进行积极探索。目前,我国的慈善捐赠制度不够完善,法律法规不够健全,特别是通过税收的调节,如何鼓励支持企业家回报社会、投身慈善事业还缺乏有效的配套的制度安排,由此制约了慈善事业的发展。2005 年我国个人捐赠人均为 2 元人民币,而美国则人均为 522 美元。我国社会捐赠总额只占 GDP 的 1%,而美国高达 10%,捐赠总额达 6000 亿美元。比尔·盖茨十多年来走遍了 100 多个国家,慷慨解囊,救助疾苦,据世界卫生组织统计,他已挽救了 61 万人的生命。拥有 500 亿资产的比尔·盖茨,拥有 400 亿资产的沃伦·巴菲特,他们都把自己绝大部分资产捐给了慈善事业。[①] 为鼓励和支持更多的人自觉自愿地投入慈善事业,必须加快推出优惠政策和配套的法律法规。应尽快研究制定慈善事业法,颁布慈善事业条例,从法制上统一规范慈善事业的性质、地位和作用,规范慈善组织和捐赠人的行为。

三、培育发展慈善机构,规范和完善其运行机制

推动慈善事业发展,要建立健全"政府推动、民间运作、社会参与、各方合作"的发展机制。要理清政府与慈善组织的关系,改变政府的管理方式,确立慈善组织的独立法人地位。我国的慈善机构还不多,而且发育

---

① 转引自陈永昌:《探析国民收入三次分配中的公平取向问题》,《哈尔滨商业大学学报》2007 年第 4 期。

不健全,各种慈善组织在慈善捐赠事业的政策制定和执行的做法上不尽一致。要通过制度设置,规范慈善资金的募捐、使用行为,严防慈善组织沦为非法积聚和分散财富的中转站,确保慈善组织的宗旨;业务主管部门和登记管理机关对慈善组织的日常活动要履行好监督、指导和管理的职责;要建立和完善慈善救助和捐助的信息公开制度,加强公众监督和媒体监督,提高透明度,真正将慈善资金用足用好,用出效益,放大回报社会的效应,实现更大范围的相对公平;要建立和完善"应急慈善救助"工作制度,充分发挥社会慈善事业在突发性灾害面前的扶危济困功能。

第十章 建立健全有中国特色的 生产经营消费制度

生产经营活动是整个社会生产再生产的重要环节,是直接创造社会财富的最关键环节。坚持以科学发展观为指导,建立健全合理高效的、有中国特色的生产经营消费制度,对充分调动和发挥广大生产经营者的积极性、能动性、创造性,对正确引导和规制广大生产经营者的生产经营行为,进而对保持国民经济的快速、健康、可持续发展,对建设资源节约型、环境友好型社会,都具有非常重要的现实意义。依据生产经营消费活动的一般规律,吸收和借鉴国外一些国家在生产经营消费活动中的教训和经验,依据我国人口众多、人均资源占有量少、资源和环境约束严重的现实国情,依据当代世界科技发展日新月异、高科技竞争异常激烈的当代世情,我们必须着力构建有中国特色的市场竞争制度、科技创新制度、绿色生产制度和绿色消费制度。

第一节 建立健全有中国特色的 市场竞争制度

市场竞争制度,是被近现代市场经济发展史所证明了的、行之有效的、推动生产和经济快速发展的最基本制度。公平、合理、自由、有序、健全、高效的市场竞争制度,能在利益的驱动和风险的压力下,最大限度地调动生产经营者的积极性,能通过灵活自由和优胜劣汰的市场交易和市场竞争,促进人力、物力等各种资源的优化配置、高效利用。我国经济体制改革的基本目标是建立社会主义市场经济体制。改革开放 30 年来,我国已初步确立了社会主义市场经济体制,在经济发展方面取得了举世公认的卓越成就。然而,我国的社会主义市场经济体制还不完善,我国的市场竞争制度还有待改进、细化、提高。

一、要建立和完善市场机制

尽管我国实行的是社会主义市场经济,但既然是市场经济,就必须遵循市场经济的一般规律。市场经济是通过市场机制的作用来配置社会资源、驱动经济运行的。市场机制从本质上看是通过价值规律的作用机制,是通过利益机制、价格机制、供求机制、竞争机制、风险机制的自然交互作用与循环而形成的。要建立和完善市场竞争制度,首先要建立和完善市场机制,让市场机制充分发挥有效的作用。而要建立和完善市场机制,必须在以下两方面努力。

1. 建立和完善现代产权制度

产权是所有制的核心和主要内容。产权即人们对财产的权利和责任,不仅包括传统意义上的所有权,而且包括债权、股权、知识产权等各类财产权。产权背后所反映的是各类经济当事人在生产、投资、交换、分配各个环节中的利益关系。归属清晰、权责明确的产权制度是市场机制有效运作的基本前提和基础,是保证生产、投资、交换、分配各个环节正常进行的重要条件。要让市场机制真正发挥作用、高效运转,要建立和完善社会主义市场经济体制,我们就要着力构建"归属清晰、权责明确、保护严格、流转顺畅"的现代产权制度。

一要对产权权能进行细分细化、明确界定。其中,特别需要对国有企业的所有权、经营权、企业的法人财产权,对农村土地的所有权、承包经营权、转让权等进行明确界定,进一步理顺政府与企业、股东与企业、经营者与所有者之间的产权关系,进一步理顺农民个体产权与农村集体产权之间的产权关系。

二要深化公有产权制度改革,建立健全公有产权权益实现和保护机制。深化公有产权制度改革,主要包括自然资源产权制度改革、国有企业产权及管理制度改革、农村土地产权制度改革。改革的主要目标取向有两个方面,一方面是公有产权制度适应市场经济要求,促进自然资源及国有资产得到合理、高效的开发利用,另一方面是维护国家和集体的权益,防止私权对公权的侵害或占有。

三要构建保护私人产权的制度体系。通过法律制度保障合法的个人财产,有利于降低市场交易成本,有利于激励人们为增加财富而作出更多的生产性努力,因而有利于促进整个社会经济的增长。私人产权不仅包括私人所拥有的所有权,同时也包括为私人所拥有的使用权、经营权、转让权等其他产权;不仅包括有形的物权,也包括专利、商标等无形的知识产权。国家只有对这些私人产权进行严格保护,才能在全社会形成尊重知识、尊重人才、尊重劳动、尊重创造的氛围,才能激发人们干事创业的活力。

四要正确处理国家和政府权力与产权的关系。国家是具有强制性权力的垄断组织。一方面,国家权力是保护个人权利的最有效的工具;另一方面,国家权力又是个人权利最大和最危险的侵害者。① 因而,建立与市场经济相适应的产权制度,必须正确处理国家公权力、政府行政权与产权的关系。在实践中,尤其要解决好两个问题:一是要防止政府权力进入市场,进行"权力寻租";二是要防止国家公权对私人财产权的侵害。② 要正确处理国家和政府权力与产权的关系,必须在明确界定私人产权边界的前提下,转变政府职能,严格规范政府行政权力运作的程序、行使的范围,进一步规范国家公权行使的范围和原则,尤其是要规范国家征用土地权的行使。

2. 建立健全市场体系

建立健全市场体系是市场机制充分发挥作用的载体和平台。1987年,党的十三大报告首次提出,要"加快建立和培育社会主义市场体系"。

---

①② 参见刘灿:《社会主义市场经济与财产制度的构建》,《福建论坛》2004年第11期。

1992 年,党的十四大报告又进一步提出,要"加快市场体系的培育。继续大力发展商品市场特别是生产资料市场,积极培育包括债券、股票等有价证券的金融市场,发展技术、劳务、信息和房地产市场,尽快形成全国统一的开放的市场体系"。2000 年,中共中央"十五"计划《建议》提出:"建立和完善全国统一、公平竞争、规范有序的市场体系。打破部门、行业垄断和地区封锁,进一步放开价格,发挥市场在资源配置中和结构调整中的基础性作用。"2002 年,党的十六大报告更加明确地提出:"在更大程度上发挥市场在资源配置中的基础性作用,健全统一、开放、竞争、有序的现代市场体系。"2005 年,党的十六届五中全会审议通过"十一五"《建议》又提出:"推进现代市场建设。进一步打破行政性垄断和地区封锁,健全全国统一开放市场,推动现代流通方式。继续发展土地、技术和劳动力等要素市场,规范发展各类中介组织,完善商品和要素价格形成机制。进一步整顿和规范市场秩序,坚决打击制假售假、商业欺诈、偷逃骗税和侵犯知识产权行为。以完善信贷、纳税、合同履约、产品质量的信用记录为重点,加快建设社会信用体系,健全失信惩戒制度。"改革开放 30 年来,我国已初步建立起了全国统一、开放的市场体系,市场机制在资源配置中已经发挥着主要作用。然而,我国的市场体系还不健全完善。针对我国市场体系建设中存在的实际问题,我们必须在以下一些方面加大努力。

要进一步发展和规范土地、技术、劳动力、金融、产权等市场。要通过产权制度改革进一步活跃并规范城乡土地市场,进一步活跃并规范不同市场主体间特别是国有企业与非公有经济间的产权交易,进一步繁荣和发展知识产权市场。要通过金融体制改革,不断发展壮大商业银行,进一步繁荣股票市场、债券市场、信托市场、保险市场,形成完善、高效、安全的金融体系。市场体系建设中很重要的一个内容就是统筹城乡市场。首先是要统筹城乡劳动力市场,逐步建立城乡统一的劳动力市场体系,这需要改革户籍管理制度和劳动就业制度,推进城乡就业一体化。其次是要统筹城乡的土地市场,逐步建立城乡统一的土地市场体系。通过这一体系,促进资本、劳动力、技术、信息在城乡之间合理流动。要按照党的十七大报告要求,抓紧"完善反映市场供求关系、资源稀缺程度、环境损害成本的生产要求和资源价格形成机制",努力形成公开、公平、公正的竞争环境。

要加强市场信用制度建设。市场经济乃信用经济。要以完善信贷、纳税、合同履约、产品质量等的信用记录为重点,加快建设社会信用体系,同时要建立健全失信惩戒制度,形成法律和市场对失信行为的双重惩罚机制。

二、要改进和加强政府的服务、监管和调控制度建设

要构建有中国特色的市场竞争制度,建立和完善社会主义市场经济体制,必须改进和加强政府的服务、监管和调控制度建设。"经济调节、市场监管、公共服务、社会管理"是发展社会主义市场经济条件下政府职能的总体定位。要按照这一要求,进一步转变政府职能,调整机构设置,改进审批制度,完善管理服务,着力打造有限型、高效型、责任型、服务型、廉洁型、廉价型、阳光型政府,为经济发展提供良好的政务环境。

1. 要深化行政管理体制和管理制度改革,强化政府服务功能

(1)要切实转变政府职能。要按照政府总体职能的定位细化各职能部门的职能定位,明确界定各职能部门的职责权力,在把一些职能转交给市场经营主体、社会中介组织的同时,要强化对市场主体生产经营的监管服务功能,强化宏观调节和社会管理功能,强化公共服务功能。

(2)要科学设置政府职能机构。适应转变职能要求,进一步推进政企分开、政资分开、政事分开以及政府与中介组织分开,加快机构改革,撤销或合并一些已失去存在价值的机构,适应新形势下以新的增长方式发展经济的需要,加强诸如税收、质检、安全管理、资源管理、科技管理、环境保护、劳动和社会保障管理等职能机构的建设。

(3)要推进政府层级建置改革。根据形势发展需要,要从纵向减少政府的层级设置,地区(地级市)一级行政建置"弊大于利",应当撤销,实行市、县分置(地级市一律改为县级建置),建立和完善"省直管县"或"省直辖市"的地方行政管理体制;县级行政建置"地位特殊"应当强化;乡镇一级在精简机构和人员后,要规范并强化其管理服务职能。

（4）要进一步推进行政审批制度改革。各级政府及其部门要全面推行依法行政，认真贯彻实施《行政许可法》和《全面推进依法行政实施纲要》。要认真清理、减少并科学规范行政审批事项，减少审批环节，完善审批程序，提高审批效率和审批质量。要在放手让民间经济依法自由竞争、自由发展的同时，在大力鼓励支持高新技术企业发展的同时，加大对生产经营投资项目中能耗标准、排放标准等的审批监管。特别是在土地使用、矿产开采等审批中一定要严格、依法、规范。

（5）要继续推进地方政府公共服务市场化改革。推进公共服务市场化，就是要在一定程度上和一定范围内改变传统体制下政府对公共服务的垄断地位，通过引入市场竞争机制，鼓励并促进各类社会组织参与公共服务领域，不断提高和改进公共服务的质量。目前，全国不少地方在这方面均有实践。应及时总结经验教训，把这项改革推向深入。在改革进程中应特别注意几方面问题：一是决不能把公共服务市场化作为一种甩包袱的手段，二是要着力避免产生新的垄断，三是要避免因寻租而产生腐败现象，四是要制定合理的价格机制。为此，需要政府大力改进和完善项目招投标制度、政府采购制度、财务审计制度、价格听证制度、政务公开制度等，严加管理和监督。

（6）要进一步改进和完善决策体制。要改革和创新政务信息公开制度，建立和完善政府与民众的信息沟通反馈机制，深入了解民情民意，广集民智。同时要改革和完善集体决策制度、专家咨询制度、社会公示和社会听证制度、决策评估制度、决策责任制度，完善决策的规则和程序，建立决策纠错机制。通过决策体制和决策机制的创新，促进决策的科学化、民主化、高效化。

（7）搞好公务员管理制度改革，加强公务员队伍建设。一是要依据《公务员法》，加强对公务员分类管理，提高公务员的专业化水平，优化政府公共服务职能。二是要依据《公务员法》进行级别设置和级别管理。三是依据《公务员法》对公务员实行责任管理，改进和完善不同类别公务员的选拔、任用、聘任、考试、录用、晋升、工资、福利、罢免、处分、撤职、淘汰、辞退等各项管理制度。其中，特别是要改革和完善党政领导干部的政绩考核制度、选拔任用制度、责任追究制度、引咎辞职制度。要大兴求真务实、真抓实干、敢于创新的工作作风,增强每个公务员的责任感、使命感、紧迫感。要通过改革,造就一批思想作风正、业务能力强、工作效率高的优秀公务员队伍,为营造良好的政务环境奠定坚实的人才基础。

(8)要创新地方政府和党政领导干部的政绩考核制度。以往长期存在的粗放型增长方式,屡禁不止的"形象工程"、"胡子工程"、"裹脚布工程"现象,与地方政府及党政干部的政绩考核指标体系不科学很有关系。要转变经济增长方式,要真正在"十一五"末把我国单位生产总值能耗比降低20%以上。要真正搞好环境和生态保护,要真正实现经济与社会与人的全面协调发展,就必须建立健全符合科学发展要求的政绩评价体系。我们要重视 GDP、进一步做大 GDP,但不能把 GDP 作为衡量社会发展状况和政绩的唯一标准。今后考核一个地方的经济发展,不仅要看 GDP,还要看质量效率指标,看能耗指标和环境保护指标。新的政绩评价体系,应体现科学发展观要求,要把经济增长率、劳动生产率、商品消费率、第三产业比重、研发投入比重、教育投入比重、每万人大学生数量、单位生产总值能耗、单位生产总值用水量、单位生产总值"三废"排放量、空气质量变化、饮水质量变化、森林覆盖增长率、公众对环境的满意度、环境诉求事件发生数量、人均受教育程度、中小学生入学率、安全生产状况、社会治安状况、社会保障状况、群众文化生活状况、人民群众健康状况等统统纳入到政绩考核指标当中。

2. 要推进司法体制改革,加强依法行政,为经济发展提供良好的法治环境和法治保障

要通过人事管理体制、经费拨付体制以及司法系统内部的各项制度和措施改革,扼制权力对法律的挑衅;惩治司法系统内部的腐败现象;推进并维护司法独立与公正,维护法律的尊严与权威。规范司法行为,保持司法廉洁,加强司法监督,确保司法质量,提高司法效率。行政执法部门要在合理、清晰界定自己法定权力的前提下,通过改革工作制度,完善办事程序,采取切实措施,严格履行职责。真正做到有法必依、执法必严、违法必究。目前,公安、税务、劳动和社会保障、金融监管、安全生产监管、质

量监督等行政执法部门亟待强化依法行政能力,更好地发挥职能作用。

　3. 要改进和完善政府对市场主体的管理和监督制度

　市场主体间的公平、自由竞争离不开合理的游戏规则和良好的市场秩序,转变经济增长方式也需要用制度对市场主体进行约束和激励,因此,我们必须下大力气改革和创新规范和引导市场主体经营行为的管理和监督制度。依据我国实际,应着力加强以下几方面制度建设:其一,要改革和创新市场准入制度。在放宽非公有制经济准入条件的同时,要对那些资源浪费严重、污染严重的项目进行严格的准入限制。其二,要加强各项监管制度建设。这主要包括①加强税收监管。目前,私营企业偷漏税现象严重,与税收管理体制不科学、制度不健全、税收监管乏力有密切关系。要加强这方面对策研究,采取有效措施,扼制税源大量流失。②加强环保监管。对那些高耗能、污染严重的"五小企业"要坚决取缔。③加强资源监管。要坚决扼制乱砍滥伐、乱开乱挖的现象,坚决查处土地批租、采矿权审批等过程中的以权谋私行为。④加强安全监管。采取切实有效的管理机制、措施防止重大安全事故发生。⑤加强价格监管。要深化价格改革,建立充分反映资源稀缺程度和市场供求关系的价格竞争机制。要积极调整价格结构,理顺价格关系。既要监督和防止个别垄断行业如公共服务行业、医疗行业控制价格、限制竞争、牟取非法高额利润,又要启用价格调控机制,限制资源浪费严重、环境污染严重的产品的生产和消费,鼓励和支持绿色环保产品的生产和消费,特别是要支持高新技术企业的发展。⑥加强市场秩序监管。对那些发布虚假广告、制假售假、坑蒙诈骗、欺行霸市行为一定要从重打击,尤其是对有些带有黑社会性质的生产经营者一定要坚决铲除,决不手软。⑦加强对产权的保护。对合法的私有财产要依法予以保护,要加强对知识产权的保护。⑧加强劳动和社会保障监管。当前,个别私营企业劳资关系紧张,个别业主无视劳动法非法用工,欠缴或拒缴社会保险费用。这既不利于私营企业的和谐发展、可持续发展,也不利于社会稳定。如何加强这方面的监管力度是一个严峻的新课题。⑨要加强对中介组织的监管。目前,政府职能收缩后,一些中介组织承担着审计、评估、评比、职业介绍等职能,但由于监管不力,这类中介组织问题多多,需探索一条新形势下监管中介组织的新路子。

4.要建立和完善国家和政府的宏观调控制度

(1)市场配置资源必须在国家宏观调控下进行。现代市场经济并不是完全放任由市场机制调节。当代发达市场经济国家在注重市场机制对资源配置起基础作用的同时,又重视发挥政府在宏观调控中的作用,综合运用经济手段、行政手段和法律手段进行宏观调控。我国实行的是以社会主义价值目标为取向的市场经济,是以公有制为主体、多种所有制经济共同发展为基本经济制度,以按劳分配为主体、多种分配方式并存为分配形式的市场经济。为克服一般市场经济所具有的因盲目竞争、过度竞争、信息不对称等造成的资源浪费、经济波动等各种负外部经济效应,为克服资本主义市场经济所具有的严重分配不公导致的贫富两极分化、少数私人垄断资本对竞争的压制和对国家经济命脉的操纵乃至对政治的操纵等弊端,为保持经济稳定运行和持续健康发展,为走先富带后富的共同富裕道路,为实现资源的更有效配置和优化利用,我国必须实行更加强有力的国家宏观调控。采取强有力的国家宏观调控也是保持我国社会主义市场经济快速、健康发展的必然选择。

其一,中国发展市场经济,绝不能重复资本主义市场经济发展的老路,不能再重演一幕血与火的历史,不能再历经数百年漫长的自由放任竞争和生产无政府状态的里程后再去建立现代市场经济。

其二,从日本、韩国、新加坡等国的市场经济模式看,政府强有力的干预是有效发挥市场经济作用、实现经济跨跃式发展的重要手段。尤其是发展中国家,它必须在政府强有力的组织和干预下,才能把市场经济的作用发挥到极点,使它能在几十年内走完老式市场经济国家数百年才走完的路。当然,这种组织和干预同我国传统体制下高度集权的计划管理完全是两回事,它是建立在市场配置资源基础之上,建立在市场竞争基础上的以间接的经济手段为主的宏观管理和调节。

其三,我国幅员辽阔,资源丰富,但人均资源少,地区经济不平衡。为在全社会范围有效配置资源、协调区域经济发展,在全国范围内形成统一、完整的市场体系,以有效发挥市场机制对资源的基础配置作用,为加强重点建设,提高我国在国际市场中的竞争力和抗风险能力,为在全国范围内协调各民族、各阶层、各地区之间的利益关系,中国政府必须加强对经济的宏观调控和对分配的宏观调节。

其四,社会主义的价值目标靠市场机制是无法实现的。我国必须通过对市场经济的宏观调控和调节,通过国民收入的再分配体系和再分配政策,来更好地实现社会主义的价值目标,这是中国广大人民群众的根本利益之所在。促进经济增长,增加就业,稳定物价,保持国际收支平衡,是我国宏观调控的主要目标,是保持市场经济平稳运行、较好发展的基本目标。同时,加强对分配的宏观调节,防止两极分化,也是我国宏观调控的重要目标。

(2)搞好宏观调控要着力做好几项工作。一是要建立国家宏观调控的信息反馈机制,加强对经济运行的监测预警。更好地运用经济手段包括利率、税率、汇率等引导资源配置,调控经济运行,同时辅助以必要的法律手段、行政手段,改进对地区的考核指标体系,增强宏观调控的预见性、科学性、有效性。二是要制定和实施产业政策,引导资源配置,把具有战略意义和带动作用的产业尽快搞上去。三是要制定并实施好国家中长期发展规划。

第二节　建立健全有中国特色的科技创新制度

科学技术是第一生产力,是推动人类文明进步的革命力量。就国际竞争而言,科学技术作为核心竞争力愈益成为国家间竞争的焦点;就国内发展而言,我国要创新发展模式,加快发展步伐,提高发展质量,实现国民经济又好又快发展,科学技术创新是根本途径和根本手段;就企业竞争而言,拥有自主知识产权的核心技术和关键技术,是企业拥有核心竞争力、在竞争激烈的市场上克敌制胜的法宝。很显然,要实现中国经济又好又快的发展,要保持生产经营活动的高效,必须构建有中国特色的科技创新制度。

一、坚持科技创新是保持生产力快速发展的直接推动力

　　大量国际经验表明,一个国家的现代化,关键是科学技术的现代化。2006 年 1 月 9 日,胡锦涛同志在全国科学技术大会上发表的题为《坚持走中国特色自主创新道路　为建设创新型国家而努力奋斗》的讲话中深刻分析道:"在世界新科技革命推动下,知识在经济社会发展中的作用日益突出,国民财富的增长和人类生活的改善越来越有赖于知识的积累和创新。科技竞争成为国际综合国力竞争的焦点。当今时代,谁在知识和科技创新方面占据优势,谁就能在发展上掌握主动。"[1]中共中央、国务院2006 年 1 月 26 日作出《关于实施科技规划纲要增强自主创新能力的决定》,明确指出:"进入 21 世纪,科学技术发展日新月异,科技进步和创新愈益成为增强国家综合实力的主要途径和方式,依靠科学技术实现资源的可持续利用,促进人与自然的和谐发展愈益成为各国共同面对的战略选择,科学技术作为核心竞争力愈益成为国家间竞争的焦点。我国已进入必须更多依靠科技进步和创新推动经济社会发展的历史阶段。科学技术作为解决当前和未来发展重大问题的根本手段,作为发展先进生产力、发展先进文化和实现广大人民群众根本利益的内在动力,其重要性和紧迫性愈益凸显。"[2]

　　改革开放以来,我国的经济社会发展取得了巨大成就。但与先进发达国家相比,与可持续发展的要求相比,我们还存在两个主要问题。一是科技进步对国民经济发展的贡献率还不够高。目前,发达国家的科技进步贡献率达70%—80%,而我国还只有 50% 多。有关数据显示,中国科技创新能力在世界 49 个主要国家中位居第 28 位,处于中等偏下水平,具体表现在:关键技术自给率低,对外技术依存度达 50%;发明专利数量

①　胡锦涛:《坚持走中国特色自主创新道路　为建设创新型国家而努力奋斗》,《河南日报》2006 年 1 月 10 日。

②　中共中央、国务院:《关于实施科技规划纲要增强自主创新能力的决定》,《河南日报》2006 年 2 月 12 日。

少,原创能力严重不足。有数据显示,在发达国家经济增长中,75%靠技术进步,25%靠能源、原材料和劳动投入。而我国则差距较大。二是由于科学技术原因,我国人均劳动生产率低、附加值低、单位国内生产总值物耗能耗高、生态环境代价高的现状并未彻底改变。正如胡锦涛同志所分析指出的:"目前,我国科技的总体水平同世界先进水平相比仍有较大差距,同我国经济社会发展的要求还有许多不相适应的地方,主要是:关键技术自给率低,自主创新能力不强,特别是企业核心竞争力不强;农业和农村经济的科技水平还比较低,高新技术产业在整个经济中所占的比例还不高,产业技术的一些关键领域存在着较大的对外技术依赖,不少高科技含量和高附加值产品主要依赖进口;科学研究实力不强,优秀拔尖人才比较匮乏;科技投入不足,体制机制还存在不少弊端。"[1]他进而指出:"我们必须下更大力气、做更大的努力,进一步深化科技改革,大力推进科技进步和创新,带动生产力质的飞跃,推动我国经济增长从资源依赖型转向创新驱动型,推动经济社会发展切实转入科学发展的轨道,这是摆在我们面前的一项刻不容缓的重大使命"。[2]

很显然,就解决当代中国发展中的实际问题而言,要加快经济结构调整、彻底转变经济增长方式,关键要靠科技进步;要大力发展现代农业,提高农业综合生产能力,关键要靠科技进步;要破解人与环境、与资源的矛盾,建设资源节约型、环境友好型社会,关键要靠科技进步。总之,要实现我国经济社会的可持续发展和又好又快发展,推动科技进步是根本途径。

二、构建以自主创新为战略基点、以企业为主体的科技创新制度体系

所谓自主创新,是指以获取自主知识产权、掌握核心技术为宗旨,以我为主发展与整合创新资源,进行创新活动,提高创新能力。自主创新的方式主要包括原始创新、集成创新和引进消化吸收再创新。"自主创新

---

[1][2]　胡锦涛:《坚持走中国特色自主创新道路　为建设创新型国家而努力奋斗》,《河南日报》2006 年 1 月 10 日。

能力是国家竞争力的核心,是我国应对未来挑战的重大选择,是统领我国未来科技发展的战略主线,是实现建设创新型国家目标的根本途径。"①建设创新型国家,核心就是要把增强自主创新能力作为发展科学技术的战略基点,走出中国特色自主创新道路,推动科学技术跨越式发展。企业是市场主体,是生产经营活动主体。因此,我们要本着"自主创新、重点跨越、支持发展、引领未来"的科技发展方针,构建和完善有中国特色的科技创新制度。就企业的生产经营活动而言,应着力构建鼓励和推进企业不断进行技术创新、增强自主创新能力的制度,这主要包括以下两大方面。

1. 建立以企业为主体、市场为导向、产学研相结合的技术创新体系

增强自主创新能力,关键是强化企业在技术创新中的主体地位,建立以企业为主体,市场为导向,产学研相结合的技术创新体系。

(1)强化企业的主体地位。要采取更加有力的措施,营造更加良好的环境,使企业真正成为研究开发投入的主体、技术创新活动的主体和创新成果应用的主体。鼓励国有大型企业加快研究开发机构建设和加大研发投入,努力形成一批集研究开发、设计、制造于一体,具有国际竞争力的大型骨干企业。要重视和发挥民营科技企业在自主创新、发展高技术产业中的生力军作用,创造公平竞争的环境,支持其做大做强并参与国际竞争。支持有条件的企业承担国家研究开发任务,主持或参与重大科技攻关。

(2)坚持市场导向。把企业推向自主创新的前台,使自主创新成为决定企业生死存亡的关键环节。市场经济条件下的技术创新较之计划经济时期的技术创新的根本区别在于,市场经济条件下的技术创新是"两头在市场",即产品创新和工艺创新的信息来源于市场,创新的成果最终必须推向市场。要加快科研院所的市场化改革,加快科研成果的市场化。通过限制进入、提升技术标准、加强监督管理等产业政策,坚决淘汰一批

---

① 胡锦涛:《坚持走中国特色自主创新道路　为建设创新型国家而努力奋斗》,《河南日报》2006 年 1 月 10 日。

技术性能落后、资源浪费严重、对环境保护有较大危害的落后产品与企业,促使企业走自主创新之路。

(3)建立"产、学、研"相结合的自主创新机制。在自主创新的形势下,企业与高校和科研机构应重新调整自己的战略定位,理顺关系,取长补短,完成知识创新和技术创新的全过程。要着力解决产学研的衔接,创建产学研联结的资本纽带,为高新技术产业发展提供新的驱动机制;建立产学研联结的人才互补模式,强化"产、学、研"结合机制;建立信息高速公路,共同推动产学研结合。大力促进科技与教育的结合、科研机构与大学多种形式的结合、军民科技创新的结合,整合、优化现有资源,建立以实现共享为核心的制度体系,切实改变科技基础设施薄弱、资源分散、缺乏共享的状况。加强科技资源的有效集成,为提升自主创新能力提供平台支撑。促进科研机构、高等院校的科研力量以多种形式进入企业或企业集团,参与企业的技术改造和技术开发,合办研究开发机构。引导企业通过联合攻关等方式与科研机构和高等院校建立长期、稳定的产学研合作关系,研究开发行业和产业的共性、关键技术。积极探索建立以产权为纽带,以企业投入为主体,以提高企业自主创新能力为主要任务的新型产学研联合体。

(4)加快科技中介机构建设,完善科技服务体系。加快为创新主体提供咨询服务的科技评估中心、科技情报信息中心、科技招投标机构、科技信用评估中心、知识产权事务中心和各类科技咨询机构的发展;完善主要为科技资源有效流动、合理配置提供服务的技术市场、人才中介市场、科技条件市场、技术产权交易中心和科技成果推广服务中心等机构的功能。形成政策引导、社会参与、开放协作、功能完备、运行高效的科技中介服务体系。积极发展科技企业孵化器。切实完善产权交易机构的运行机制,为高新技术成果转化和科技企业发展提供创业投资服务。

2.制定支持科技创新特别是自主创新的配套政策

2006年1月,我国发布并组织实施《国家中长期科学和技术发展规划纲要(2006~2020)》。这一《规划纲要》,立足国情,面向世界,以增强自主创新能力为主线,以建设创新型国家为奋斗目标,对我国未来15年科学和技术发展作出了全面规划和部署,是新时期指导我国科学和技术发展的纲领性文件。为配合《规划纲要》的实施,国务院制定了若干配套政策,涉及科技投入、税收激励、金融、政府采购、引进消化吸收再创新、创造和保护知识产权、人才队伍、教育与普及、科技创新基地与平台等多个方面。就直接支持企业的科技创新活动而言,主要政策包括以下几个方面。

(1)实行支持自主创新的财税政策。要发挥财政资金对激励企业自主创新的引导作用。创新投入机制,整合政府资金,加大支持力度,激励企业开展技术创新和对引进技术的消化吸收再创新;要引导和支持大型骨干企业对战略性关键技术和重大装备的研究开发,建立具有国际先进水平的技术创新平台;要加强面向企业技术创新的服务体系建设,加大对科技型中小企业技术创新基金等投入力度。要制定优惠的税收政策,鼓励企业自主创新和对引进技术再创新,促使自主研发的技术和产品所占比重逐步增加。在重点产业领域要制定限制重复引进技术和设备的政策。

(2)实行支持自主创新的金融政策。金融是自主创新的命脉。要实行支持自主创新的金融政策,把自主创新作为中心任务,建立一个功能完备的、高效的金融支持系统。金融支持系统的建设,主要可以从这几个方面着手构建:一是鼓励探索各种自主创新的金融支持机制。如成立风险准备基金,由创新基金统一向银行申请贷款,提供资金给科技型中小企业;通过集成科技资源,利用科技和金融结合的平台,支持高新技术企业。二是建立科技产业发展银行或中小企业发展银行。这是自主创新金融支持体系建设的重要步骤。三是积极推进科技金融工具创新。科技部门可以联合金融部门以创新的金融工具(如对重大科技专项资产实行证券化、发放可转换债券)进行融资,既可使银行降低风险增加收益,又可以有效弥补产业化的资金缺口。四是建立自主创新企业的贷款担保制度。为扶持企业实行自主创新,政府可成立专门的担保公司,为企业提供担保。设立贷款担保制度,可以有效减轻政府出资的压力,可以充分有效地利用商业银行贷款和民间资金,有利于提高对中小企业技术创新项目的选择和投资效率。五是注重发展资本市场,建立和完善创业投资机制,拓宽中小企业直接融资渠道。①

（3）实行支持自主创新的政府采购政策。实行支持自主创新的政府采购政策,是保护民族产业,形成强大的国力,实现真正崛起的重要支撑。要改进政府采购评审方法,给予自主创新产品优先待遇;要建立和完善鼓励自主创新的政府首购和订购制度;要建立本国货物认定制度和购买外国产品审核制度。

（4）强化知识产权保护。要严格执行国家法律以及国际法中有关保护知识产权的法律规定,建立健全知识产权保护体系,加大保护知识产权的执法力度,营造尊重和保护知识产权的法治环境。要改进发明专利审查方式,提高工作效率,缩短审查周期,积极发挥专利制度对自主创新的促进作用。

（5）加强对高新技术的政策扶持。针对各个产业的特点,尽快制定明确的产业技术政策,规定各个产业鼓励使用、允许使用的技术,促进传统产业的技术升级与技术改造,拓宽高新技术产品与服务的市场。各级地方政府可根据发展的实际需要,制定区域优惠政策,培育新的增长极。

第三节　建立健全有中国特色的 绿色生产制度

所谓绿色生产,指的是有利于保护资源和环境、有利于经济社会可持续发展、有利于生产者自身身心健康的生产,主要包括节约生产、清洁生产、安全生产。纵观人类历史,在相当长的时间里,世界经济的发展是靠大量消耗能源资源来推动的。这种“高投入、高消耗、高排放、低效益”的粗放增长方式,尽管在一定时期推动了经济发展,但却使人类面临着资源短缺、环境污染、生态破坏、气候恶化等严重的生存问题,代价是巨大的。

---

① 参见焦锦森、喻新安主编《中国“十一五”发展战略研究》,河南人民出版社2006年版,第114～115页。

为了人类的生存和健康,这种粗放的发展模式已难以为继。中国是发展中大国,正处在实现工业化和现代化历史进程之中。我国虽资源丰富,但人口众多,人均资源占有量极少,资源和环境问题已经成为我国经济进一步发展的"瓶颈"和"硬约束"。以往的历史教训以及现实的条件,都要求我们必须摒弃"先发展、后治理"的传统发展理念,决不能再走资本主义国家工业化发展的老路,必须树立"边发展、边治理"的绿色发展理念,走科技含量高、经济效益好、资源消耗低、环境污染少、人力资源优势得到充分发挥的新型工业化道路,走高效发展、节约发展、清洁发展、安全发展和可持续发展的新型经济发展道路。"发展应该而且必须是可持续的,应该而且必须是节约节能环保的,应该而且必须是人与自然和谐的。"①"我国的发展不仅必须走自己的路,而且要吸取历史的经验教训,避免重蹈发达国家的覆辙。"②建立健全有中国特色的绿色生产制度,既是当代社会生产发展规律的必然要求,也是社会主义的本质要求。社会主义要求以人为本,追求人的全面发展、人与自然的和谐发展。绿色生产制度既有利于实现经济的可持续发展,有利于不断满足人们日益增长的物质文化需要,又有利于人与自然和谐共处,有利于人的身心健康。因此,我们必须以科学发展观为指导,着力构建有中国特色的绿色生产制度。

一、构建大力发展循环经济的制度支撑体系

为开展节约生产、清洁生产,我国已经制定了不少法律法规,如《节约能源法》《矿产资源法》《水法》《清洁生产促进法》《可再生能源法》等,取得了一定成效。随着经济实践的深入,我们认识到,大力发展循环经济是能把清洁生产、节约生产与经济发展最有机结合在一起的有效经济发展模式。"循环经济并非简单地强化环境保护和污染治理。它是一种新的经济发展模式。其核心是最有效地利用资源,提高经济增长质量,保护和改善环境。它首先强调的是资源的节约利用,然后是资源的重复

①② 李铁映:《发展必须节约　节约才能发展——对节约节能问题的几点思考》,《求是》2007 年第 4 期。

利用和资源再生。"①循环经济是以资源的循环利用为核心,以保护为前提,以自然资源、经济、社会协调发展为目的的新型经济增长模式。它要求把经济活动组织成一个"资源—产品—再生资源"的反馈式流程,其特性是低开采、高利用、低排放和再使用。所有的物质和能源要能在这个不断进行的循环中得到合理和持久的利用,以把经济活动对自然环境的影响降低到尽可能小的程度。② 很显然,大力发展循环经济,对搞好节约生产、清洁生产,对实现人与自然和谐发展,意义重大。

1. 发展循环经济是贯彻落实科学发展观的一个重要途径

循环经济以资源的高效利用和循环利用为核心,以"减量化、再利用、资源化"为原则,以"低消耗、低排放、高效率"为目标,构筑"资源—产品—废弃物—再生资源"的闭路循环,是对传统的"三高一低"粗放型经济增长方式的根本变革,是符合可持续发展理念的新型经济发展模式,是贯彻落实科学发展观的一个重要途径。

发展循环经济是缓解资源约束矛盾的根本出路。我国资源虽总量丰富,但人均占有量少。改革开放以来,我们用能源消费翻一番支撑了GDP 翻两番。到 2020 年,要再实现 GDP 翻两番,即便是按能源再翻一番考虑,保障能源供给也有很大的困难。为了减轻经济增长对资源供给的压力,必须大力发展循环经济。

发展循环经济是从根本上减轻环境污染的有效途径。当前,我国生态环境总体恶化的趋势尚未得到根本扭转,环境污染状况日益严重。水环境每况愈下,大气环境不容乐观,固体废物污染日益突出,城市生活垃圾无害化处理率低,农村环境问题严重。大力发展循环经济,推行清洁生产,可将经济社会活动对自然资源的需求和生态环境的影响降低到最小程度,从根本上解决经济发展与环境保护之间的矛盾。

---

① 解振华:《坚持求真务实　树立科学发展观　推进循环经济发展》,《光明日报》2004 年 6 月 23 日。

② 参见张志越:《我国发展循环经济的路径选择》,《马克思主义与现实》2006年第 4 期。

发展循环经济是提高经济效益的重要措施。目前我国资源利用效率与国际先进水平相比仍然较低,突出表现在:资源产出率低、资源利用效率低、资源综合利用水平低、再生资源回收和循环利用率低。大力发展循环经济,提高资源利用效率,增强国际竞争力,已经成为我们面临的一项重要而紧迫的任务。实践已经证明,发展循环经济可以提高节能减排的经济效益。以循环经济模式推进节能减排,可以改变以单纯的物质使用价值节约和单纯的环境保护为目标带来的不经济。例如,钢铁企业的高炉渣、钢渣、烟尘、高炉煤气、转炉煤气、余压余热、废水的梯级综合循环利用,既可以实现节能减排的目标,又可以为企业带来巨大的经济效益。①

发展循环经济是适应经济全球化的需要。在经济全球化的发展过程中,关税壁垒作用日趋削弱,包括"绿色壁垒"在内的非关税壁垒作用日益凸显。近些年,一些发达国家在资源环境方面,不仅要求末端产品符合环保要求,而且规定从产品的研制、开发、生产到包装、运输、使用、循环利用等各环节都要符合环保要求。我们要高度重视,积极应对,全面推进清洁生产,大力发展循环经济,逐步使我国产品符合资源、环保等方面的国际标准。

发展循环经济是以人为本、建设环境友好型社会的本质要求。加快发展的根本出发点和落脚点是不断提高人民群众的生活水平和生活质量。这就要求我们,在发展过程中不仅要追求经济效益,还要讲求生态效益;不仅要促进经济增长,更要不断改善人们的生活条件,要建设环境友好型社会,让"人民喝上干净的水、呼吸清洁的空气、吃上放心的食物,在良好的环境中生产生活"。要真正做到这一点,就必须大力发展循环经济。

2. 要采取多种形式发展循环经济

大力发展循环经济,能从根本上解决我国在发展过程中遇到的经济增长与资源环境之间的尖锐矛盾,协调社会经济与资源环境的发展,并能

---

① 参见齐建国、王红:《循环经济是节能减排的最有效模式》,《光明日报》2007年7月25日。

取得较好的经济效益和生态效益。因此,要在工业企业系统、区域性经济带、城郊农村经济系统、城乡居民社区及家庭,积极试行循环经济。其一,积极发展工业企业的循环经济。工业企业发展循环经济应从清洁生产和"零消耗"、"零污染"着手,实施物料闭路循环和能量多级利用,使一种产品产生的废料成为另一种产品形成的原料,并建立水循环、原材料多层利用和循环使用、能源节约和重复利用、"三废"排放控制与综合利用等系统。其二,积极发展城郊农村经济系统的循环经济。农业产业系统是种植业系统、林业系统、渔业系统、牧业系统及其延伸的农产品生产加工业系统、农产品贸易与服务业系统、农产品消费系统之间相互依存、密切联系、协调作用的耦合体。农业产业部门间的"天然联系"、农业产业结构的整体性特征,正是循环经济所要建立和强化的,是建立农业生态产业链的基础。应以生态农业建设为基础,以开发无公害农产品与绿色食品为目的,推行渐进式循环经济发展模式。应用生态学和生态经济学原理,充分发挥地区资源优势,依据经济发展水平及"整体、协调、循环、再生"的原则,运用系统工程方法,全面规划、合理组织农业生产,对中低产地区进行综合治理,对高产地区进行生态功能强化,实现农业高产优质、高效、持续发展,达到生态与经济两个系统的良性循环和经济、生态、社会(文化)三大效益的统一。其三,积极发展区域经济带的循环经济。经济带区域内,要根据本身的自然、经济特点建立具有特色的生态经济良性循环体系。城市群中的各类城市是发展循环经济的重点,应围绕产业结构调整和治理工业企业"三废"、处理城市各种垃圾废弃物,建立起净化、回收、利用各类物质的循环经济,减少城市群各城市的污染源,实现资源的多层次重复利用。其四,积极发展城乡居民社区及家庭循环经济。社区家庭和居民的经济行为和生活习惯应按照优化生态质量的要求,尽力履行环保、节约的义务,节约资源、净化环境,注意生活用水的重复利用,对生活垃圾和废弃物进行分类丢放。在广阔的农村地区,应建立和推广生态经济型庭院循环经济,如按照生物食物链规律,构建以种、养、加和沼气为链条的模式,结合农村庭院改厕、改宅、改圈,解决厕所卫生、畜圈卫生、秸秆气化、污染治理、庭院绿化和利用太阳能、风能等一系列问题。

3. 构建推进循环经济发展的制度支撑体系

(1)建立健全有利于循环经济发展的法律法规体系。循环经济的有效运行和发展离不开法律法规的支撑。为促进循环经济发展,我国已颁布了《节约能源法》和《清洁生产促进法》及相关法规,但总体上看,循环经济方面的法制建设仍然薄弱。目前,我国环境经济政策的法律体系还很不完善,存在不少空白。比如生态环境补偿机制,虽然早在 1989 年就开始在一些地方实施,但是由于没有法律依据,至今仍处于可行性研究阶段。此外,一些城市正在试行的排污权交易政策也没有相关法律的规范,存在很大的随意性。加强制度和法律建设是环境经济政策发挥作用的一个重要基础,唯有将市场主体置于明确、合理的法律规则之下,使非法获益者能受到法律的必要追究,使利益受损者能借助法律手段得到及时补偿,才能有效地通过市场配置稀缺的环境资源。要结合我国国情,借鉴发达国家经验,建立完善的循环经济法规体系。要及时制定《循环经济促进法》,适时制定发展循环经济的专项法规,包括《资源综合利用条例》、《废旧轮胎回收利用管理条例》、《包装物回收利用管理办法》、《清洁生产审核办法》、《重点行业清洁生产评价体系》等。

(2)建立健全有利于循环经济发展的产权制度。发展和实现循环经济需要以制度安排为基础。循环经济与产权制度之间存在互相联系、互相制约的密切关系。一方面,循环经济的实现需要产权制度作为依据,另一方面,循环经济发展也对产权制度建设起着推动作用。长期以来,我国一直存在着资源环境的产权不明晰或多重产权问题,使其无法成为人们行为的激励约束机制,无法实现资源的高效利用,无法更好地保护环境。有专家指出,产权失灵是市场失灵的重要原因。环境资源配置中产生的市场灵现现象,从根本上讲是由于环境资源产权结构不合理导致市场价格与其相对价格严重偏离造成的。[①] 因此,应明晰环境资源产权,优化结构,形成相应的制度安排,使环境资源的外部成本内部化,通对产权约束

---

① 参见周春云:《我国产权理论研究(1997—2006 年)的基本情况与态势》,《四川大学学报》2007 年第 3 期。

和激励,推动循环经济发展,尽可能减少环境污染和对自然资源的无节制使用,尽可能减少一些"经济人"内部的经济行为导致的外部不经济行为。

(3)完善资源价格体系。要建立一个全新的资源价格体系。这种资源价格体系的建立不可能通过市场自发调节获得,需要政府有规划地组织生态学家、经济学家对资源价值(包括生态功能)等进行评估,计算出各种资源的生态费用。这些费用可以以税收的形式计入某种产品或某项服务的市场价格,从而促使相关产业对自身的传统经济模式进行调整。①

(4)积极利用财政政策发展循环经济。通过购买性支出政策、财政性补贴政策、许可证制度、税收制度、政府绿色采购制度等引导整个社会资源向循环经济的方向发展。在购买性支出方面,政府应增加投入,促进有利于循环经济发展的配套公共设施建设;在财政性补贴方面,政府可以考虑给开展循环经济的企业以财政补贴,如物价补贴、企业亏损补贴、财政贴息、税前还贷等;利用许可证方式,通过环境补偿,刺激企业主主动寻找减污的方法,将污染物控制在一定的水平之下;在税收方面,通过扩大征收范围、实行税负转移、完善计税方法、强调资源税的惩罚性等措施推进循环经济发展;在政府采购方面,政府要实行绿色采购、绿色消费。②金融系统要大力实施"绿色信贷"、"绿色保险"、"绿色证券"政策,从环保经济政策上构筑有利于环保的市场准入标准体系,助推循环经济发展。要利用产业政策引导、促进产业结构调整,加快淘汰落后工艺、技术和设备,对高能耗、高水耗、高电耗、高污染的行业实行严格的市场准入标准和合格评定制度,加快对传统产业的改造,加快发展第三产业和高技术产业,通过规模经济和企业集聚,促进产业生态链和循环经济网络的形成。

(5)建立健全垃圾回收利用制度。在西方国家,再生资源的回收利用已经成为一个十分重要的产业。利用再生资源进行生产,不仅可以节约自然资源,遏止垃圾泛滥,而且要比利用天然原料进行生产能耗低、污

---

① ② 参见焦锦森、喻新安主编《中国"十一五"发展战略研究》,河南人民出版社2006年版,第158、159页。

染物排放少,同时能创造巨大的经济利益。因此,应加紧实施生活垃圾的分类收集处理。各级政府应增加相关方面的投入,保证垃圾分类的物质设施建设。与此同时,垃圾回收要有相应的技术支持。要通过征收垃圾填埋税、焚烧税、污染物排放税等,迫使企业选择回收利用的方式处理垃圾。①

二、要建立健全有中国特色的安全生产制度

坚持以人为本,关注人的生命,关注人的健康,关注人的全面发展,是中国特色社会主义的本质要求,是科学发展观的核心理念所在。因此,在我国的生产经营制度构建中,必须高度关注安全生产制度。

1. 要高度重视安全生产问题。安全是人的基本需要,安全是人的一种幸福所在,安全是人的一种生活质量,安全是企业健康发展的保障,安全是社会文明进步的标志。随着人民群众物质文化生活水平的提高,人们对安全的需要更加强烈。高度重视安全生产,高度重视人民群众的生命财产安全,是贯彻落实科学发展观、构建社会主义和谐社会的内在要求。发展是第一要务,而安全生产也是社会经济发展的一个目标,是经济健康发展的重要保障。因此,在谋求经济的快速发展过程中,绝不允许以牺牲人民群众的生命财产安全来换取一时的发展。安全出了问题,不仅仅是生命的毁灭、家庭的毁碎、财产的损失,往往还会带来一系列政治问题和社会问题。各级党委和政府都要树立责任重于泰山的观点,坚持把人民群众的生命安全放在第一位,高度重视安全生产;必须把安全生产纳入经济和社会发展规划中,与经济和社会发展同时规划、同步实施,实现可持续发展。

2. 建立健全安全生产监督管理机制。在现有的生产力条件下,在相当长一个时期内,采取"安全大检查"、开展"集中安全生产专项整治"等"拉网式"的传统做法,仍然是安全生产管理和监督不可缺少的重要手

① 参见焦锦森、喻新安主编《中国"十一五"发展战略研究》,河南人民出版社2006年版,第158、159页。

段,但要保证安全生产长治久安,必须努力构筑安全生产的保障平台,建立安全生产长效机制。

其一,要加强安全生产行政许可制度建设。要贯彻落实《安全生产法》,严格市场准入标准。对达不到安全生产标准的有关企业和施工单位,不发放安全条件合格证和施工单位安全合格证,不允许其进行生产经营活动。

其二,要创新和完善日常安全监管制度。要按照"政府统一领导、依法监管、企业全面负责、社会监督支持"的安全生产监管格局,细化政府部门、企业、行业组织等在日常安全监管中的职责,构筑政府部门监督、企业内部监督、群众监督、社会监督员监督、行业监督、协会监督等"横向到边"、"纵向到底"、"上下结合"、"内外结合"的立体交叉的监督体系,及时沟通安全信息,及时发现和排除安全隐患,防患于未然。

其三,实行安全责任追究制。要细化并层层落实安全生产目标责任,形成"千斤重担大家挑,人人肩上有指标"的安全责任格局。对由于玩忽职守、违法经营、违规操作等引发安全事故的相关责任人要进行刑事或行政追究。

第四节　构建和完善有中国特色的
绿色消费制度

消费是社会生产再生产的重要环节,消费制度同样是重要的经济制度。特别是在当今时代资源日益短缺、环境问题日益严重的情况下,构建和完善科学的消费制度,对促进经济的可持续发展,对建设资源节约型、环境友好型社会,意义重大。

一、绿色消费的兴起与发展

绿色,代表生命,代表和谐与健康,是充满希望的颜色,象征着人类生存和发展的一种追求。绿色消费是一种新型消费模式,是指消费者从保护身体健康、保护生态环境、承担社会责任角度出发,在消费过程中减少资源浪费和防止污染而采用的一种理性消费方式,是一种体现绿色文明、遵循可持续发展原则的消费模式。其根本目的是实现人与自然、社会经济与生态环境相协调、消费者个体利益与环境利益相结合,促进可持续发展。

严重的生态危机、环境污染已严重影响到人们的生活质量和生活水平的提高,人们开始重新审视现行的生活和消费方式,绿色消费应运而生。自20世纪70年代以来,全球掀起了一场空前壮阔的绿色革命,它从经济到政治,从观念到行为,对整个世界和人类生活产生了巨大的冲击和影响,人们开始关心消费中的环境代价,寻找适当的消费和生产模式,呼唤既无污染又有益于健康的绿色产品。

1972年6月,联合国在瑞典斯德哥尔摩召开了人类环境会议,通过了《人类环境宣言》,提出人类要认真对待环境问题,使地球不仅适合于我们自己居住,同时也要适合于我们的子孙后代居住。1983年,联合国成立了世界环境与发展委员会(WCED)。1987年,该委员会向联合国提交了《我们共同的未来》的报告,该报告明确指出:"可持续发展是既满足当代人需要,又不对后代人满足其需要的能力构成危害的发展。"

1989年英国消费者协会出版了《绿色消费者指南》一书,把"绿色的消费"定义为避免以下产品的消费:危及消费者和他人健康的产品;在生产、使用或废弃中明显伤害环境的产品;在生产、使用或丢弃期间不相称地消耗大量资源的产品;带有过分包装、多余特征的产品或由于产品寿命过短等原因引起不必要浪费的产品;从濒临灭绝的物种或者环境资源中获得材料,用以制成的产品;包含了虐待动物、不必要的乱捕滥猎行为的产品;对别国特别是发展中国家造成不利影响的产品。这是中外最早对绿色消费的解释。

1992年,联合国在巴西里约热内卢召开了环境与发展大会,通过了具有里程碑意义的重要文件《21世纪议程》,文件指出:"全球环境不断恶化的主要原因是不可持续的消费和生产模式,尤其是工业化国家的这类模式","消费问题是环境危机问题的核心"。若想达到合理的发展,则要提高生产效率并改变消费习惯与结构,以最高限度地利用资源和最低限度地生产废弃物。基于对现代工业社会的"非生态化"消费的深刻反思，绿色消费作为与可持续发展相适应的消费方式在全球范围内被提上议事日程，其核心思想是"一部分人的消费不能以损害当代人和后代人的利益为代价。"

1994年奥斯陆国际会议把绿色消费定义为：在使用最小化的能源、有毒原材料使排入生物圈内的污染物最小化和不危及后代生存的同时，产品和服务既要满足生活的基本需要又可使生活质量得到进一步的改善。

中国消费者协会从2001年起就倡导绿色消费，指出广义的绿色消费的概念有三层内涵：一是倡导消费未被污染或者有助于公众健康的绿色产品；二是在消费过程中注重对垃圾的处置，不造成环境污染；三是引导消费者转变观念，注重环保，节约资源和能源。

2005年中共十六届五中全会通过的《中共中央关于制定国民经济和社会发展第十一个五年规划的建议》，把"建设资源节约型、环境友好型社会"作为基本国策。首次提出了"形成健康文明、节约资源的消费模式"，这也是对绿色消费模式的权威而内涵又极为丰富的阐释，绿色消费的思想第一次进入中央文件。

二、绿色消费模式对于我国经济社会的可持续发展有着重大意义

我国是一个发展中国家，人口众多，人均资源短缺，如淡水、耕地、林地、矿产等主要资源的人均占有量都远低于世界人均水平，在现代化的过程中，人口增长和资源减少的矛盾异常尖锐，过度的消费造成资源的过多损耗，必然会损害经济发展的后劲。这就使得我国不仅在提高居民消费水平方面面临着巨大压力，而且在保护环境和实现可持续发展目标方面面临越来越大的压力。所以，大力提高公众的环境意识，彻底转变不可持续的高消费方式，是我国经济社会发展面临新形势的迫切需要和必然选择。

其一，绿色消费顺应了可持续发展的大趋势。绿色消费模式既强调消费的重要作用,又强调消费和再生产其他环节与环境的动态平衡,顺应了人与自然、社会经济发展与自然环境协调发展这一趋势。绿色消费观念要求在承认并尊重生物和自然界价值的基础上,承认并尊重生物和自然界的生存权利,坚决反对出于贪欲对自然资源的肆意掠夺和对生态环境的破坏行为,保护生物资源的多样性,促进整个地球的生态系统的平衡,从而改变"人类中心论"的传统观念,重新确立人对自然的道德准则,把责任、权利与义务等等运用到改造自然的活动中;在经济和社会生活上,绿色消费模式的精髓是反对浪费、崇尚节俭,倡导把人们的消费和享乐限制在不破坏生态环境、不挥霍地球资源的条件下,引导人们进行适度消费,尽量使用耐用性产品,不用一次性产品,注意商品的维修和再使用,在消费过程中注重对垃圾的处置,不污染环境,真正达到生态环境与社会的可持续发展。

其二,绿色消费有助于消费者自身健康。绿色消费模式倡导消费者要用科学知识来指导、规范消费行为,选择未被污染或者有助于公众健康的绿色食品。绿色食品是高品质的食品,符合质量、卫生和健康的要求,对人体的危害最小,对于满足人民日益增长的生理需要,提高全体人民的体质,保证人们健康长寿,享受人生的乐趣,都具有重大的价值。

其三,绿色消费有助于消费者形成健康文明的生活方式。人类的生存和发展需要一个良好的生态环境,只有在森林繁茂、鸟语花香、水源充足、生态平衡、环境优美的条件下,人们才能幸福地生活,社会才能可持续全面发展。绿色消费观念体现了人与自然、社会与环境资源平衡发展的新的价值观和消费观,能够培育人们亲近自然的绿色意识,培育优美的生态环境,使人们科学合理地消费,有利于社会成员身心健康发展,有利于提高生活质量、丰富生活情趣,形成文明、健康的生活方式。

三、当前绿色消费存在的问题

消费者消费的绿色产品按照外部性影响的大小,可以分为"私益型"产品和"公益型"产品两类,"私益型"产品的受益对象具有明显的排他性,只直接有利于消费者本人,典型的如有机食品、生态服装、绿色化妆品、环保家居装饰材料等;"公益型"产品主要体现为对大气、土壤及水资源等公共环境的保护,受益对象不具有排他性,受益人为社会公众,此类绿色商品如无氟冰箱、无磷洗涤剂、无铅汽油以及可降解塑料袋等。

1."私益型"绿色产品消费存在的问题

首先是消费者缺乏有关科学知识来指导和规范消费行为。绿色消费需要有较丰富的科学知识的指导,因此,现代社会的消费者必须具有丰富的现代科学文化知识,包括市场知识、商品知识、消费知识如信息消费和网络消费的知识。由于我国消费者缺乏绿色消费等知识,对绿色消费概念的理解比较肤浅,不够全面,对绿色产品的消费还没有形成主动的选择,对绿色产品的判别方式还不正确。造成消费时具有较大的盲目性,例如,很多消费者不知道什么是"绿色食品",不知道"绿色食品"是否真正可靠,对身体是否真有好处;对产品质量、性能等知识欠缺,分辨绿色产品的能力弱,自我保护能力弱,多数不知道绿色标志或生态标志是判别绿色产品的唯一的合法依据。他们之中,有的根据自己的认识判断"绿色产品",有的根据营销人员的介绍或广告宣传判断,有的根据产品包装上的绿色标志做出判断,甚至有人难以做出判断,这使得消费者在选择绿色产品时存在很大的障碍。

除了科学知识不足的原因外,绿色产品价格偏高,超出消费者的承受能力也是导致绿色消费受阻的重要原因。绿色产品从原材料生产到最终产品的形成,全部过程都是无污染、无公害的,要做到这一点,生产绿色产品的企业必定要比其他生产非绿色产品的企业支付更多的费用,其中包括:购买无污染原材料多付的费用,在生产过程中采取防止污染的措施所支付的费用,开发绿色产品所支付的费用以及在产品包装、储存、运输、消费后回收处理等方面的众多费用。这些费用,最终体现在产品零售价格上。由于绿色产品价格反映了环境成本,其结果是绿色产品较非绿色产品的价格偏高。在此情况下,要求所有消费者实现消费行为的绿色化是不现实的。

2."公益型"绿色产品消费存在的问题

我国消费者的环保意识淡薄,不利于"公益型"绿色产品消费的开展。公益型产品的消费具有外部性影响,而这些影响并没有通过市场交易的成本和价格反映出来。绿色消费一般具有正的外部性,而非绿色消费具有负的外部性。因此,公益型绿色产品所具有正的外部性要求消费者,为未来或当代的其他人的生存环境的公平性付出更高的费用。这就必然要求消费者具有较高的生态意识、环保意识以及道德水准,摆脱庸俗的个人主义和享乐主义的价值观,实现人格的升华。有识之士早已指出,我们消费者有约束我们消费的道德义务,因为我们的消费危害了未来后代的机会。① 我国居民的生态意识、环保意识最近几年有明显提高,表现在越来越多的人的消费行为逐渐趋向绿色化、生态化:绿色农业、绿色食品、绿色营销、绿色家电、绿色服装、生态住宅、生态旅游等等日益成为人们时尚的追求。但从总体上讲,人们的环保意识、生态意识、绿色意识还远远不能达到实现绿色消费的要求,非绿色消费在现实中还有很大的市场。在这种情况下,如果不从制度上给予一定激励或一定制约,作为“经济人”的消费者,自然就会缺乏绿色消费的积极性,往往只考虑质量、价格等因素,很少考虑其使用过程中对环境的不良影响,进而通过不付费或少付费而获得正的外部性的“搭便车行为”就会增加,非绿色消费行为就会持续下去。例如:无磷洗衣粉除去了普通洗衣粉中的主要致污成分——磷,也克服了普通洗衣粉污染水源的缺点,然而由于它价格较高,仍未被大多数消费者所接受。

3. 绿色消费的市场环境欠佳

市场是绿色消费实现的场所和渠道,良好的市场环境是实现绿色消费的必要条件。而我国目前的市场环境不容乐观:

首先,由于绿色消费在我国兴起的时间不长,因此市场准入制度不完善,销售流通渠道不畅。国家虽然大力提倡绿色生产、绿色营销,但目前绿色产品入市还存在一定的难度。以食品为例,要申请绿色食品、有机食品,手续繁杂,费用颇高;流通中存在一些不必要的关卡、收费,运输中缺乏统一标志和标准,在途污染时有发生,尚未建立从批发到零售的绿色产

---

① 〔美〕艾伦·杜宁:《多少算够》,吉林人民出版社1997年版,第101页。

品流通网络体系。

其次,绿色市场秩序混乱。很多假冒的绿色产品充斥着绿色市场,使消费者很难辨别真伪,造成了市场秩序的混乱。按照法律规定,"绿色产品"必须拥有我国绿色食品发展中心颁发的绿色标志,判别绿色产品的唯一依据就是产品合法的绿色标志。但由于有关部门对"绿色食品"的标志宣传不力,使消费者难以认清真正的绿色产品。科技投入不足,检测手段落后,尚未形成方便、快捷、经济、易普及的检测手段,对真正的"绿色产品"无法保护,容易使消费者丧失对"绿色"的信任,放弃对"绿色"的追求,从而在很大程度上限制了绿色市场的扩大。

四、建立健全促进绿色消费的制度体系

在广泛开展宣传教育,引导公众更新消费观念、树立绿色消费意识的同时,必须加强各项有关消费的法制建设,加强产业政策、资源开发利用政策与环境保护政策的制定和执行。从制度上激励绿色消费行为,如通过价格、税收、收费、奖惩等手段来鼓励消费者和生产者使用和生产绿色产品,弥补他们的费用和风险;还必须从制度上约束非绿色生产和消费行为,加快环保法规、企业绿色生产法规等法律制度的建设,严格约束企业在生产过程中对环境的污染和破坏行为,加大惩罚力度,使得企业的违规成本超过绿色生产所支付的环保成本,从而有效地制止企业的非绿色生产行为。

(1)建立绿色税收制度,使产品价格反映环境和资源成本。绿色税收是指对投资于防治污染或保护环境的纳税人给予的税收减免,或对污染行业和污染物的使用征税,它通过税收的形式对环境资源予以定价,并将其价格计入企业和个人利用环境资源的成本之中,将外部成本内部化,进而改变市场价格信号,以此矫正那些危害环境的生产和消费行为。由于现行的价格体系不能反映出自然资源、原材料和制成品对健康和环境的影响,鼓励了对自然资源的过度开采和消费模式,因此必须彻底改变传统的不合理的价格体系,按照资源耗竭和环境破坏的边际成本计算产品中包含的环境成本,建立起将环境和资源成本内化的价格体系,促进传统

消费和生产模式的重大变化,避免价格不合理可能带来的对自然资源的过度开采和消费,开创绿色消费的新潮流。

(2)建立绿色押金制度。绿色押金制度是指按照规定向购买具有潜在污染性产品的人收取一定的附加费用,当他们把潜在污染物送回回收系统时即退还所收附加费的制度。这种制度将环境外部不经济性行为内部化,成本由个人承担,从而达到防止环境污染和废物的循环利用。如1988年德国政府就通过了《饮料容器实施强制押金制度》的法令,该法令规定在西德境内任何人购买饮料时都必须多付一些费用作为容器的押金,以保证容器使用后退还商店,循环利用。这是欧洲第一个有关包装回收的法令。

(3)培育绿色市场,规范市场秩序。政府应尽快出台绿色食品管理法规,建立一套完整的市场进入、退出制度,为规范绿色市场秩序提供法律依据。强化市场管理,加强打假工作力度,使市场竞争能够有序地进行。应该制定统一的认证标准,设立专门的管理部门,简化手续,提高效率,扩大范围,提高透明度。绿色认证部门应加大科技投入,完善绿色标志的检测手段,同时,政府相关部门配合做好绿色标志的宣传推广工作,使消费者能够识别绿色标志。另外,国家有关部门应制定绿色产业总体发展规划和产业政策,形成一个规范绿色市场的完善管理体制,最终使绿色市场秩序得以规范。既保护消费者的利益,又不使企业的利益受到损害,同时也有利于新兴产业的形成,从而使绿色市场健康发展。

(4)强化消费者协会职能,维护消费者绿色消费权益。首先,消费者协会应该从维护消费者权益出发,继续深化绿色消费主题活动,找准活动的切入点,注重活动效果,尤其要注意对广大农村消费者和城镇中、低收入消费者的绿色宣传与教育,真正使绿色消费观念深入人心;其次,消费者协会要积极受理消费者在绿色消费中的投诉,加大维权力度,维护消费者的绿色消费权益,增强消费者的绿色消费信心,促进全社会的绿色消费。

(5)政府部门要全面实行绿色采购制度。政府绿色采购,就是在政府采购中有意选择那些符合国家绿色认证标准的产品和服务。政府采购的绿色标准不仅要求末端产品符合环保技术标准，而且要按照产品生命周期标准使产品从设计、开发、生产、包装、运输、使用、循环再利用到废弃全过程都符合环保要求。政府的绿色消费行为对公众和企业具有引导示范作用。随着我国公用事业管理的进一步规范，政府采购的规模将会持续增长。在庞大的政府采购活动中，优先购买对环境友好的绿色产品，将鼓励企业生产可回收、低污染、省资源的产品，推动企业技术进步，促进资源循环利用，减少污染，保护环境，同时引导消费者选择绿色产品。此外，政府在日常办公中也要控制不当的消费行为，厉行节约，为社会作出表率，带动全社会形成绿色消费的新风尚。

主要参考文献

1. 《邓小平文选》(第一、二、三卷),人民出版社,1994、1993年。

2. 中共中央文献研究室编:《江泽民论有中国特色社会主义》,中央文献出版社,2002年。

3. 中共中央文献研究室编:《十六大以来重要文献选编》(上、中、下),中央文献出版社,2005、2006、2008年。

4. 中共中央宣传部理论局、马克思主义理论研究和建设工程办公室编:《2006年马克思主义理论研究和建设工程参考资料选编》,学习出版社,2007年。

5. 陈文通:《社会主义初级阶段基本经济制度研究》,中共中央党校出版社,2003年。

6. 林岗、张宇主编:《马克思主义与制度分析》,经济科学出版社,2001年。

7. 顾钰民:《马克思主义制度经济学》,复旦大学出版社,2005年。

8. 刘亚建:《马克思主义所有制理论探析——混合经济与国家干预下所有制问题研究》,云南大学出版社,2005年。

9. 张曙光:《制度·主体·行为——传统社会主义经济学反思》,中国财经出版社,1999年。

10. 吴敬琏:《改革:我们正在过大关》,生活·读书·新知三联书店,2001年。

11. [美]保罗·萨缪尔森、威廉·诺德豪斯著,萧琛等译:《宏观经济学》、

《微观经济学》,华夏出版社,1999 年。

12. 何建章主编:《中国特色社会主义经济》,江西人民出版社,1993 年。

13. 杨春贵主编:《马克思主义与时俱进 100 例》,中共中央党校出版社,
    2003 年。

14. 顾海良:《马克思经济思想的当代视界》,经济科学出版社,2005 年。

15. 何秉孟主编:《新自由主义评析》,社会科学文献出版社,2004 年。

16. 李太淼、林效廷主编:《所有制原理与当代中国所有制改革》,河南人
    民出版社,2003 年。

17. 齐桂珍主编:《中国所有制改革 20 年》,中州古籍出版社,1998 年。

18. 王东江主编:《中国国有企业改革 20 年》,中州古籍出版社,1998 年。

19. 耿明斋、李燕燕著:《国有资本生存边界与管理模式》,中国经济出版
    社,2003 年。

20. 金碚:《何去何从——当代中国的国有企业问题》,今日中国出版社,
    1997 年。

21. 刘世锦、冯飞等著:《垄断行业改革攻坚》,中国水利水电出版社,
    2006 年。

22. 金鑫主编:《中国问题报告》,中国社会科学出版社,2000 年。

23. 逄锦聚等著:《马克思劳动价值论的继承与发展》,经济科学出版社,
    2005 年。

24. 赵凌云:《劳动价值论新探》,湖北人民出版社,2002 年。

25. 杨宜勇等著:《公平与效率——当代中国的收入分配问题》,今日中
    国出版社,1997 年。

26. 徐孟洲主编:《税法》,中国人民大学出版社,2006 年。

27. 唐健等著:《我国耕地保护制度与政策研究》,中国社会科学出版社,
    2006 年。

28. 庞元正主编:《当代中国科学发展观》,中共中央党校出版社,
    2004 年。

29. 何艳红:《市场经济秩序构建与监管》,中国工商出版社,2006 年。

30. 张维庆等主编:《人口·资源·环境与可持续发展干部读本》,浙江

人民出版社,2004 年。

31. 闫志民主编:《中国现阶段阶层研究》中共中央党校出版社,2002 年。

32. 徐艳玲:《全球化、反全球化思潮与社会主义》,山东人民出版社, 2005 年。

33. 董明:《政治格局中的私营企业主阶层》,中国经济出版社,2002 年。

34. 焦锦淼、喻新安:《中国"十一五"发展战略研究》,2006 年 8 月。

此外,还参阅了 2004—2008 年期间的《求是》、《新华文摘》、《瞭望》, 人大书报资料中心的《社会主义经济理论与实践》、《社会主义论丛》,《中国社会科学》以及《光明日报》、《人民日报》、《社会科学报》等报刊杂志上的诸多文章,在此不一一列举。

后　记

　　著书立说,激扬文字,对于搞人文社会科学研究的人而言,既是一种社会责任,也是人生的一大乐事。2004年,我中标并主持了国家社科基金项目《中国特色社会主义经济制度及其结构体系研究》,同时也开始了本专著的撰写。经过四年努力、四年辛苦,终于完成了本专著的创作。在本书付梓出版之际,我心中充满喜悦,同时,也充满了感激之情。

　　我感谢!感谢那些为我及课题组的调研活动提供了支持和帮助的有关单位的领导、朋友。由于本书的选题内容既牵涉一系列重大理论问题,也牵涉一系列重大实践问题,因此撰写本书,既需要深入的理论探讨,也需要大量的社会调查,应该说要写好本书难度是比较大的。为搞好课题的调研和本书的撰写,作者本人以及课题组有关成员曾经到江苏苏州、浙江温州、上海浦东新区,到河南焦作、许昌、周口、信阳等许多地市的一些机关、企业、农村,到河南省国资委、发改委、国土厅、原中小企业局、工商局等省直机关,搞专门的社会调查。所到之处,得到了有关领导、朋友的帮助和支持。在此,我深表谢意!

　　我感谢!感谢那些为我的学术观点的形成、创新提供了智力支持的专家学者们。在本书的第九章、第十章个别章节,作者曾吸收了课题组成员杨翠萍女士、生秀东先生的个别观点,同时,在整个书的撰写过程中,作者曾参考、借鉴、吸收了改革开放以来特别是近几年来许多专家学者的一些新思想、新观点、新见解。在此,一并向这些专家学者表示崇高的敬意和真挚的感谢!

　　我感谢！感谢我的妻子李莉同志。她为我写作本书,默默无闻地收集、整理了大量文献材料,付出了辛勤劳动。

　　此书能够顺利出版,还要感谢国家社科规划办提供的经费资助和河南省社科院提供的出版资助,感谢《新华文摘》总编辑张耀铭、责任编辑贾兰及人民出版社其他同志为出版本书所付出的辛勤努力,感谢河南省社科院领导对出版本书的关心支持以及院里有关部门特别是中州学刊杂志社有关同志对出版本书所做的一些工作。

　　出书不是目的,目的是为了推进对有关问题进行更深入的研究探讨。欢迎读者朋友、同侪学者多提宝贵意见。

李太森
2009 年 8 月于郑州

策　　划:张耀铭
责任编辑:蒋　岚
装帧设计:周涛勇
责任校对:张　红

图书在版编目(CIP)数据

中国特色社会主义经济制度论/李太淼著. -北京:人民出版社,2009.10
ISBN 978 - 7 - 01 - 008160 - 1

Ⅰ. 中⋯　Ⅱ. 李⋯　Ⅲ. 社会主义经济-研究-中国　Ⅳ. F120.2

中国版本图书馆 CIP 数据核字(2009)第 151696 号

中国特色社会主义经济制度论
ZHONGGUO TESE SHEHUI ZHUYI JINGJI ZHIDULUN

李太淼　著

人民出版社 出版发行
(100706　北京朝阳门内大街 166 号)

中国印刷集团总公司北京新华印刷厂印刷　新华书店经销

2009 年 10 月第 1 版　2009 年 10 月北京第 1 次印刷
开本:700 毫米×1000 毫米 1/16　印张:21.25
字数:303 千字　印数:0,001 - 4,000 册

ISBN 978 - 7 - 01 - 008160 - 1　定价:38.00 元

邮购地址 100706　北京朝阳门内大街 166 号
人民东方图书销售中心　电话 (010)65250042　65289539